费孝通选集
(纪念版)

费孝通九十新语

(新版)

费孝通　著
张　喆　主编

重庆出版社

图书在版编目（CIP）数据

费孝通九十新语 ： 新版 / 张喆主编 ； 费孝通著.
重庆 ： 重庆出版社， 2025. 7. -- ISBN 978-7-229
-20188-3

Ⅰ. C53

中国国家版本馆CIP数据核字第2025KC5813号

费孝通九十新语（新版）

FEIXIAOTONG JIUSHI XINYU（XINBAN）

张　喆　主编　　费孝通　著

策划编辑：张立武
责任编辑：唐国富　张立武
责任校对：李小君
装帧设计：刘　尚

重庆出版社 **出版**

重庆市南岸区南滨路162号1幢　邮编：400061　http://www.cqph.com

重庆出版社有限责任公司品牌设计分公司制版

天津淘质印艺科技发展有限公司印刷

重庆出版社有限责任公司发行

全国新华书店经销

开本：787mm×1092mm　1/32　印张：13.75　字数：281千
2025年7月第1版　2025年7月第1次印刷
ISBN 978-7-229-20188-3

定价：75.00元

悼孝通兄（代序）

钱伟长

近些时间，我因常住上海，很久未能与老友孝通兄谋面了，只是知道他一直病重住院，牵挂和担心一直萦绕于胸。4月23日我公出至浙江，25日从临安回杭州途中，传来孝通兄不幸于24日夜在北京病逝之噩耗，不胜扼腕痛惜，怆然泪下。泪眼中，我仿佛又见孝通兄往日风采。

孝通兄早年即负笈英国，攻读社会学博士学位，以“江村经济”研究一鸣惊人，享誉海内外。回国后更是以强国富民为己任，行行重行行，足迹遍及祖国大江南北，身影出现在大城小镇。孝通兄提出过许多有益于国家和地区社会、经济发展良策，尤其苏南乡镇经济模式之研究为世人敬仰。孝通兄辛勤耕耘一甲子，著作等身，奖掖后学，滋兰树蕙，终成社会学教育和研究之一代宗师。孝通兄一生，体现出一位社会学家、人类学家、教育家和社会活动家满腔报国情怀。

孝通兄和我曾长期在清华共事，后又同在民盟积极参政议政，共求国是，谋报效祖国之路。我调上海大学后，孝通兄更是鼎力相助，使上海大学社会学系研究水平不断提升，跻身一流。孝通兄与我既是吴地同乡，又是同事，交往几十年，私交甚笃。我们曾无数次执手相聚，纵论天下，畅游学海。前年在上海见面时之情景犹历历在目，而今想起那面竟成诀别。此景真是恍如隔世，悲痛不已。

谨书此短文以表我对孝通兄沉痛悼念之情。为弟惟率全校后学同仁，致力于“科教兴国”，矢志报国为民，以继承孝通兄遗志。

2005年4月26日

目录

要对时代变化做出积极有效的反应[1]

人们即将告别20世纪，正从工业经济时代走向一个由知识、信息和智力为主导的21世纪。我们作为人文社会科学的研究工作者，处在世纪之交，无不感受到我国的社会和文化已在经历着的快速而深刻的变化。实际上，不管我们愿意与否，我们的日常生活与知识信息社会已经有了各种联系，而且，这些联系使我们原有的价值观念、思维方式、知识结构和想象能力已经面临着许多挑战，就像我们在理解当今社会的复杂性时碰到了越来越多的困难，在克服这些困难时越来越感到必须要加强学习那样。在这种情况下，只要我们的人文社会科学是试图更好地把握时代变化的大趋势，并希望走向时代发展前沿的，那么我们肯定是有必要经常检查自己所

---

①本文是作者给上海“社会变迁与现代化国际学术研讨会”的书面发言。

做的研究能否贴切地反映现实社会。可以说，正是基于这种认识，我们决定举办“社会变迁与现代化”的国际学术研讨会，以这种形式请大家来互相交流各自正在进行的有关研究，特别是这些研究在理论和方法论上提出的新思考。我想这次会议不仅可以增进我们彼此之间的了解，而且可以使我们对自己新思考的有效性做出进一步的判断。

今天，我想在这里谈这样三个问题：第一，我们应如何对待西方社会理论；第二，只有把社会科学研究与当代社会发展相结合，才能更好地创建中国人自己的社会理论；第三，如何充分地了解我们的文化传统，如何从我们的文化传统中提炼出有利于社会理论发展的东西，并在此基础上有所创新。

近10年来，我们已经明显地体验到工作节奏越来越快了，急需信息的获取和信息准确性的识别越来越困难了，人类合作的机制和人际关系的方式更加灵活了，结构和规则的重建更加频繁了。我们似乎是突然发现我们所处的这个社会变得模糊不清，甚至不好理解了，用以分析这种现象的工具也不够了。面对这样的形势，我们需要学习的东西的确很多。但我觉得最重要的是要知道如何确立我们的学习方法。

当今中国人文社会科学研究的一个显著特征是，当我们对某一社会现象进行研究时，往往会借用西方的社会理论。由此提出了一系列值得反思的问题，其中比较突出的是：我们是否把握了这些理论产生的历史背景，我们是否明白了这些理论与中国实际到底有多少差距，以及我们是否恰当地运用了这些理论。

任何一种社会理论都有一个从不成熟到成熟的过程，任何一个成熟的社会理论也不是对所有社会现实都具有普适性的解释功能，西方社会理论也不例外。西方社会理论的产生是西方社会发展的产物，它们是西方社会科学家在自己的社会现实中，深入调查研究，并对其进行总结概括的结果。随着西方社会科学家对变化着的现实社会了解的不断深入，他们会反复修正其社会理论，以使这一社会理论更符合其社会现实。当我们运用西方社会理论来认识或解释我们的社会实践时，必须意识到这一点。如果我们采用的西方社会理论是西方社会科学家所摈弃了的理论，那么，我们怎么又能运用这一理论正确地指导研究呢？我们的研究结果又怎么会符合实际呢？即使我们采用的理论是西方社会科学家在解释他们的现实社会时正在运用着的理论，也不一定就能恰当地反映我们的社会现实。

事实上，这种担忧并非杞人忧天。由于我们的视野的局限性；我们对西方社会理论的发展可能会缺乏全面的了解；由于我们与西方社会科学家生活的社会背景不同，即使对后者的理论有较全面的了解，也难以对其理论所产生的社会现实基础有较深入的认识。而当前我国的学术界受到急功近利倾向的影响，在进行某项社会研究时，往往会把偶然遇到的西方社会理论拿来指导我们的研究，而不是对这一理论的形成进行详细考察之后再做出选择。正由于此，我们的社会研究成果往往会出现与社会现实之间的脱节或不符。

中国是一个拥有几千年历史的文明古国，传统在这个国家发挥着重要的影响。如果我们不了解中国社会的特殊性，而简单地把西方社会理论拿过来指导我们的研究必然会漏洞百出。我们一定要记住这样一点：中国社会有别于西方社会，并非所有的西方社会理论都能应用于中国实际。这要求我们有一个恰当的对待西方理论的态度。在采用西方的社会理论研究中国问题时，一定要注意不能全盘照搬。我们学习西方社会理论的目的，是为创建自己的社会理论提供一些理论参照，这就要求我们必须弄懂西方社会理论的性质，然后才是消化、吸收，促进中国的人文社会科学理论的发展和完善。

当今的中国正处在急剧变迁的年代，一切都处在变动不居的状态中，许多社会现象都转瞬即逝，使人无暇思考。当我们试图理解或认识某类社会事实时，往往仅做一些现象的或者行为的分析，而在这样分析的基础上所总结出来的理论，是肯定不扎实的。虽然浮躁性渗入到当今的理论研究中，是社会现实的客观使然，但一个社会学研究者在认识到这个问题的同时，更应该在主观上努力去克服这种浮躁性，不过要克服这种浮躁是需要某种相应的方式的。这个变化的时代，已为中国特色的社会理论的进一步深化和完善提供了极为丰富的可能性。为使这些可能性转化成现实性，作为人文社会科学家，首先应该做的就是：要反映和感悟当前时代变化的方式和趋势，要能够有效地判断这个变化对中国可能产生的重要影响，要以某种有效的方式去反映这个影响带来的结果。

任何事物都有一个产生和发展的历史，因此需要对之做历史的考察。事物的现代性特征离不开传统，一切现代性都可以在传统中找到根源。中国社会的现代转化也必须要到它的传统中去寻找根基，而中国的传统社会是按照其自己的“游戏规则”运行的。如果我们不了解这一社会的“游戏规则”，就不可能正确地了解该社会的现实。因此，我们有必要加强对实际社会运行逻辑的研究，以使我们的研究成果尽可能地反映社会现实。如果我们不对中国的社会传统有比较充分而清晰的了解，我们就不可能取其精华、去其糟粕。很好地吸取传统中的精华，是我们发展、完善社会理论的基础，怎样运用好传统是值得我们认真思考的问题。

我在一份关于景德镇陶器研究的报告中，得到了同样的启示。中国从唐宋开始向国外输出陶器，到明末清初达到了高潮，那时的欧洲贵族们无不以能得到一件景德镇的陶器而感到荣耀。景德镇陶器作为中国文化的载体，它对世界艺术的发展产生过很大的影响。现今的景德镇陶器制造业在承继传统的同时，不断创新，它的窑已经从传统的柴窑改成了瓦斯窑，对温度的把握也不再是凭经验和肉眼，而是用科学的方法来加以测试；而景德镇的现代陶器也是在继承传统艺术的前提下，反映了创作者的新的艺术思想和新的时代观念。这就是对传统的一种最好继承。

从这件事里边我们会得到这样的启示：中国的人文社会科学离开它自己的社会实践就很可能会丧失它的生命力。其实，在中国社会理论的发展过程中，将西方的社会理论与中国的社会现实加以结合，从而创建出具有中国特色的社会理论，是有着一些较为成功的先例的。中国社会科学对马克思主义的继承和发展，就是其中比较成功的范例。

我这一生从20世纪初开始，已经经历了90个年度。在我晚年还能有幸踏进21世纪。因此我经历了人类文化社会的两次重大变动。第一次是19世纪，从欧洲开始用蒸汽推动机械生产的时期。第二次是近20多年来在美国开始的用电子计算机促成的信息时期。在这两次重要的变迁中，我从小在传统文化社会里生长大，然后进入这史无前例的大变革中。作为一个文化社会人类学者，我有意识地紧紧跟着这一系列的变动。在生活中接受一系列深刻的感受。我较早就明白，我们的生活和思想方式，不能不随着这个历史性的变迁而变动，我们必须推陈出新才能适应我们的客观世界。在这个变迁中，许多传统的生活和思想不能不逐步改变，如果完全按照传统的办法是无法取得生活上的满足的。同时我又感到我从小学到的传统生活方式还是我这一生遵循的生活方式的主流，传统的思想模式还一直是我进行思考的基础。我无法从零开始重新采取一套完全新的文化和社会方式来进行我的生活。因为我们还是生活在传统传下来的文化和社会之中，这个矛盾也许是在我这一代人最深刻的经验。

今天我在这里所讲的话，都是出于我切身的经验。我作为一个人文社会科学的学者，认识到一切必须从实际出发，切不可脱离实际，凭主观去思想和行动。我认为我们只有从实际的历史过程中发生的新旧矛盾出发来认识我们研究的问题，并采取科学的态度和观察客观的历史发展的事实去理解现象，总结客观演变，看出新旧交替的规律，做出我们生活前进的策略。人类的文化和社会是人类自己创造的，为自己服务的。

人民群众是创造文化的源泉。我们中国人在过去的这个世纪里，吃尽了苦头，走出一条自救的道路，也是由中国人民大众用自己的智慧一点一滴地创造出来的。我们一路走过许多弯路，但是终于找到了一条实事求是追求真理和实现理想的路子。我们是用实践来验证我们所做出的选择。我认为我们只有从实际出发，步步联系实际，来总结人民大众所创造的经验，以实效为选择的基础，去摸索我们适应和这个变动不居的历史发展，以获得我们认为满意的生活方式和前进的道路。

最后，我应当向与会的朋友们道歉的是，我做好准备要来参与这次会议之际突然生病，进了医院。遵照医生嘱咐不能远行，因此我很失望，我不能来参与这次会议了，因而失去了向朋友们领教的机会，千万请大家原谅。

2000年5月20日

关于当前城市社区建设的一些思考

这些年来，我国产业结构、职业结构、消费结构和生活方式的不断调整和更新，不仅使城市化进程的速度明显加快了，而且还使许多各具特色的新型社区如雨后春笋般地快速涌现。这些新型社区是现代市场经济的产物，它不同于传统计划经济时期形成的社区，因此，它们的组织和管理随即被提到了各级政府的议事日程上来，并成为人文社会科学研究者非常关注的热点课题。其实，新型社区在较短时期内大量兴起，这对我国城市行政系统的改革提出了进一步的要求，也向我国人文社会科学原有的相关理论和研究方法的发展提出了进一步的要求。或者说，认识和管理传统社区的知识和手段已经不足以使人们理解和解决新型社区碰到的种种实际问题了。

关于城市研究，我是一个新兵。不过，90年代初，我在东南沿海的农村地区研究社会经济发展时已经预感到大小城市随着其改革开放的力度加大，那里中西文化的交流和城乡人口的流动会越来越频繁，人们的社会生活因而会出现一个大的变化。1996年，我在浦东新区实地考察时看到了这种变化。但这种变化的深刻性不是光靠书本上提供的理论和方法就能认识和理解的，而在较大程度上还需要研究者自己去直接接触在当地生活的各种人以及他们所处的经济社会环境。去年，我们在上海大学成立了上海社会发展研究中心，就是想以研究上海的社会发展为主要对象培养出既掌握系统的理论知识，又能贴近社会实践的研究工作者。

上海对社区发展研究比较早，而且已取得了一定的成果，尤其是为基层行政体制的现代化找到了一个为社区组织服务的办法。这个办法已经进行了好些年的尝试，我去访问了几个试点，亲眼看了之后觉得，它的进一步完善可以促成一个适应于我国社会主义市场经济的社区生活的系统。这使我很感兴趣，也引起了我的思考，下面是我对自己思考的一些归纳，希望与其他的研究工作者交流，也作成我对上海社区发展的一个研究起点。

回想起来，社区这一概念最初还是燕京大学的一些大学生在1933年介绍美国芝加哥学派创始人派克的社会学时，用来翻译英文community一词的。它的含义简单地说是指以地区为范围，人们在地缘基础上结成的互助合作的群体，用以区别于在血缘基础上形成的互助合作的亲属群体。血缘群体最基本的是家庭，逐步推广成氏族以至民族（虚拟的血缘关系）。地缘群体最基本的是邻里，邻里是指在比邻而居的互助合作的人群。邻里在农业区发展成为村和乡，在城市里则发展成胡同、弄堂等等。根据我们的意思，社区是一定地域范围内的社会。人类是聚众成群相互合作经营共同生活的。从一般群居发展成为一个共同相互合作的社会，因而人类在这一过程中经营共同生活时需要一套关于个体间合作的行为规范，并且要求这些合作个体对其行为规范有一个共识，即所谓的构成了一个共同生活的社会。这个社会基于两种不同的人群关系之上：血缘和地缘。

以血缘为基础的社会，即人们常说的以家庭为细胞的社会，而家庭的结合是由于生殖和生育的作用。人本是动物的一个种类，就生物基础而言，他和其他动物一般是依靠生殖作用从母体里产生新个体的生命。但是，人类在这方面发展时形成了自己的特点：不仅母体有较长的生育期，个体获得生命后还要有一个较长的抚育期，才能独立经营生活。人类的这个特点即所谓的“之所以异于禽兽者”。这里就开始了亲子之间的抚育关系，即上面所说的以血缘为基础的社会关系，在这种社会关系上建立起来的社会，其最基本的社会团体是家庭(关于这方面的引申可参看我著的《生育制度》一书)。

地缘性的社会关系是指不同的个体由于共同生活在邻近的空间而发生的相互合作的关系，一般说来，就是由于不同的血缘团体生活在相邻近的地域而发生的相互合作的社会关系。建立在这种社会关系之上的社区是地区性的社会，它区别于亲属性的社区。在西方经典社会学理论中，人们往往把“社区”与“社会”对立起来看，这个对立主要反映在人们建立关系的方式上的不同：社会是以个体性的目的、利益为基础的，社会成员之间合作的主要纽带是契约、交易和计算关系，这些关系的制约通常是依据正式法律；而社区则是以同化的意愿、价值观念为基础的，血缘、邻里和朋友关系是社区成员之间合作的主要纽带，对其成员行为的控制通常是依据传统、习惯或乡规民约。

然而，随着西方工业化和市场经济的发展，社区的原有特点发生了变化，社区概念的本来意义也发生了变化。我国现代的社区建设受到人们的重视是近十几年的事。但这并不意味着在这之前中国没有社区性的组织和活动，其实，中国传统的社区性组织和活动由于50年代初以来的不断革新，形成了具有自己特色的现代社区形态。

新中国成立后的较长时期内，中央和省市级政府采取了高度集中的计划经济体制，并在这个体制下逐渐发展健全了由市、区、街道、居委会组成的城市行政管理系统，人们称之为“两级政府，一级管理”，即重要的财政决定权掌握在市级政府手里。直到1992年，邓小平同志“南方谈话”发表后，我国沿海地区大城市对外开放和经济体制改革开始以快步走向深入，社会结构和人们的生活方式因此发生了急剧变化，结果使传统计划经济体制下形成的城市基层行政管理系统与新形势下的新城市社会管理的要求不相适应的问题首先提了出来。这个问题在上海表现得尤为突出，上海因此加大了行政管理体制的改革力度，先后试行了“两级政府，两级管理”和“两级政府，三级管理”的新体制，以对付快速而深入的改革开放、大规模的市政建设带来的城区管理任务日益加重的局面。上海是我国受到传统计划经济影响十分严重的地方，它是个以大中型企业在很大程度上以劳动密集型的制造业、纺织业为主的特大城市。因此，它越是加大改革开放的力度，它所面临的困难就越多，困难不仅涉及经济领域和行政领域，而且还涉及了就业、教育、住房、社会保障体系等各个方面。

1998年，在我国开始实施了国有大中型企业脱困的三年计划，这个计划使国有大中型企业的经营管理体制的改革和产品结构的调整进入了一个崭新的阶段。但随着企业引进现代的经营管理制度和技术含量高的生产，出现了一个突出问题：职工中的下岗人员的数量不断增加。由于这些下岗职工的技能与新型企业的要求相距较大，短时间内又难以缩小这个距离，更重要的是不容易在当地很快创建起大量适合于他们的再就业机会，因此使他们中的许多人的各种关系归属到了他们所居住的社区，社区也因此成为就业问题、稳定问题比较突出的地方。

由于我国过去计划经济体制下的大中型企业均属于国家或地方的全民所有制，其管理在很大程度上受到各级政府的直接影响，因此，我国全民所有制企业差不多都存在“政企不分”的问题，不仅如此，这个政企不分在职工社会生活的方方面面都有反映，比如职工及其直系亲属的房子、医疗、养老直至亡故的追悼会都是企业所经营管理的事，一定级别的干部还有与其职位相应的车子和津贴，甚至其个人的婚姻等。总而言之，我国传统计划经济体制中的企业职工，其社会生活问题的解决是由他们所在单位统管的，我把此类单位统管叫做“单位包干制”。这种单位包干制使企业职工在社会生活方式上很少与传统社区相联系。以我个人为例，以前我是在家靠父母，出门靠朋友。当我有了工作单位以后，我的衣食住行和医疗等基本都要靠单位来解决，特别在凭票供应时期更是如此，直到今天还有一部分事情是靠所属单位来解决的。我在日常社会生活中碰到问题，只需与“管”我的单位电话联系就能得到解决。我想长期在“单位包干制”里工作过的职工多少会养成依赖的习惯，而要改变这种习惯却不会那么容易，就像许多人下岗后还依然指望政府给他们提供再就业的机会，以某种方式说，他们还想着政府把他们的职业“管”起来。而事实上，这种可能性由于我国企业越来越从属于市场经济、政府职能越来越与社会分开而日趋减少，许多以前由单位经管的事移交给了社区。所以，社区建设和管理的任务将会非常艰巨。

人们已经提出的社区服务，从根本上说，这是我国城市经济体制改革深化的必然。现在，有越来越多的从业者从“单位包干制”中走出来，他们过去要依靠单位处理的日常社会生活问题转移到他们当前所寓于的社区，社区逐渐承担起解决它们居民的各种困难的任务。这是从“单位包干制”到“社区服务制”的转移，这个转移所涉及的面，包含了人的生老病死、衣食住行。因此，这个转移对于被涉及的人来说，可谓是革命性的，因为他们一下子失去的优惠和待遇几乎与他们的全部的日常社会生活相关，甚至还包括他们长年积累起来的一些社会生活经验。

从行政工作角度来看，过去的行政部门有“条块”分工，而市民生活上的问题主要是由条里的相关部门去处理的。现在的情况不同了，过去条上的许多职能转到了块上，因而市民的许多问题要由社区来处理。这个转移引起了当前社区工作上的困难性和复杂性，因此突出了社区建设的紧迫性和重要性。我在与徐汇区天平街道和宝山区淞南镇的一些基层干部座谈时，了解到当前社区工作中的一个重要问题是，社区的责任在无限地扩大，而社区的权利却还不明确。事实上，无论是领导社区工作的人，还是社区里具体管理的人，他们对社区本身的内涵、任务和目标都不太清楚，因此也就不清楚社区与街道之间的区别。这样，出现了"社区是个筐，什么问题都往里装"的现象，而这种现象正使社区干部的管理工作日趋繁重，困难越来越多。所以，他们迫切需要一套相应的解决办法。

现在，人们提出了社区服务制，实际是要社区来解决居民在日常生活中提出的问题。但社区实际能力有多少呢？根据社区目前的综合实力，我觉得社区服务制的首要任务是要动员更多的社会力量，进而组织广大社区居民学习并参与社区生活的自理。社区生活自理就是让越来越多的居民自己来协调和管理他们在社区里的各种关系，从而在社区内创建一个适应于我国当前市场经济的、贴近居民具体生活的、满足居民日常需求的服务系统。简单地说，这种社区服务制首先要培养和提高社区居民既服务于自己，又服务于他们社区的意识和能力。它的完善过程将是社区居民大家一起来建设一个守望相助、尊老护幼、知礼立德的高尚精神文明的过程，也将是他们共同来营造一个和睦成风、安居乐业、其乐融融的美好生活环境的过程。

当然，我们应该认识到这些过程可能是长期的，而且还会碰到很多困难和阻力，因为说到底，实现这些过程不是几个人、几个家庭的努力就能完成的，而是要靠许多社区甚至全社会都能自觉地投身于这些过程中，这就需要大多数人在思想观念、行为方式上发生一个大变化。这是时代向我们大家提出的课题，它是一个挑战，也是社会向前发展一步进入现代化的机遇。

2000年6月13日

关于当前城市社区建设的再思考

1995年，我以《农村、小城镇、区域发展》一文对我的社区研究历程进行了再回顾。这时我已看到一种新形势：跨越国界的经济联合体正形成发展势头，国际经济朝着洲际经济转变，正出现更大范围的经济网络，世界经济增长的中心正在向亚太地区转移；我国东南沿海地区正面临经济全球化带来的挑战和机遇，城市计划经济体制正处于向市场经济体制转型和重新确立各自战略地位的重要时期。这种新形势将会对中国的社会文化产生什么样的影响？我们许多社会科学的研究者感到自己有责任去思考这个问题，我作为其中的一个思考者首先意识到有必要对自己的认识、理解和解释国际国内环境变化的能力作出贴切的分析和估量，因此我对自己先前的思想和研究积累进行了反思，结果发现自己的知识体系里需要一些“补课”。而这时，上海浦东新区领导也在呼唤我们社会学，希望我们社会学去研究他们在经济社会变化中碰到的各种关系问题。可见，当现实社会的确要派我们社会学研究的用处时，而我们社会学研究者却还没有做好充分的准备。

上海是我国现代化工业发展的前沿，特别是开发开放浦东新区以来，它的改革步伐更快了，经济运用的市场化、国有大中型企业经营机制的转换、新经济组织的成长，以及随之而来的职业人口的流动、外来劳力的增加、居民生活区的重组和城市管理体制的创新都出现了突破性的进展。从某种角度看，上海的社会文化生活也进入了一个新的理性化过程，其实我国特大城市的领导率先提出“小政府、大社会”新体制的目标，而且最早在行动上投入现代社区建设的就是上海。这一社会现实引起了我的很大关注，因为我从这里看到了一种很有价值的实践，这种实践是在探索一个率先达到小康水平正向着富裕阶段前进的社会如何在社会主义初级阶段理论引导下进一步现代化的道路。去年，我来上海大学成立上海社会发展研究中心时，上海的徐匡迪市长请我来研究社区建设，我当即便答应了，其实这也是我正要去做的事情。

近一年多以来，我与上海市的10个区的一些街道、社区和居委会的干部进行了面对面的访谈，并走访了一些居民家庭。在这个从实求知的过程中，我对上海城市社区这个社会结构的基础有了一些初步的认识，感觉到社区相比于街道，它与市民日常生活各个方面有着更为广泛而深入的联系，包含政治、行政、经济、社会和文化等多种系统，其中最直接的联系是社区居民的衣食住行、生老病死。这个如同小社会的社区由于更注重自下而上的运行逻辑，因此它提出的日常问题往往会超出街道组织管辖的范围。

关于当代中国城市社区的研究，我是一个新兵，但我对社区概念并不是陌生。这个概念是在20世纪30年代从美国引入中国，首先接触它的就是我们这些当时在燕京大学读书的大学生。它的最初解释受到了西方人文区位学观点的影响，其含义简单地说是指人们在地缘关系基础上结成的互助合作的共同体，用以区别于在血缘关系基础上形成的互助合作的共同体。这两种共同体在社会整合上的区别类似于涂尔干的“机械团结”和“有机团结”。它们对其成员行为的控制有各自不同的依据，前者是具有自然性质的习惯或乡规民约，后者则通常是正式法律（用法律形式来确定各种关系和解决它们之间的矛盾）。北京解放初，我曾是梁思成教授领导的第一届首都城市规划委员会的委员，可以说，我也是最早热心于我国城市社区建设的人之一。可惜的是，此后的多次政治运动冻结了我对此的热情。

50年代以来，我国城市社区在权力高度集中的计划经济体制下逐渐发展了具有自己特色的现代社区形态，然而，这个社区形态的本质意义实际上从一开始就不是早年从西方引进的那个社区概念能够完全解释清楚的。因此，我们要想真正理解当前上海城市社区的建设问题，不仅要发展外来的社区概念，而且要使这个发展建立在对上海城市社区的实际状态乃至中国的基本国情的深刻了解之上。上海作为带动长江流域地区经济腾飞的龙头，其经济发展战略已在高层次上作出了重要部署，而且在一些领域已形成了能够参与当代国际市场竞争的相当实力，也就是说，上海在对付世界经济的挑战方面可以为国内经济发达地区提供一些决策性的依据。上海在社会文化方面的建设如何为长江流域地区带来一些可借鉴的经验？我想这对于上海来说可能还是一个新课题。虽然人们早就开始研究区域经济与社会文化的协调发展，可是由于这个协调发展在实践上并不那么容易，研究者尚未能够找到它的有效机制。

我认为社会文化的发展在更大程度上会受到本国的基本国情的影响，也就是说，更需要考虑其实施的前提条件。那么何谓当代中国的基本国情？邓小平同志在80年代中期通过对当代中国社会发展阶段的经济特征的深刻分析，指出我国改革开放所处的历史阶段是社会主义的初级阶段。这个初级阶段的含义在总体上是指从半殖民地半封建社会进入社会主义社会的当代中国，在人多地少、生产力落后、商品经济不发达条件下建设社会主义必须要经历的阶段，这个阶段既不同于马列主义理论中的“从资本主义向共产主义的过渡时期”，也不同于人们所设想的“共产主义社会的第一阶段”。也就是说，中国正在经历的这个历史阶段是具有中国特色的，是区别于任何其他国家进入社会主义社会的特定范畴。有学者解释，这是在“共产主义社会的第一阶段”之前单列出来的历史阶段。社会主义初级阶段理论其实是中国共产党所坚持的“解放思想、实事求是”的体现。我们由此可以加深理解中国社会主义现代化的基本实现为什么需要上百年的时间。中国是一个拥有几千年历史的文明古国，文化传统在这个国家的许多生活领域还发生着重要影响，因此中国的社会主义现代化建设不可操之过急，也不可盲目乐观。

历史是由人类自己创造的，但这个创造并不是随心所欲的。一个理论只有当它贴切地反映了中国的实际，才有可能被人们广泛地接受，从而变成一种物质力量。中国人民就是在邓小平建设有中国特色社会主义理论的指引下，发挥自己的聪明才智积极参与我国社会主义市场经济的发展，并不断改善着自己的生活环境。中国东部地区的经济发展和居民收入水平、生活质量从1995年起就整体而言已经实现小康目标，正在向富裕阶段前进。该地区进而在“九五”规划中强调了深化转变经济结构和经济增长方式，使国有企业成为改革的重点，并推进了以信息电子为中心的高新技术产业的开发。长江三角洲地区和珠江三角洲地区因此出现了三次产业结构在更高层面上的理性化调整：国民经济所有制结构趋向多元化，现代企业经营制度的使用范围不断扩大。随着这些变化，城市管理的传统行政方式首当其冲地面临着重要挑战，社区建设的研究课题因而很快提到各级党政领导的议事日程上来，并纷纷以社区管理新模式的试点活动来寻求或创立政府职能在新形式下转变的可行性。这种要求的如此迫切真可谓是“逼上梁山”。

人们越来越清楚地认识到，社区管理不等于街道管理，尽管它们都属于城市管理，也都要以居民的社会生活为对象。我在上海社区的实地调查中深刻体会到，提高上海城市管理水平的出路在于深化体制改革，而这个改革必须是高瞻远瞩的，同时又是脚踏实地的；既要从现时出发考虑与国际接轨，又要从历史的角度考虑上海居民的社会生活所特有的经验结构。

在我国城市社区生活的管理中，行政体系的作用占有重要地位。中国从1952年开始进入国家政权建设过程，1954年通过《城市街道办事处组织条例》，统一了街道办事处的性质、任务和机构设置。上海随后逐渐健全了由市、区、街道和居委会组成的城市行政管理体制。在该体制的早期结构中，区政府是通过粮管所、房管所、派出所、菜场和卫生所将其各职能部门的工作延伸到街道；街道办事处作为区政府派出机构，以自上而下的指令方式实现其行政目标，具有明显的行政科层制特征；居委会作为街道办事处的工作基础，在法律上是一种自治性的群众组织，但在实践中执行街道下达的各项具体任务，人们称它为一种半官方式的群众组织。直到80年代，上海对其城市社区生活的调节和治理始终是通过它所健全的这个行政管理体制来完成的。

上海城市行政管理在1984年之前虽然有所变化，但其实际的运行基本上还是“两级政府，一级管理”的旧模式，区一级政府那时甚至没有独立的财政。在这之后的10年中，随着经济开发开放的不断加快和国有企业制度改革的不断深入，城市管理的任务变得日趋繁重，尤其是解决突然出现的大批下岗人员再就业的困难越来越艰巨。上海市委、市政府因此实行了“两级政府，两级管理”的新体制，1995年又提出了“两级政府，三级管理”的新体制，并将这后一个新体制放到10个区的10个街道进行试点探索，为调动社会力量的参与而创造必要的条件。从1996年开始，上海市委书记每年都在全市城区工作会议上作重要讲话，每年要为推动城市社区管理新体制的完善拿出相应的政策意见。可见，社区生活日益成为城市发展的决策者所关注的一个重要方面。

改革至今，为什么人们还要再提社区建设的问题？依我的看法，这个问题的解答要从上海的实际出发，尤其不能忽视上海所具有的“单位人”这个传统。上海是在新中国的历史上受传统计划经济体制影响最严重、国有大中型企业最集中、居住密度较高和人口城市化速度较快的大都市。这就意味着它越是发展市场经济，越是引进现代企业经营制度，越是加大开发开放的力度，它要解决的问题也就越多越复杂。据我所知，自90年代初中期以来，上海有越来越多的职工离开了“单位包干制”而带着“毛将焉附”的问题转入了社区。一方面，由于他们技能过时，且长期养成了依赖单位的观念；另一方面，社会保障体系尚未健全，个人资本的积累还很缺乏，他们的许多困难因此只能求助于社区来解决。但社区自身能在多大程度上提供这种服务呢？从现实看，社区建设所涉及的方面变得头绪繁多，以某种方式说，这些方面既可以反映工业社会的现象，又可以反映农业社会的现象，比如杨浦区五角场街道南茶居委会党支部书记对我说，他们居委会希望在管辖的新兴小区里创建一种熟人社会，但这种熟人社会不是建立在血缘基础上的，而是建立在邻里基础上的。这样的熟人社会可以促进居民之间互相帮助，共同为社会生活负起责任来，因为人熟了就会讲面子。这番话表达了基层社区管理碰到的问题并不都是经济上的和行政上的，也有人类学意义上的，换句话说，是人类自身的问题，而且它们的解决不但要求针对性和规范性，也要求灵活性和创新性。

我从上海市普陀区甘泉街道总体情况的介绍中，了解到它的组织管理系统中有街道党工委、街道办事处、社区管委会和社区党建研究会。社区管委会（简称“社管会”）的主任由街道办事处主任兼任，委员由街道所属区的有关职能部门派出的单位和社区单位的领导、居委会主要负责人组成。社区党建研究会由社区内支部以上单位的党组织负责人参加，带领党员在社区建设和管理中发挥先锋模范作用。除此之外，街道办事处还下设五个委员会：社区市政管理委员会、社区发展委员会、社区保障委员会、社区治安综合治理委员会和社区财政经济委员会。可见，街道办事处要对社区进行综合管理，社区几乎成了街道全部工作的内容。

然而，尽管上海的城市社区管理体制不断得到发展，但这个发展尚未能够为人们全面解释社区生活内容提供足够的要素，换种方式说，现行的上海城市社区管理体制的发展还应该考虑基层社区管理和居委会工作所需要的实际条件。根据我的体验，只要人们去认真听取居委会主任所反映的情况，就有可能发现居委会在社区生活系统中发挥的作用没有固定模式，这是因为他们处理的问题常常是具有偶然性的。看起来，这些不确定性可以给他们的行为带来一些自由度，而实际上，他们在这种状态下很难完全根据已有的规定履行自己的职责。总之，他们在工作中经常是缺乏自主性的，比如他们要代表社区居民的利益，因为他们是由社区居民选举产生的；他们要对街道及其部门负责，因为他们工资从属于街道财政支出；他们要善于与居委书记协调工作关系，因为书记是由街道组织直接任命的。而且，社会有时也可以指使他们做一些超出他们职责范围的事务，因为他们的角色定位始终是模糊不清的。用他们自己的话来解释：居委会的工作如同一个针眼，随时要接受四面八方来的“线”。由此推论，居委会工作所涉及的面可以包含一个大社会，居委会干部所承受的压力有时是自上而下的，有时是自下而上的。因此，要建设和管理好社区，首先要充分估量现阶段居委会的有效运作所必需的条件。我想这些条件也应该成为政府转变其职能时需要考虑的因素。

社区建设是一个长期的任务，社区管理体制的发展因此也要有相应的计划，要体现基层社区的现实要求。我们研究社区的人更要从社区生活的实际出发，在分析和推论社区问题时要避免以不贴切的理论为依据。我希望我们努力的结果都能够成为推进社区管理现代化的一种物质力量。

2000年10月

论西部开发中的文化产业

今天中外学者集聚一堂，进行有关文化艺术交流与文化产业问题的探讨与研究，能出席这样的一个国际性的会议，我很高兴。在当今时代，可以说文化产业是一种新型的朝阳产业，为什么这样说呢？人们常讲的三大支柱产业包括农业、工业、服务业。其中农业为第一产业，制造业为第二产业，服务业为第三产业，农业社会是以第一产业为主导，工业社会则是以第二产业为主导。但当人类社会进入信息时代以后，第三产业的比重开始增加。在以第三产业为主导的社会中，人们将重视知识的消费，将重视文化艺术和体育的消费。在这样的社会里文化产业和高科技产业一起成为社会经济发展的巨大动力。

所以，我认为有关文化艺术交流和文化产业的国际研讨会，能在中国的北京召开，也标志着中国的社会正在迅速地产生变化，正在从注重消费物质到同时注重消费知识的方向迈进。中国有着5000年的文明史，在这漫长的文明史中，积淀下了许多宝贵的文化遗产。尤其是我国的西部，可以说是一个传统文化艺术的宝库，因此，要在中国这块土地上发展文化产业，是大有用武之地。我之所以谈到我国的西部，是因为目前我们国家正在进行举世瞩目的西部大开发，在西部开发的过程中，我们不仅是要注重高科技产业与其他产业的开发，还要注意到其文化产业的开发。也就是说，在我国的西部不仅有着丰厚的自然资源，还有着丰厚的可以发展文化产业的人文资源。

而且，西部的文化和艺术的确是非常值得我们去探讨、研究和发掘的。中国许多的最早的灿烂的文化艺术都是在那里得到蓬勃发展和繁荣的，在这里我们几乎能找到所有中国美术、音乐、舞蹈，甚至戏曲、诗歌发展的源头。而且，西部的文化除了有汉族文化之外，还有众多的少数民族文化（中国的少数民族大部分都集中在西部），从其发展的广大的空间和悠久的时间中我们能看到多元一体的、由多种民族的广大群众创造的文化的相互接触、相互融合和各自发展的演化经过。

我一直很关心西部的发展，但多年来所关心的多是如何发展经济的问题，因为我一生的目标就是“志在富民”。而西部有很多地区不久前还是我国最贫困的地区，我希望能够发展这些地方，帮助这些地方脱贫。但我以前只看到西部贫穷的一面，却没有看到它富有的一面，没有看到它有那么丰富的人文资源是可以开发和利用的。但我现在已经开始注意到了这一点，实际上这也是一个事物发展的必然性，它意味着人的思想感情已经开始产生变化了，也就是说，当世界的物质生产发展到一定地步以后，人们就要开始重视精神的生产了。也就是在这个时候人们才发现我们面对的不仅有自然资源，还有宝贵的人文资源，这是在我们的感情产生了变化，物质发展到一定程度后才能看到的。在经济落后时期，人们不大可能会认为人文活动留下的各种遗迹和文化艺术传统是一种资源。这就是说，是经济的发展促进了人们对人文资源的认识，反过来，对人文资源的认识也将促进人们对经济发展的更深一步的认识。人们将认识到经济的发展并不是我们的惟一目的，经济的发展只能解决我们生存的基本问题，但如何才能生存得更好，更有价值，使自我价值的发挥得到更宽阔的拓展，并从中发展出一种新的人文精神，是需要在原有的人文资源的基础上，用文化和艺术的再发展来解决的。在这里面不仅有一个物质的问题，还有一个精神的问题，这就是人文资源的价值所在。

开发和利用人文资源不仅能产生新的人文精神，同时也能创造新的经济价值，因为现在的人们不仅需要丰厚的物质享受，也需要高尚的精神享受。那是一种比吃饱穿暖更美好的生活，是一种需要了解各种文化历史知识，需要得到各种艺术享受的生活。这一切正蕴藏在丰富的人文资源中，要靠我们去提炼和表达。

记得还是在我读中学的时候听说有一个西北考察团在西北考察，其中还有一个瑞典人叫斯文·哈定，那时我只是觉得西北很神秘，有很多有趣的生物和民俗文化，但没有看到它对中国文化发展的意义，也没有看到它在今后中国文化发展中的地位。对西部的文化艺术我们注意得不够，但外国人却注意到了，克林顿访华的第一站就是西安，还有一个日本首相到敦煌去了。西安也好，敦煌也好，引起了外国人的注意，那是因为它代表了一个文化的中心呀！我们都说我们是炎黄的子孙，那个时候我们中国文化的中心，就在西北。前面我已经讲了，还在我小的时候，瑞典人斯文·哈定就到西北作了大量的考察，并在世界上发表了许多的文章，引起了很大的轰动。但我们中国人自己却忽视了西北，那是因为最早的交通是陆路，从西汉开始到唐代，通过丝绸之路，打通了中外及各民族之间的交往，所以那里非常繁荣，成为中国文化的一个中心。但后来文化发展到了沿海，那是因为水上交通比陆路交通更方便。可是现在又改变了，有火车和汽车了，有飞机了，陆路交通也变得很重要了。所以，西部又有了一个新的发展机会。在过去的一段历史里，看不起西部的观念比较深，现在我们要把这个观念纠正过来。尤其是在人文资源上，西部保存得比内地好，一是因为它的气候干燥，文物容易保存；二是因为过去它交通不便，地方偏僻，受现代文明冲击很少，传统文化资源保护得相对完整。但在这西部大开发中弄得不好，就会把这些重要的人文资源破坏掉。所以在西部开发的过程中，我们一定要大声疾呼，要注意对古代文物和传统文化的保护，要只是为了一点小的眼前的经济利益，而牺牲了我们几千年文化遗存下来的一些宝贵财富，那就得不偿失了。

国家现在提出了西部大开发的号召，这是对的。但是在开发的过程中不要只看到西部贫穷落后的一面，而忘记了西部的另一面，也就是它所具有的、丰富的人文资源这一方面。在早些时候中国人是不重视这些人文资源的，但是外国人重视它，他们到这里来考察，还偷走和抢走了我们的许多珍贵文物。首先是我们不懂得自己的家产值钱，不知道自己有这么珍贵的财源，没有认识它嘛。我们这代人是很苦的人，因为在旧中国我们的经济落后，在国际上没有地位。我出生在1910年，也就是辛亥革命的前一年。我的一生主要看到的是中国人贫穷的一面，所以，让中国人富起来，是我这一辈子的最大愿望。同时我也认识到，首先要把生产力发展起来，没有经济基础，其他的东西就谈不到。比如，西部有许多珍贵的文物，但却没有几个像样的博物馆，有许多宝贝无法好好地陈列出来，向世界展示。这就是因为我们的财力不够。有了宝贝不能表现出来，不能宣传出去。但在这20年当中，中国的经济有了发展了，农民的收入也有了提高，西部虽然还是比较落后，但也发生了很大的变化。

西部许多宝贵的传统文化艺术，是几千年中华文明替我们留传下来的。这是一个很重要的资源，切实地说，在西部地区的这一广阔的时间和空间里，产生过很多不同的民族、不同的优秀人物，他们共同创造了这个文化的、人文的资源就在这里边。之所以称之为资源，就是因为它不仅是可以保护的，而且还是可以开发和利用的，是可以在新的历史条件下有所发展、有所作为的。因此，在开发西部的热潮中，我们一方面要发展它的经济，繁荣它的市场，使西部的发展和内地平衡，甚至超过内地。与此同时，还要保护和发扬其传统的文化艺术，尤其是民间的文化艺术。

人文资源和自然资源不一样，自然资源是天然的，而人文资源却是人工制造的，是人类从最早的文明中一点一点地积累、延续和建造起来的，它是人类的文化、人类的历史、人类的艺术，是我们老祖宗留给我们的财富。人文资源和自然资源一样，有很多是属于不可再生的，一旦被破坏掉，就永远无可挽回。

另外，我们今后还要多普及历史和考古方面的基础教育，不仅是在书本上学，还要带学生多到博物馆看看，让他们通过这些认识我们国家的历史，知道哪些是我们祖宗留给我们的宝贵财富。西部现在发现的文物古迹已经很多，但还有没有尚未发现的文物古迹呢？这都很难说，就像当年的敦煌也是偶然被发现一样，当年看守敦煌的王道士就是因为不懂得那些文物的价值，所以把许多珍贵的国宝都很便宜地卖给或送给外国人了。因此，我们先要提高我们的认识，提高人们的素质，提高大家在文化历史方面的修养，只有这样人们才会自觉地去保护我们珍贵的文化遗产。我认为传统的文化在我们国家是有基础的，这种基础存在于广大的民众之中，我们要把它保持下去，并进一步培养起来，这是第一点。

我想讲的第二点是，我们对于人文资源的态度，首先要宣传，要让老百姓知道，这些是宝贝，是有文化价值的，甚至还是有很高的经济价值的。在干部里面也要加强教育，干部很重要，有些群众碰到了珍贵的文物却不认识，干部要有这方面的知识，不要让群众随意丢掉或破坏掉。尤其在西部大开发期间，在进行一些基础设施的建设时，很可能会无意中发掘出一些古文物或要破坏掉一些古文物，包括一些古建筑，我们尤其要注意。比如我在甘肃曾看到一块当年中原皇帝给西藏王的令牌，就是在收破烂的废品堆里无意中发现的。这一类的东西一定还很多，只是我们没有发现而已，有时候因为我们不懂所以也就在我们的眼皮下溜过去了。就像20

世纪初的斯坦因等一些外国探险家，到中国西北考察拿走了我们的不少文物，虽然是一种强盗行径，但他们却帮助我们发现了这些东西，知道了这些东西的价值，所以，在历史上他们还是有功的。中国传统的文人，大多是坐在书斋里看书的，不会深入到下面去考察，不会到活生生的社会生活中去体验，去了解事物真正的本来面目，所以对书斋以外的许多事情都不太了解。今后我们改变一下我们传统的做学问的方式，要提倡真正地深入到生活中去，到广大的农村中去，在这些地方我们可以发现很多好东西。我们的知识是从哪里来的呢？我认为决不会仅仅来自书本，而是在实践中，在实际的生活中产生我们的知识。对中国的历史也不要光看书本，要到博物馆去看一些真正留下来的实际的东西，我们对它的认识才会更深刻、更全面。

第三点，要开发西部，一定要注意民族问题，要发扬各民族优秀的传统文化，不要看不起少数民族，他们的文化也有很多好的、值得我们学习的东西，我们要帮助他们发掘出来，帮助他们发展。汉族看不起少数民族，西方看不起东方，这都是不对的。应该用平等态度对待各民族、各国家的文化。我们认为西部曾有一度是中国文化的中心，是中国文化先进的代表，但后来其经济落后了，其文化地位也跌落下去了。但其实不是它的文化从此落后了，而是我们对它后来的文化认识不够了，主要是我们认为它不是主流的文化，就不再去认识它。我们现在搞的人文资源的开发，就是要重新去认识它、理解它、发掘它。对于西部文化艺术的考察，前人已经做过了不少的工作，其中包括考古学界、人类学界、民族学界、艺术学界等。这些考察是非常重要的，为今天的考察和进一步研究奠定了很好的基础。但以前的考察和研究大多还是仅仅停留在对历史事实的记录、观察和描述上，在从文化的角度上进行进一步的理论总结和深入研究方面还是做得不够的。今后，我们要加强这一方面的研究，补上这一课。

前两年，我去了大同，那里有一个云冈石窟，现在煤的市场不太好，大同就想开辟旅游来代替煤的生产。这想法是很好的，可是要人家来看，首先自己要将自己的历史搞清楚，讲出个道理来，要不然别人怎么来看。对云冈石窟日本人倒研究了不少，出了一本书我看了，就是说，我们的财产我们自己都不知道，别人却知道了。人文资源和自然资源一样，要有一个逐步认识的过程，李四光就是一个例子，还是在我读大学的时候，就听说中国没有石油，我也相信这一点，后来李四光提出了中国有石油，并且后来的事实也证明了这一点。所以我们下一步就是要到西部去了解我们的家底，发掘蕴藏在西部的人文资源，为西部的文化和艺术的发展做贡献。

人类社会发展到了21世纪，我们不要光看到物质经济的发展，也要重新认识人文资源，要回头看到这种资源给我们带来的影响，另外还要利用这些原有的资源给我们创造出一种新的文化，来服务于我们新的生活，这里面有很深的学问。西方经济高速发展的结果，只是强调了人同物的关系，但却把人同人的关系、人同自然的关系给丢掉了。现在西方人已经认识到了这一点，正在局部局部地把它恢复起来。人和自然的关系，包括了人同自然生态的关系，人同自然资源的关系；而人同人的关系，则包括了人同人文历史的关系，人同人文资源的关系。

人文资源虽然包括很广，但概括起来可以这么说：人类通过文化的创造，留下来的、可以供人类继续发展的文化基础，叫人文资源。我们要好好地利用这些人文资源，让它变成我们丰富的生活资源。大的我们不讲了，就讲音乐、美术、舞蹈、戏剧等这些艺术活动，就是为了满足我们的感情需要，通过我们的大脑、眼睛、嘴巴来表达、传送和接受人类的各种的感情，也就是通过我们的器官来欣赏和接受各种不同的微妙的心理感受。人通过艺术吸收外界的东西，刺激和丰富我们的感觉，帮助我们从各个方面去认识世界，让我们感受到大自然中的或人类情感中的许多美好的东西。而这种感受的辨别，这种审美观念的形成，很多都是从小培养和从传统的文化中潜移默化中形成和习得的。所谓美和不美，实际上既是客观的也是主观的。但作为人的存在，总是向往美的，向往精神享受的。所以，将来人类的物质发展了，吃饱了，穿暖了，就要讲究吃好，讲究穿漂亮。这个吃好就不仅要讲究营养，还要讲究味道、讲究气氛、讲究形式、讲究食具等等，就连吃也可以成为一种文化和一种艺术了。从这个例子，我们可以看到，人类首先要讲究生存，要活下去，才能讲究生活。我们以前要解决的都是生存问题，现在我们要逐步地解决生活问题。生活和生存是不同的。

我们的艺术家同志们要有一个荣幸感，就是今后的世界不是一个完全靠科学技术的世界，而是要用科学技术来促进我们的艺术发展，让人类的社会朝一个精神和物质两方面都得到共同发展的方向前进。我们可以利用最先进的科学技术，来站在传统的根基上，发展我们新的艺术，让我们民族艺术的根成长起来。同时，把中国丰富的人文资源发展出来、开辟出来，贡献给全世界。这是我的一个梦想，我希望这个梦想有一天能实现。

2000年6月

新世纪　新问题　新挑战[①]

我很高兴应邀来参加中国人类学会与厦门社会科学联合会合办的2000年人类学国际学术研讨会，也很高兴能在这次大会及同场举办的第五届社会学人类学高级研讨班上做一次讲话。据会议的组织人说，两个会议商定了一个共同的主题，即“21世纪人类的生存发展”。刚刚进入21世纪，我已经年过九十，早已到了“交班”的时候了，21世纪人类的生存发展问题，同我这个耄耋之年的人关系已经不是很大了，我虽然随着人们跨入了一个新的世纪，但这个新世纪的课题，还是要依靠后来的几代人来研究。对于“未来几十年里人类的生存发展究竟会往哪个方向走”这个问题，我在这里只能讲一讲从个人历史经验中体会到的一点感受。我的问题很简单，这就是：我们在过去的一个世纪里有什么经历和研

①本文是作者在“21世纪人类的生存发展国际学术研讨会”上的讲话。

究过哪些社会和文化的过程？在新的世纪中会面临什么样的新问题？什么样的新挑战？

在世界范围内，对于21世纪会给人类提出什么经济、环境、文化等等问题，已经受到广泛的关注，由此国内外年轻一代的社会科学研究者们，已开始给予应有的重视。像我这样年逾九十的人，大部分的人生都已经归属于20世纪。在那个刚刚过去的世纪里和刚刚开始的新世纪里，我个人经历过三种社会形态，就是农业社会、工业社会和信息社会。这里头包括着两个大的跳跃，就是从农业社会跳跃到工业社会，再从工业社会跳跃到信息社会。大家知道，我的社会学和人类学的学术生涯，开始于对农业社会到工业社会转变的探讨中。我喜欢称这一系列跳跃为“我一生的三级跳”。年轻一代的学者可能很难体会，一个人的一生中经历这么多的重大社会变动有什么感想，他们或许只需关注目前发生的一切对于他们的生活的影响也就够了。而对我来说，这三级跳里隐含的故事，却具有相当深刻的历史意义。

在我的青年时期，中国正在从一个半殖民地、半封建的社会形态中走出来。19世纪末，中国的几代精英把我们的国家首先从排斥洋人的“奇技淫巧”推进到一个“学习洋务”的年代，希冀从西方的工业技术中获得民族自我振兴的源泉。此后，又一代中国的精英开始从文化的观念体系探讨科学对于中国文化的挑战，直到20世纪的最初20年导致了新文化运动等对于赛先生（科学）和德先生（民主）的仰慕。到了我就学的时代，已经有一大批中国人开始意识到单纯从“物质上”改变中国的旧面貌已不够，还要从社会制度和文化观念体系上着手推动中国的近代化。在很多地方，传统中国社会与中国文化是乡土性的。在近代化的时刻来思考我们的历史，我看到这样一种乡土性的社会与文化体系正在面临着自外而内的冲击和挑战。“工业化”是当时已出现的新状况，乡土社会怎样能够面对席卷整个世界的工业化潮流呢？那个时代，很多人认为，既然工业化的外部因素导致的发展，就应当强调它的外部因素，在文化的论述方面，甚至有人据此提出“全盘西化”的说法。但作为一个来自乡土中国的青年人，我在思考我们的发展道路的时候，自然会带着自己的乡土本色。我的人类学老师马林诺斯基在为我1939年出版的《江村经济》写序时说，我的研究标志着东方人研究东方社会的“本土人类学”的转变，我后来反省自身，认为自己还没有达到马老师的那个期待，我只敢承认，在这部著作中，我表达了一种来自于乡土社会对于工业化的某种理解和适应。有的海外学者把我的那套看法总结成“发展的内发论”，就是说我认为工业化的发展有一部分是从乡土社会的内部产生和推动的，说这是“内发的”，有一定的理由，但我认为“内发”并不排斥外来的影响。

对于工业社会来临的学术论述，诚然有着它的历史限度和历史色彩。我对乡土中国社会变迁提出的看法，到了50年代以后的30年里有了进一步的论述，那时中国社会进入了一个社会主义改造的新时代。在那个年代里，新中国逐步实现了对工业的国有化政策，在产权方面对于农村的土地和城市的企业进行了新的界定和安排。直到十一届三中全会以后，随着农村经济改革的推行，乡土社会的工业化问题才重新提了出来。而在这个新的时代，无论是城乡关系，还是工业化、都市化，都有着它们的新的历史特征，已不等同于我在《江村经济》《乡土中国》《云南三村》等书里所面对的半个世纪以前的中国。那个时代也不能完全以“旧中国”来定义，因为传统的乡土社会已经逐步在半殖民地、半封建的状态中开始瓦解了。但是，农业社会向工业社会的转变中呈现出来的苗头比较简单和明显。到了改革开放以后，我们的国家已经经历了相当长的社会变化，我们面对的社会，也不再能简单用“乡土中国”来概括了。

大家知道，在过去的20年中，我不断“行行重行行”，不敢说走遍了中国大地，但是可以说已经走了相当多地方。为什么走这么多地方呢？首先是因为我获得了第二次学术生命，想好好利用兜里所剩无几的“生命资本”，来充实我认识中国社会的学术理想；其次是因为我想继续实行我经常说到的“志在富民”。去年我在北京大学出版了一本论文集，我把它定名为《从实求知录》，这里的“从实求知”就包含了这两个方面的意思。不必讳言，很多人也喜欢把我的名字跟“小城镇，大问题”的提法，跟乡镇企业和区域发展等论说联系在一起。具体来说，在改革以来的20年里，我关注到了两个方面的现象，一个是作为中国大多数人口的农民从农村社会走出来，进入工业社会的历程；另一个是与这个历程密切相关的区域发展模式的形成。与欧洲国家不同，中国的城乡关系受着深远的历史制约，而且在中国这么广阔的空间范围内，区域的差异和不同区域蕴涵的历史资源和文化动态模式各有不同。在这样一个历史悠久、空间广阔的国家里，工业化的实现自然有着它的独特性。发展小城镇、注重区域独特的发展模式，有利于人民对于新到来的工业社会的适应，也有利于在具有中国特色的城乡关系和区域体系中发展经济。改革以后的这两方面的发展，不是我能够凭空想象的，而是我通过不断“行行重行行”的实地研究从农民和企业家那里逐步学习、总结出来的。

经过80年代开始20年的改革，到这个新的世纪的最初时刻，我们已看到的经济、社会和文化的巨大变迁，预感到21世纪即将给人类生存发展带来全新的面貌。10年前，在“21世纪婴幼儿教育与发展国际会议”上，我做了《从小培养二十一世纪的人》的讲话。在这个讲话中，我谈到20世纪是个世界性的战国时代，意思是说，在那个漫长的年代里，国与国之间、文化与文化之间、区域与区域之间的界限是社会构成的关键，不同的政治、文化和区域实体依靠这些界限来维持内部的秩序，创造它们之间的关系。展望21世纪，我依稀看到，20世纪那种“战国群雄”的面貌已经受到一种新的世界格局的冲击，民族国家及其文化的分化格局面临着如何在一个全球化的世纪中更新自身的使命。

我做这样的判断，不是没有根据的。近二三年来，我特别关注到区域发展过程中全球化的力量。我看到，信息产业的发展带来了一种十分严峻的挑战。美国10多年来发展起来的微软（Microsoft）公司的实力有几千亿美元，它是当代信息技术的密集型产业，是最新现代化技术的世界级龙头，它的作用已使城市中的许多产业的传统操作技术面临深刻的危机。在这样的情况下，人们不能不重新考虑中国农村工业化和城市化的问题。我有一次访问广东顺德，当地的领导同志对我说，乡镇企业的概念他们认为已经过时了。为什么说过时了呢？因为经济社会生活的现实告诉我们，小城镇的规模看来并不具备接受信息技术产业的能力，应当使一批紧密相联的城镇和为城镇服务的中心城市赶快兴起，以便接受快速的信息产业发展的要求。另外，产业组织的跨国化，同样也对小城镇发展提出了问题。在中国广大的沿海地区，经济体制改革已走到了全国的前面，其企业已经纳入竞争性的市场经济体系。例如，广东一些地区原来接受“三来一补”的方式，通过消化、吸收和嫁接，造就一些自主经营的企业。从1992年起，诸如顺德这样的城镇，就进行了机构改革，政府把三大产业分别交给新成立的“工业发展公司”“农业发展公司”和“贸易发展公司”经营。1993年，实行了股份合作制，并改革企业的医疗保险和养老制度，使政府的职能转变为“政府搭台，经济唱戏”。企业解决了体制问题以后，接着就解决市场问题，而市场问题不是一个简单的地区性问题，而牵涉到香港以至世界的其他地区，牵涉到地区与地区之间的新型关系，牵涉到大型中心城市的发展问题。生活在像厦门这样的经济特区的人都能体会到，跨地区和跨国界的经济关系，除了表现在市场的超地方特征之外，还表现在近些年来跨国公司的发展上。跨国公司在产权上与具有民族国家疆界的国有、私有企业不同，它们没有明显的地理界限，如果说有什么主要特征的话，那么这就是它们的“无国界性”。现在不仅外国人来中国设立他们的跨国公司的办事处、分公司，而且中国人到海外拓展公司的也不少。这样的经济交融，不是简单的“西方到东方”“外国到中国”的老问题，而是一种新型的国与国、区域与区域之间交流和互动的问题。

在21世纪，人类生存发展面临的新状况，最为直接的表现首先是上面的经济社会类型的转变，是从农业社会到工业社会，再从工业社会到国与国之间、地区与地区之间密切合作的社会转变。因为在后面的那一种转变中，信息产业的发达扮演着至为关键的角色，因此很多人将我们面对的这个新的时代称为“信息社会”的时代。现在玩电脑的那些年轻的“网虫”们对于这个新的社会类型的体会，一定比我要深刻得多。听说，我的伦敦老师之一Raymond Firth还健在，但他还在用他那台破旧的手动打字机写作，而我也还用我的笔杆子写文章，因不会运用电脑，我的一些文字处理工作，只好交给晚辈们代劳了。我最近还了解到，用电脑进行文字处理是计算机科技的最低程度的一种，现在数据的处理得到飞跃的发展，能够直接控制商业、军事等等，在英国和美国已经开始创办“电子政府”，意思是要利用电脑科技使政府能够更有效、更直接地为公民办事。除此之外，我们最熟悉的电脑运用，就是网络的四通八达及通讯的速度数百、数千、数万倍的加快，让我们能够在几秒钟内联系到世界其他角落的任何友人。

信息产业、信息社会、信息网络急剧扩张的具体事项，不是我这里能够充分展示的，我只能够简单地说，这样的产业、社会和网络的延伸，已经给人类的生存发展带来了至为深刻、至为广泛的影响，从而也给社会学、人类学以至其他所有门类的人文社会科学学科的研究提出了新的挑战。生存在这样一个新的社会情景中，以研究社会和文化为己任的社会学和人类学家们，怎样能够使自身的理论、方法和概念得到更新？我们以往使用的那些分析框架，是否必须得到反思？就本次会议关注的人类学学科而言，我们长期以来运用的“文化”概念及与其密切关联的研究方法，怎样才能够适用于这个初见端倪的信息时代？在世界范围内，这一系列的、有关学科与社会现实变化之间关系的问题，已经被很多人提出。激进一些的学者认为，因为“后现代”“全球化”“信息化”的时代已经来临，所以，一切旧有的、依据传统社会和现代社会的研究提出的理论，都必须遭到抛弃。保守的一派则认为，新出现的那些诸多的社会文化新现象，无非只是现象而已，不能推翻原有的理论观点。就我个人的经历来看，无论以什么方式，对历史的走向做出武断的判定，向来不易符合历史本身。就上面谈到的三种经济社会形态来说，我认为，从农业社会到工业社会，再从工业社会到信息社会，这个三级跳的历史发展的粗线条是可以看明白的。然而，我们不应忘记，我作为一个个人在我的生活里几乎十分完整地经历了这三种经济社会形态。而且，我们也不应忘记，在当今中国社会以至当今世界，虽然信息社会已经出现，农业社会和工业社会也延续着自身的生命。因此，我这里必须指出，经济社会形态的演化不是单线的进化，而远比我们想象的直线历史上升的过程复杂得多。

回顾我个人跟从马林诺斯基学习人类学的经历，我能认识到，马老师个人的文化观的演变，本身能够说明人类学研究必须适应文化之间关系变化过程的道理。在第三次社会文化人类学高级研讨班上，我曾经提交一篇称为《读马老师遗著〈文化动态论〉书后》的论文，在这篇论文中，我谈了我阅读马老师的一部后期著作的体会。马老师开始人类学研究时，是这门学科的基础民族志方法的奠基人，他主张在“隔离的社区”（isolates）里边深究文化的原有面貌，解释文化内部满足人的需要的功能。后来，马老师在非洲访问，看到了当地文化与外来的殖民文化互动的生动情景，改变了自己的看法，提出“隔离的社区”的研究办法，必须改变以适应于一个新的文化动态中的世界，通过研究不同文化的差异、交往和结合，来研究人类在新的历史时期的生存状况。

马老师写《文化动态论》是在他逝世前几年的30年代末40年代初，离现在已经有60年。几十年过去了，世界上发生的事情是马老师没能见到的。然而，从封闭社会到开放的广泛的文化接触的变化线路，是马老师生前已经预见的，我们看到的无非是这一股潮流的进一步扩大。

中国经常被人们看成是“现代化后发”的文明古国之一，相比那些15世纪就在国家内部和外部拓展现代产业和贸易的欧洲国家而言，我们的“现代化”与我们的国家遭受外来文化的冲击有着密切的联系，而这样的冲击时间无非也只是从19世纪中后期才开始发生作用的。在与外来现代文化的接触过程中，中国发生了翻天覆地的变化，这些变化发生的频率之高、速度之快，是举世瞩目的事，而且因为这些变化只发生在100余年当中，所以像我这样生于20世纪初的人，就有机会目睹其中大部分的情景，感受生活在其中的人的问题。我刚才说过，我个人从事社会学和人类学的研究，与乡土中国向工业社会的转变是同步的。我的研究既然是在这样一个初级的转变中展开的，就必然要带有当时历史进程的若干痕迹。30年代，我相继从事了瑶人和汉人的社区民族志研究，采用的基本方法，是当时比较先进的功能派人类学和芝加哥社会学派的办法。这并不排斥对社会变迁的研究，而无非是主张以小型的社区为出发点，在具体的时空坐标里头去进行实地社会考察，从中体会不同的社会的基本社会生活形式和文化面貌，进而思考社会变迁的问题。

这些年来，站在今天的地位来反思当时从事社区研究的过程，我能够看到对于研究中国这样一个历史悠久的文明古国，过去人类学的民族志方法是不充分的。不过，这里指出社区研究的这一缺陷，目的并不是要否认包括我的第一代中国社会学和人类学田野工作者的贡献。我现在认为，以村落为中心的研究固然有许多优点，但是不能充分体现中国文明的宏大体系和历史的流变。回想50年代以后我参加的民族研究工作，我也能感到，这样的研究方法不能很好地解释中国文明体系内部的多元一体格局。50年代初期，为了建设新中国，中央采用了鼓励民族大家庭共同发展的政策，为了达到这个目的，积极推行新的民族政策。在这样的情况下，我参加了大量少数民族识别和社会历史调查。在调查工作当中，我们运用了比较严格的民族识别标准，这些标准当然为我们的工作提供了很多便利，不过在具体的实施和认识过程中，我却感到中国的新国家形成必然受到它历史上遗留下来的文化关系的影响。传统中国不是欧洲式的小公国，而是腹地广阔，中央与地方、城市与乡村、主体民族与少数民族之间关系比较复杂而多元的文明国家，这样的国家一般被西方历史学家称为“empire”（帝国），它的新形态必然也与从欧洲的小公国转变而来的民族国家（Nation-State）有着很大不同。在这样的文化传统的背景下来建设一种新型的民族关系，既要考虑到现代国家现代化对民族凝聚力和公民意识的要求，又要考虑到传统帝国文明形态的特殊性。因而，虽然当时我们开展民族研究时带有某种理论框架，但是在具体的研究和认识过程中也不得不关注中华民族关系过程的传统性和复杂性。更重要的是，民族研究和民族政策的实施过程本身已经说明，新中国的社会正在发生巨大的变化，以往的那些偏远的、隔离的社区和少数民族族群正在被纳入到一个新的民族和国家建设的进程当中，为我们的研究提出了新的挑战和要求。1988年，在香港中文大学的特纳讲座上，我把自己从事民族研究的体会写了出来，用“中华民族多元一体格局”这个概念来解释中国民族研究当中的历史和文化特征，我的用心其实十分简单，这就是试图指出，在新的国家建设当中，我们必须注意到民族与民族之间、文化与文化之间的那种“和而不同”的关系。“和而不同”是世界上成功的文明体系的主要特征，这样的文明体系与欧洲式的民族国家体系很不同，也有着它自身的优点。

在20世纪末期，世界格局产生了十分重大的变化，政治上从“冷战”时期的两极化转变为现在的国际政治力量多极化。另一方面，随着“冷战”的结束，经济实体与经济实体、文化实体与文化实体之间的交流变得极为频繁，这也在其他的层次上改变了世界的政治和意识形态的格局。很多人把新经济体系、新文化交流方式及新国际政治形势的形成，形容为“全球化”，这就是说人文世界正在进入一个史无前例的大接触、大交融的时代。在这样一个新的时代来临之时，在西方内部，来自东方的社会科学家和人文学家们与具有反思意识的学者们一道，对过去的帝国主义、殖民主义和民族主义进行了系统的反省，这给我们认识世界文化关系提供了有益的参考。不过，对于“全球化”过程中不同文化之间到底应当有怎样的自我认识，文化之间的关系到底应当怎样构成这些问题，批评派的学者们并没有提供充分的论证。对我个人来说，一个需要引起关注的问题是，我们从过去的社会现实当中得出的经验和看法，是不是会随着历史的变化而失去它们的价值？我提出这个问题的同时，想到的是“中华民族多元一体格局”对于世界文化关系构成的参考价值。中华民族多元一体格局体现的文化关系，诚然是在悠久的中国文明史进程中发展起来的，有着特定的历史限定和地理空间限定。但我同时也能体会到，这样一种中国特定的民族和文化关系的格局，与近代以来中国的民族国家建设走过的特殊道路，有着难以分割的密切关系。但是，我们不能因此认为，这样一种认识，对于变化中的世界没有关系。

我上面提到，10年前我应教育部之邀在“21世纪婴幼儿教育与发展国际会议”上讲话，在讲话中，我开始探讨21世纪将是什么样的世界，提出了21世纪要解决的主要问题之一是：各种不同文化的人，也就是怀着不同价值观念的人，怎样在这个经济和文化上越来越息息相关的世界上和平共处？人类在21世纪怎样才能和平地一起住在这个小小的地球上？我还指出，为了解决这些问题，我们在精神文化领域里需要建立起一套促进相互理解、宽容和共存的体系，我称这个体系为“跨文化交流”（Cross-Cultural Communication）。“跨文化交流”牵涉到人对人、人对社会、人对自然的基本关系，而与文化的自觉和文化的相互尊重有着更为密切的关联。此后，在一系列的论述中，我提出了一个“文化自觉”的看法，以表达当前思想界对经济全球化的一种反应。“文化自觉”是当今时代的要求，并不是哪一个人的主观空想，它指的是生活在一定文化中的人对其文化有“自知之明”，并且对其发展历程和未来有充分的认识。同时，“文化自觉”指的又是生活在不同文化中的人，在对自身文化有“自知之明”的基础上，了解其他文化及其与自身文化的关系。10年前在我80岁生日那天在东京和老朋友欢叙会上，我曾展望人类学的前景，提出人类学要为文化的“各美其美、美人之美、美美与共、天下大同”做出贡献，这里特别意味着人类学应当探讨怎样才能实现文化的自我认识、相互理解、相互宽容和并存及“天下大同”的途径，这正是我提出“文化自觉”看法的背景和追求。简单地说，我认为民族关系的处理要尊重“多元一体格局”，“多元一体格局”是在中国文明史进程中发展出来的民族关系现实和理想，这对于处理文化之间关系，同样也是重要的。全球化过程中的“文化自觉”，指的就是世界范围内文化关系的多元一体格局的建立，指的就是在全球范围内实行和确立“和而不同”的文化关系。

对于“和而不同”的世界文化交流模式的探讨，各国的人类学家尽可以见仁见智，提出不同的研究办法，我个人之所以关注这个问题，是因为我相信文化的发展，人类历史上并没有采用过单一的模式，在现在也同样随文化的不同而会有所区分。长期以来，我以社会科学的方法对工业文明进程中的文化变化进行了思考，得出的看法不是单线进化论。单线进化论的观点认为人类历史的发展、人文世界的变化有一个单一的直线上升、台阶式的阶段性。这一点恐怕我们不能完全排斥，但我们同时应当关注到在工业文明进程中，不同文化走过的不同道路，这个道理对于信息社会也是同样有意义。“信息社会”是什么，我们现在还不是很清楚，而只能模糊感到这种以信息技术为中心的社会形态，正在给我们的生活、我们的文化带来很大的冲击。在中国社会科学院社会学研究所成立20周年的纪念会上，我提到信息社会是取代体力劳动和机械劳动的新型劳动方式，表面上这样的劳动方式很简单、方便，但其背后潜在的力量却十分巨大。在这样一种社会形态来临之际，各文化的自我价值认识必然会遭到很大挑战，但我们不能简单地认为，这种发展将是单线进化的。信息技术能促进文化之间的交流，这是肯定的，但运用信息技术的还是人，而人生活在不同的文化或价值观念体系中，这样的生活必然给人的创造带来深刻的影响，所以，“和而不同”的道理在这里头还是存在的。

在世界刚刚进入21世纪，让我来这里谈这个新的世纪里头人类生存的问题，实在是一件十分困难的事情。无论是社会学还是人类学，研究的都是具体历史进程中发生的事件、表现出的规律的历史和现状，所以社会学学科的奠基人之一涂尔干曾说，“未来没有主题”，认为社会科学家不以未来为研究宗旨。因而，我从个人的研究经历出发，说了说自己对农业社会到工业社会、工业社会到信息社会以及与此密切相关的社区研究到中华民族多元一体格局研究，中华民族多元一体格局研究到“文化自觉”概念的提出这样的变化过程，这些过程在同一个世纪发生在同一个人身上，成为我这个年逾九十的人的生活史的组成部分。我们的社会变迁跑得太快，现代化还没有实现，“后现代”的提法已经渗透到我们的人文和社会科学领域中来了，未来一个世纪的发展，也必然不是我在这里能够预测的。我在上一届高研班上说，我们的学者需要“补课”，我们的学科底子薄弱，在这样一个瞬间即变的世界里，我们所掌握的研究办法能否适应研究对象？适应了研究对象又能否提出有深度、有历史感的看法？这些都是有必要考虑的问题。我提出全球化过程中“和而不同”的主张，不是要“文化保守”，而无非是要指出，历史的发展可能比我们以往的观察要复杂得多，因而未来人文和社会研究工作者务必给自己提出更高的要求。我们已经站在一个新的世纪的门槛之内，新世纪给我们提出了新的要求，我在上面提出一些个人“从实求知”过程中获得的看法，这是个人从实际里面得到的知识，现在把它总结出来，希望与在座的学者共勉，共同为中国的学术研究和社会实践付出努力。

2000年7月19日

创建一个和而不同的全球社会①

我很高兴能在有生之年，来参加这个会议，原因是我和国际人类学与民族学联合会很早就有关系。过去因为各种原因没有能出席会议，很高兴这次会议能到我们中国来召开，也就给我这个老人一个很好的机会，能够亲自参加了。在这里，我祝贺这个会议能够开得很成功。

我是20世纪早年出生的人，现在已经年过九十，我大部分的人生历程是在20世纪度过的，我很高兴，有幸能够坚持到上个世纪的终结，看到新世纪的降临。

回想起来，我是在1933年从燕京大学毕业后，接受我的老师吴文藻先生的建议，进入清华跟从史禄国（S. M. Shirokogoroff）教授学习人类学的。当时吴文藻先

①本文是作者在"国际人类学与民族学联合会(IUAES)中期会议"上的主旨发言。

生就认为，要做中国本土的社会文化研究，必须得有人类学的基础，要用人类学的方法来研究中国社会并改造中国的社会学。他提出，要创立一条社会学中国化的道路。在清华大学研究院，我很有幸地得到了史禄国教授的培养。他是俄罗斯上一代传统学术训练出来的世界级的人类学家，以研究通古斯民族闻名于世。史禄国教授继承了欧洲人类学的悠久传统，他的研究范围非常广，包括体质、语言、考古以及当代各民族文化的比较研究。他给我的培养和训练没有按计划完成。我只是在他的亲自指导下，学完了人类学的第一个阶段，即体质人类学的基础知识（他给我规定了三个学习阶段：第一阶段学习体质人类学，第二阶段学习语言学，第三阶段学习社会人类学）。当然，这期间除了体质人类学之外，我还学到了他严谨的科学治学态度，以及对各民族在社会结构上各具特点、自成系统的认识方法。后来我才意识到，从史禄国那里学到的着重人的生物基础和社会结构的整体论和系统论，原来就是马林诺斯基功能论的组成部分。从清华学习人类学出来后，我在大瑶山和江村做过田野调查，然后就转到了伦敦经济政治学院，师从马林诺斯基和雷蒙德 · 弗思学习社会人类学。这段历史我相信在座的各位人类学家都比较清楚。如果从跟史禄国正式学习人类学算起，我和人类学打交道已经有将近70年的历史了。在这70年里，我贯彻了吴文藻先生的主张，把人类学的学习和研究包括在社会学的范围之内，把社会学和人类学密切地联系和结合起来，我的学术道路一直贯穿着这个原则。当然，由于种种原因，我的学术研究曾经有过间断。但总的来说，我一直没有离开这条学术道路。这条道路就是用人类学的基本概念和基本理论来研究当代中国社会的变化，这是我始终如一的学术追求。同时，我总认为人们的思想必然受到当时社会文化的影响，所以我这一生的思想也必然反映了这一时代特点，打上了时代的烙印。这也是我们常说的个人的经历总离不开世界的变化。

我出生在中国东南沿海地区一个小城镇，一个有着浓郁传统的知识分子家庭。我最初受到的教育和我的家庭有着很大的关系。我的父亲是旧社会的一名秀才，科举制度被废除后，他被选派到日本学习教育专业。回国后，他是中国第一批主张摆脱旧教育制度、创立新教育制度的知识分子之一，这个新制度就是从日本借鉴的、西方传来的教育模式，当时称做“新学”。我是从我母亲最早开办的幼儿园里出来的，当时叫做“蒙养院”，它是中国最早具有现代教育意义的幼儿教育的模式，这是我一生的出发点。从这里开始，我按照当时的教育制度从小学、中学到大学一直到同西方接触，到了英国，于1938年在伦敦大学获得博士学位告一段落，这是我一生中受教育的时期。接下来是中国的动乱时期，也就是抗战和国内战争时期，这是我一生中的第二个时期。当时，日本人打到我的家乡，我只能到大后方昆明来从事教书生涯，这个阶段一直到1949年中华人民共和国成立，中国革命成功才结束。此外，我真正的第二次学术生命是从1980年开始的，到现在正好20年。这20年我的收获比较大一些，也可以说是成熟时期。从现在开始我进入了这段时期的后期了。

我这一生经历了20世纪中国社会发生深刻变化的各个时期，可以概括为两个大变化和三个阶段。我把它称做“三级跳”。第一个变化是中国从一个传统性质的乡土社会开始变成为一个引进西方机器生产的工业化时期。一般人所说的现代化就是指这个时期。这是我一生中最重要的一个时期，也是我从事学术工作最主要的时期，即中国的现代化过程。在这一时期我的工作是了解中国如何进入工业革命。从这一时期开始一直到现在也可以说一直到快接近我一生的最后时期，在离开这世界之前我有幸碰到了又一个时代的新变化，即信息时代的出现。这是第二个变化，即中国从工业化或现代化走向信息化的时期。就我个人而言，具体地说，我是生在传统的经济社会里，一直是生活在走向现代化的过程中，当引进机器的工业化道路还没有完全完成时，却又进入了一个新的阶段即信息时代，以电子作为媒介来沟通信息的世界的开始。这是全世界都在开始的一大变化，现在我们还看不清楚这些变化的进程。由于技术、信息等变化太快，中国也碰到了一些问题，第一跳有的地方还没有完成，而第二跳还在进行中时，现在又在开始第三跳了。中国社会的这种深刻变化，我很高兴我在这一生里都碰到了，但因为变化之大我要做的认识这世界的事业也不一定能做好。因为时间变化得很快，我的力量也有限，我只能开个头，让后来的人接下去做。这是我的一个背景。要理解我作为学者的一生，不能离开这个三级跳。

我所有的学术研究，都是和中国社会变化的大背景联系在一起的。从1935年开始，我因受吴文藻和史禄国两位老师的影响开始了实地调查的研究方法。我最初研究的是作为中国少数民族的瑶族。从这时起我就已经把社会学和人类学结合起来了。在过去的学术界，往往把少数民族的研究看做为人类学的专利，少数民族研究在中国后来发展成民族学的一部分。当然这种学术分类与名称曾引起了各种讨论。对我来说，从人类学开始的用实地研究方法来研究我们中国的社会与文化，是一条非常重要的学术道路。从这一点来说自我从瑶山调查开始一直到现在进入对大都市社区建设与发展的研究，都是一贯的。今天讲这一点，是想说明我一生的学术生涯和这次会议的主题“都市民族文化：维护与相互影响”相联系也相符合。因为我是从中国少数民族实际生活研究起到上海和北京等大城市进行社区研究，这个过程本身说明了这个变化。这个实际的、客观的变化同一个社会的发展的趋势是紧密地联系在一起的。

中国社会的第一跳是以我们中国各地不同民族的农村生活为基础的。我是生长在江苏一个以农业为基础的小城镇里。它最早的历史可以追溯到7000年前的良渚文化，这个文化开始有了农业和家庭手工业。在考古学上我们可以很清楚地看到这个时期村落的生活。这就是我们第一跳的基础，也是我们乡土社会基本的性质。那个时候从全国讲，文化形式上也有很大的不同，已经是一个多元文化的基础。多元文化逐步交流融合，成为多元一体。这里也就开始了我研究的第一个阶段，我写的《花蓝瑶的社会组织》这本书可以作为代表。从中看出它和以我们家乡为代表的汉族社会文化的区别，以及它是如何受到汉族的影响的情形。

我第二阶段的研究，是从中国7000年前的良渚文化到近代以来开始快要进入工业化时期的一个中国农村的变化，可以我的《江村经济》为代表。代表一个传统的文化基础、社会组织，面临着一个全新的科学技术和机器生产的早期的冲击，这也是我对《江村经济》的定位。这是我们现代化开始的原初的形态，这是第一步。接下去代表这个时期我的重要著作是《云南三村》。这里反映了内地农村不同于沿海农村的特点。这便是我们的现代化最早的过程，从地域上讲是由东向西、从沿海到内地的。我的《江村经济》讲的是沿海地区的农村，开始了工业化。而《云南三村》却描绘了比较原始形态的乡土社会。1938年底，我从伦敦回国，当时，日本人打到我的家乡，我们只能到大后方昆明来从事我的教书生涯。我在离昆明100多公里的地方，进行了与江村所处条件不同的农村类型——禄村的调查。禄村受现代工商业影响较小，没有手工业，几乎完全靠土地维持生计。通过对禄村的调查，我看到了与江村不同的土地制度。这是我第一个时期第二阶段的工作，这阶段到1949年才结束。

1949年之后，我就开始参加民族工作。这也是我进入新中国后第一期的工作。新中国的建立引起了中国社会结构的重大变化，其中最大的变化之一就是民族关系和民族政策的变化。为了实现民族平等，在政治体制上我们成立了一个有各族代表共同参加的最高权力机关，即人民代表大会。但是在开国初期，我们还不清楚中国究竟有多少民族，它们叫什么名称、各有多少人口。为了摸清有关各民族的基本情况，建立不久的中央人民政府于1950年到1952年间，派出了若干个“中央访问团”，分别到各大行政区去遍访各地的少数民族，摸清他们的民族名称、语言、历史以及社会文化上的特点。由于我学过人类学，所以政府派我参加西南和中南两个访问团。我代表中央人民政府访问了这些地区的少数民族。我花了足足两年时间在贵州、广西分布在各处的少数民族村寨中进行实地访问考察，在和众多的少数民族的直接接触中，我深深地体会到民族是一个客观而普遍存在的“人们共同体”，是代代相传、具有亲切认同感的群体。

在对少数民族的状况了解的基础上，我直接参与了新中国民族政策的制定与实施。这一段从学术上讲是我第一期学术工作的延伸，是《江村经济》和《云南三村》的延伸。我具体的研究对象也从汉族为主的农村转移到少数民族地区——一个更复杂更多样化的领域。这便是从1950年到1957年我主要从事的少数民族的调查研究工作。

1957年之后，由于众所知道的政治上的原因，我的学术工作停止了。一直停止了23年。70年代末80年代初，我才恢复工作。从那时起到现在，是我的第二次学术生命。这段时期是中国社会变化最大的时期。恢复研究后，我做的工作之一，就是总结了我几十年来的民族工作，1988年在香港中文大学的特纳（Tanner）演讲中，发表了《中华民族的多元一体格局》。我从中华民族整体出发来研究民族的形成和发展的历史及其规律，提出了“多元一体”这一重要概念。我在这篇讲演中指出：“中华民族”这个词是指在中国疆域里具有民族认同的11亿人民，“它所包括的50多个民族单位是多元，中华民族是一体，它们虽则都称‘民族’，但层次不同”。中华民族的主流是许许多多分散独立的民族单位，经过接触、混杂、联接和融合，同时也有分裂和消亡，形成一个你来我去，我来你去，我中有你，你中有我，而又各具个性的多元统一体。

事实上多元一体理论并非单纯是关于中华民族形成和发展的理论，也是我对中国社会研究的一个总结。56个民族及其所属的集团是社会构成的基本单位，因而从另一个方面勾画出多元社会的结合和国家整合的关系，是多元和一体的关系。

在现代社会，人类学越来越关注人类社会和人类生活所遇到的或所面临的最现实的问题。因此，人类学的功能不仅在于“回顾与展望”或者“解释”，还在于“参与和创新”。记得1981年我在英国接受赫胥黎奖时的演讲中，就曾经强调“人类学必须为群众利益服务”。这种“学以致用”的思想一直贯穿在我的学术研究中。我认为知识分子的本钱就是有知识，有了知识就要用出来，知识是由社会造出来的，不是由自己想出来的。从社会中得到的知识应当回报于社会，帮助社会进步，这就是“学以致用”。“学以致用”本身就是中国的传统，意思就是说，得之于社会要回报于社会。我是跟着中国这一传统进行我的工作的，这也是我的志向。这志向并不是我自己想出来的，而是跟着中国的传统学来的。但是我是通过吸收新的知识来把传统精神贯彻出来，我希望这样做，做得如何我自己不敢说。正是抱着这一理想，我的学术研究，从一而终地和全体人民的生活紧密地联系在一起。综合起来说，在中国范围内用人类学的实地调查方法可以解决过去没有解决的很多问题，包括农村发展、中国社会经济发展这些大的问题。70年代末80年代初我复出后，一直到现在，围绕着这一目标，我已经做了20多年，我还要继续做下去。这一段工作我主要的研究体现在《行行重行行》一书中。因为受身体条件的限制，我已经不可能在具体的地方长期进行观察和访问，只能主要依靠各地群众和干部提供的情况和委托陪同我去考察的助手分别下乡或下厂去进一步了解情况，以及通过在当地进行的各种访问和座谈来取得一些感性知识。所以，我也只能根据别人的第二手材料，来介绍我曾经直接访问、看到的地方的情况，当然这不是严格的人类学田野调查工作了。在这里，我的特点是结合第二手材料和访问的材料进行类型式的比较研究，即typology（类型学）的方法。对于同一时期的不同类型的研究，可以看到一个社会的动态，特别是在现代化和城市化过程中如何改变的。在这一阶段中，我主要提出乡镇企业和小城镇发展两个主题。可以说在50年代以前我的类型比较研究主要局限在农村。虽然在40年代末，我已经注意到了农村的调查不能只限于农村本身，也应考察经常与农村社区发生关系和制约作用的城镇。不过由于内战的爆发和之后的社会学学科的被取消，我对于城镇的调查和研究，一直到80年代才开始。我提出“小城镇，大问题”等题目，目的就是在于解决农民的出路问题。而小城镇的发展和乡镇工业紧密地联系在了一起。我从30年代起就指出了农村社会的发展在于农村工业化，即依托于本土社会文化优势的“草根工业”，让农民先富起来。而这个大的变化是在80年代以后才发生的。乡镇企业的出现和发展，使农民得到了很多非农就业的机会，使得农民的生活发生了质的变化。记得在1983年开始的小城镇研究中，我就提出了“类型、层次、兴衰、分布、发展”的10字提纲，成为研究小城镇的出发点。在此基础上，1984年提出了经济模式的概念。在我看来，所谓经济模式就是“在一定地区，一定历史条件下，具有特色的经济发展的路子”，进而引导出不同经济模式的比较研究，如苏南模式、温州模式、珠江模式等。这些模式本身和这一地区的社会文化基础有着一定的关系。我认为，任何经济制度都是特定文化中的一部分，都有它天地人的具体条件，都有它的组织结构和理论思想。具体条件成熟时发展成一定的制度，也必然会从它所在文化里产生与它相配合的伦理思想来做支柱。有的国外同行，如日本的社会学家鹤见和子教授认为，我的这些研究是“内发型发展论”的原型。

现在这些不同的模式也在变化之中。“苏南模式”是从人民公社中发生出来的，由社队工业变成乡镇企业的。这是第一个变化。第二个就是温州模式，是小商品大市场的模式，即把乡镇工业结合到市场经济里面，这是第二个大变化，也可以说是过渡阶段。现在为第三个阶段，是发展时期，即珠江模式，吸引外资利用外资提高科技含量来发展经济。这三个模式是互相连接起来的，有一个内在发展过程，现在苏南模式也正在改变，向着珠江模式发展了。

在这一时期，我以“下活全国一盘棋”为出发点，在注重沿海地区研究的同时，从80年代中期开始，更大程度地关注内地和边区的发展，特别是边区少数民族共同繁荣的问题。我曾经提出一些多民族的经济协作区的计划，有的已经在实施之中。如黄河中上游西北多民族地区、西南六江流域民族地区、南岭民族走廊地区、武陵山区山居民族地区、内蒙古农牧结合区等。在对这些区域进行综合性研究的基础上，我试图将民族研究与民族地区现代化的实际相结合。在边区民族经济的发展中，应该强调因地制宜，注意民族特点。如果总结我的研究，可以说从80年代中期开始，我的研究工作重点从沿海转到边区又到内地。从东南移到西北，从农村小城镇转到民族地区。作为一个多民族的国家，我们应该强调西部和东部的差距包含着民族的差距。西部的发展战略要考虑民族因素，而民族特点是一个民族从历史过程中形成的，适应其具体的物质和社会条件的特点。中国社会的民族特征，从历史上开始就在不同民族的交错地带，建立了经济和文化的联系。久而久之，形成具有地区特色的文化区域。人们在这个区域中，你来我往，互惠互利，形成一个多元文化共生的格局。我所提出的经济协作的发展路子，就是以历史文化区域为出发点的。

从实际讲，我的理论和方法还没有脱离最早期的人类学的理论的训练，我只是把这些理论和方法应用到正在变化中的中国社会和文化的研究中。去年我90岁时，把我以前写的文章，收集起来，出版了我的文集——《费孝通文集》（14卷）。这既是我个人经历的记录，也反映了时代在我身上发生的变化。

从今天这个会的主题来讲，并没有离开我的研究范围。因为我的目的是了解中国，中国就包含多民族的多元一体的中华文化，这一点不去多讲了，大家有兴趣可以看我已经写出来的东西。在提出这个看法之后，各方面都有反应。作为过程来看，多元一体是一个历史过程。这个过程也同时表示各民族的现代化、工业化和城市化。

我们讲都市人类学，就是要强调中国多元文化的主体在工业化和城市化道路上发生的变化。对于都市人类学的研究，我觉得可以从两方面来看，一方面是中国各民族现代化的过程，就是如何工业化、城市化。从生产本身讲，是如何从农业和手工业的基础发展到机器化，在这一阶段，第三跳还没有跳，这就是要研究的问题，这个问题的基本方向和基本理论是符合大多数民族的发展过程的，也包括占人口大多数的汉族。比如我研究的领域、地区也放大了一些，各民族从不同的起点出发，如何共同发展到现代社会的过程，在这方面内容更丰富了。第二我要想说的是，中国城市的特点不是单一民族的城市，是多民族构成的城市。这就存在一个问题，即不同文化的人在同一个城市中，如何和平共处在一个政治经济组织里面，一体化（多元一体）是如何完成的。这不仅是一个历史的概念，也是一个当今的概念。

这里面又包括了两个大问题：发展的问题和和平共处问题。

一是发展问题，现在我们叫西部大开发。西部地区少数民族成分多，大部分少数民族人口集中在西部地区，西部的现代化过程必然包括少数民族的现代化过程。中国作为一个统一的多民族国家，在都市研究中赋予了民族文化多样的内涵。在都市化过程中，如都市开发如何依托少数民族的文化传统，以及少数民族移民都市后的文化适应等，都是民族地区现代化过程中的新问题和新现象。所以，我们都市人类学应该包括这一部分，这是我的理解。不能像过去的人类学那样，满足于描述静态的本土性的原初的文化，必须要看到它的变化。文化的变迁应该成为以后人类学研究的主题。这又让我回想起我的老师马林诺斯基。1998年，在北京大学百年校庆所举行的“21世纪：文化自觉与跨文化对话”的国际学术系列讲座上，我曾经提交一篇《读马老师遗著〈文化动态论〉书后》的论文。在这篇论文中我谈了我阅读完马老师这部晚年著作的体会。最初，人类学的研究是以封闭的简单社会作为研究对象的学科，其比较也是在简单社会之间进行的，这也是马老师那个时代的中心研究工作。同时，他也是这一学科科学的民族志方法的奠基人，在早期，他也主张人类学应在封闭的社区中进行调查和研究，进而来揭示社区的文化功能。30年代末期，马老师基本写完了他描述和分析西太平洋岛土著人的那几本巨著。之后在走访非洲东部和南部的殖民地时，他看到的正是一个在发生文化巨变的大陆，他也看到了当地文化与外来的殖民地文化互动的生动情景。他认为研究人类社会文化的学科必须跟上形势的发展，他把文化的动态研究看做“现代人类学的新的任务”。马老师的《文化动态论》是在30年代末40年代初写的，1945年，在他逝世后三年由耶鲁大学出版社出版。这本书出版到现在已快60年了。他在去世前，所提出的问题，就是dynamics of culture change，这一文化动态论适应于世界各民族的变化，他预先看到了，给我们指出了一个方向。我们这一代的人类学家以及我们下一代的人类学家，如何能接上他所开创的事业，这是我们当代人类学的一个主题。

二是和平共处问题，就是多民族在城市中共同的政治经济组织的框架之内能和平共处，继续发展。如果不能和平共处，就会出现很多问题，甚至出现纷争。实际上这个问题已经发生过了。过去占主要地位的西方文明即欧美文明没有解决好的问题，在这几年逐步凸显出来了。事实上也发生了很多的地方性的战争。最突出的是科索沃战争，这一类战争还在不断地发生。从人类学角度来看，第二次世界大战后，社会的巨变、科技、交通的发展，已使人类不能像简单社会那样处于相互隔绝的境界之中，人类的空间距离也日渐缩小。然而就在人类文化寻求取得共识的同时，大量的核武器、人口爆炸、粮食短缺、资源匮乏、民族纷争、地区冲突等一系列问题威胁着人类的生存。特别是冷战结束后，原有的但一直隐蔽起来的来自民族、宗教等文化的冲突愈演愈烈。自1988年以来，全世界爆发的武装冲突，除伊拉克入侵科威特的战争，都是由内部民族问题而引起的。有的研究者曾作过统计，从1949年到90年代初，因民族冲突而造成的伤亡大约为169万，数倍于在国家间战争中死亡的人数。诸如苏联解体后，一些民族的主权与独立问题，非洲的索马里和苏丹、亚洲的缅甸和斯里兰卡、南斯拉夫的克罗地亚、塞尔维亚、波黑及科索沃问题等。从这个意义上说，人类社会正面临着一场社会的危机、文明的危机。这类全球性问题所隐含着的潜在危机，引起了人们的警觉。不同学科的学者正在寻找形成种种危机的根源，期盼发现解决问题的办法。而作为科学的人类学也正在以传统的研究领域和技术为基础，扩展自身的研究视野，试图探索出解决现代社会诸问题的方法，并从比较社会与文化的视角来解决人类赖以生存和发展的问题，引导人们适应现在和未来变化的轨迹。

这个问题，看来原来已有的西方的学术思想里还不能解决。而中国的传统经验以及当代的民族政策，都符合和平共处的逻辑。事实上我们的方向已经有了，而且已经向前走了一步了。我们的民族政策已经走过了50年。对于这些问题也希望引起我们国际的人类学家的关心，共同研究这其中的理论上的发展等。

21世纪的脚步声已依稀听到，人类正在匆匆构筑21世纪的共同理念。不同的国家、民族、宗教、文化的人们，如何才能和平相处，共创人类的未来，这是摆在我们面前的课题。

刻在孔庙大成殿前的“中和位育”几个字代表了儒家文化的精髓，成为中国人的基本价值取向。这种“中和”的观念在文化上表现为文化宽容和文化共享。记得11年前，在日本东京为我召开的80岁生日的欢叙会上，我在展望人类学的前景时，提出人类学要为文化的“各美其美、美人之美、美美与共、天下大同”做出贡献。这就是意味着人类学应当探讨文化的自我认识、相互理解、相互宽容和世界多元文化之间的共生理念以及达到“天下大同”的途径。事实上，如果我们再往回看呢，这是在中国的传统的经验里面所一直强调的“和而不同”思想的反映。

对于中国人来说，追求“天人合一”是一种理想的境界，而在“天人”之间的社会规范就是“和”。这一“和”的观念成为中国社会内部结构各种社会关系的基本出发点。在与异民族相处时，把这种“和”的理念置于具体的民族关系之中，出现了“和而不同”的理念。这一点与西方的民族观念很不相同。这是历史发展的过程不同即历史的经验不一样。所以中国历史上所讲的“和而不同”，也是我的多元一体理论的另外一种说法。承认不同，但是要“和”，这是世界多元文化必走的一条道路，否则就要出现纷争。只强调“同”而不能“和”，那只能是毁灭。“和而不同”就是人类共同生存的基本条件。

我们现在生活的世界都已被纳入到全球化的世界体系中。但发端于西方世界的全球化浪潮，在非西方世界接受西方的文化的同时，也应当通过自身的文化个性来予以回应。过去很多观点认为，随着全球化特别是少数民族移居都市后，在民族文化和文化认同上会逐渐丧失个性，事实却非如此。事实上，全球化与地方社会之间有一互相对应的逻辑关系。说到这里，我想起了我近年来在很多场合提到的“文化自觉”的问题。“文化自觉”是当今时代的要求，它指的是生活在一定文化中的人对其文化有“自知之明”，并且对其发展历程和未来有充分的认识。从某种意义上可以讲，文化自觉就是在全球范围内提倡“和而不同”的文化观的具体表现。

在人类即将进入21世纪的今天，我们聚集在一个有着悠久文明，有着占世界人口将近1/4的多民族文化和平共处的中国，来讨论“都市民族文化：维护与相互影响”这一会议的主题，确实有着深远的历史意义。我相信中国思想中的这种“和而不同”的理念，也一定会赋予这一会议主题以新的内涵。

2000年7月28日

经济全球化和中国“三级两跳”中对文化的思考①

一

全球化是近年来人们越来越注意讨论的一个话题。经济的全球化，世界市场的形成，加上电子化的信息沟通手段，引起了社会各方面和文化的重大变化。但是，现代化过程中可能发生怎样的变化，目前还不能预测。不过，回顾一下全球化进程的来路，对我们认识这一段历史的发展，理解我们身处的现实，保持清醒的头脑，跟上现代化的潮流，取得参与全球化社会发展的自觉和主动，应该是有益的。

据我所知，对于全球化过程开始时刻的确定，存在着多种看法。其中有一种观点似乎更为合理，正在被不

①本文是作者在“炎黄文化研究会2000年年会”上的讲话。

同领域的学者接受。这种观点认为，全球化即全球各地人们的密切关联其实由来已久，可以认为开始于15世纪末的航海大发现。航海技术克服了海洋障碍，人类的洲际交通成为可能，加上后来以机械化大生产为特征的工业革命，使西方那些生产力领先的国家向世界各地的扩张成为现实。它们对世界市场的拓展和向亚非国家的殖民活动是全球化过程开始阶段的根本特征。此后，到19世纪70年代告一段落。在这一阶段，最具有典型意义的例子是大英帝国霸权的确立。以英国为代表的欧洲国家在世界范围内进行大规模拓殖，用武力摧毁了亚洲、非洲、南北美洲的古代文明中心。试图把西方的社会制度和文化强行施加于这些地区，逐渐确立起以英国为首的西方中心地位。

在接下来的一个历史阶段，即大约从19世纪末叶到20世纪70年代初，美国崛起，并长期保持着生产力领先的发达国家地位。第二次世界大战以后，英国霸权让位于美国霸权，中心地位被美国取代。在美国霸权维持的经济秩序中，全球化进程明显加快了。运输和通讯技术的革新，使物资与信息的流动可以跨越种种空间障碍。经济交往的规模和频次大为提高，促进了经济组织的革新，以跨国公司为代表的经济力量对生产要素和世界市场进行新的整合。所谓“国际惯例”即市场上共同“游戏规则”的出现，是经济全球化进程在贸易交往制度上的反映，是与经济活动伴生的文化现象。更值得注意的一个事实是，由美国霸权主导的全球化进程，使美国模式的社会制度、文化价值观念等成了许多后起国家模仿的对象。

经济全球化的第三个阶段，是从20世纪70年代直到现在，目前还在继续发展。这个历史时期最突出的特点，是霸权受到强有力的挑战并在事实上将逐渐淡出中心地位，全球化进程的参与者以及驱动力呈现多元化局面。许多曾经被压制的力量和众多的新兴力量纷纷登场，走向前台，在全球化进程中积极强化自身的角色分量和参与权利。在这种多元格局里边，许多问题的产生和解决已经超出国界，所以，全球意识、全球共识、全球纲领、全球行动等越来越多地成为不同民族、不同国家、不同文化的人们自觉的追求。目前，全球化进程正在摆脱由单一中心为主导的局面，正在形成多元推动、多元共存、多元发展的强大趋势。这是包括中华民族、炎黄文化在内的当今世界各地的不同民族、国家和文化所共处的历史阶段。

二

上述的史实使我想起孙中山先生的一句话：“世界潮流，浩浩荡荡，顺之者昌，逆之者亡。”我相信，中山先生的话也是我们在座各位的共识。我国避免不了要进入全球化这一世界潮流。既然如此，我们就应该对自己所处的变局有一个清醒的认识。我想，当前所说的全球化，指的主要是经济的全球化，人类社会在政治、文化、意识形态和生活习俗方面还是多元的。全球化这个总的趋势，不可能一下子就实现，而是以一步一步变化来完成的。第一步是经济的结合，形成全球市场，构成一个分工合作的经济体系，但其他方面还没有合起来，还保持着民族国家的分割状态。民族国家是19世纪以来形成的格局，新的经济体系看来正在冲击它，但还没有好的代替办法。优势国家统治劣势国家造成的殖民体系在二战后发生了变化，但殖民主义造成的南北差距还存在。搞得不好，经济全球化可能会加深南北差距，扩大贫富悬殊。这是20世纪没有解决的问题，但是看来已退不回去，只能顺势下去，想办法解决南北贫富差距的问题。

经济上的休戚相关和政治上的各行其是、文化上的各美其美，在人类进入全球化进程的初期，会形成一个大的矛盾。这给我们带来一个不能不面对的课题，即文化自觉和文化调适问题。过去有过“化外之民”的说法，现在则到了一个想做“化外之民”而不得的时代。我国要顺着潮流走，要融合到潮流中去，先进的东西要学习和掌握，要接受现代化这个大的方向，但要软着陆。软着陆的前提，是知己知彼。要看清自己的条件，盲目接受新事物是不行的，我们在这个方面的历史教训很多，这里不去多讲了。现在要紧的是我们不光要知道我国是在这个潮流当中，还要知道是处在这个潮流的什么地方，也就是说，需要对自己有一个比较客观、比较准确的历史定位。

在这个问题上，我希望能够向这次研讨会贡献一点我从自身经历中得出的具体认识。

大体上可以说，我这一生经历了20世纪我国社会发生深刻变化的各个时期。这段历史里，先后出现了三种社会形态，就是农业社会、工业社会和信息社会。这里边包含着两个大的跳跃，就是从农业社会跳跃到工业社会，再从工业社会跳跃到信息社会。我概括为三个阶段和两大变化，并把它比做“三级两跳”。第一个变化是我国从传统的乡土社会开始变为一个引进机器生产的工业化社会。一般人所说的现代化就是指这个时期。这是我一生中最重要的一个时期，也是我从事学术工作最主要的时期。在这一时期里，我的工作主要是了解我国如何进行工业革命。我为此做了力所能及的实地调查，从个案分析到类型比较，写出了相当数量的文章。从这一时期开始，一直到现在，到接近我一生的最后时期，在离开这个世界之前，我有幸碰到了又一个时代的新变化，即信息时代的到来。这是我所说的第二个变化，即我国从工业化走向信息化的时期。

就我个人而言，具体地说，我是生在传统经济的社会里面，这一生一直在经历我国走向现代化的过程。作为一个见证人，我很清楚地看到，当引进机器的工业化道路还没有完全完成时，已经又进入了一个新的阶段，即信息时代。以电子产品作为媒介来传递和沟通信息，这是全世界都在开始的一个大变化。虽然我们一时还看不清楚这些变化的进程，但我们可以从周围事物的发展事实中确认，由于技术、信息等等变化太快，我国显然已碰到了许多现实问题。我们的第一跳还在进行当中，有的地方还没有完成，现在却又在开始下一个更大的跳跃了。我国社会的这种深刻而复杂的变化，我在自己的一生里边都亲身碰到了，这使我很觉得庆幸。虽然因为变化太大、太快，我的力量又太有限，要求自己做的认识这世界的抱负不一定能做到和做好，但我还是想尽心尽力去做。事实上，我所有的学术研究工作的成就和失误都是和中国社会变化“三级两跳”的背景联系在一起的。

三

我国社会的第一跳是以我国各地不同民族的农村生活为基础的。我生长在江苏一个以农业为基础的小城镇里。它最早的历史实际可以追溯到7000年前的良渚文化。这个文化开始有了农业和家庭手工业。从考古学上，我们可以很清楚地看到这个时期已有村落生活。这就是我国第一跳的基础，也是我们乡土社会基本的性质。那个时候，从全国讲，文化形式已有很大的不同，已经是一个多元文化的基础。多元文化逐步交流融合，成为多元一体。这里也就开始了我进行研究的第一个阶段。我和前妻王同惠合写的《花蓝瑶社会组织》这本书里可以看到广西花蓝瑶社会和以我们家乡为代表的汉族社会文化的区别，以及它是如何受到汉族的影响的情形。

我第二阶段的研究题目，是从我国7000年前的良渚文化基础上发展出来的到近代以来开始进入工业化时期的一个我国农村的变化，可以我的《江村经济》为代表。从30年代早期的江村可以看到一个代表传统的文化基础和社会组织的农村，如何面临着全新的科学技术和机器生产的早期冲击。这是我们现代化开始的原初的形态。接下来，我又和我的学生一起写了《云南三村》，反映了内地农村不同于沿海农村的特点。这便是我们的现代化最早的过程。从地域上讲，是由东向西、从沿海到内地的。我的《江村经济》讲的是沿海地区的农村，开始了工业化。《云南三村》描绘的却是一个形态比较原始的乡土社会，受现代工商业影响逐步走向现代化的过程。通过在云南的研究，我看到了与江村不同的发展阶段。这是我第一个时期里第二阶段的工作，这个阶段到1949年告一段落。

50年代初，我国社会进入了社会主义改造时期。新中国逐步实现了对工业的国有化政策。在产权方面，对农村的土地和城市的企业进行了新的界定和安排。直到1978年中共十一届三中全会以后，随着农村改革的进展，乡土社会的工业化问题被历史性地重新提出，并在最近20年里得到全局性的实践。我国农村的工业化和现代化过程因此获得了真正强大的加速度。我自己的第二次学术生命也和我国农村工业化和现代化的全面推进同步展开。我在这一段的研究工作主要体现在《行行重行行》一书中。

在这个时期，因为受身体条件的限制，我已经不可能在具体的地方长期进行观察和访问，主要工作就变为结合第二手材料和直接访问进行类型式的比较研究。对于同一时期的不同类型的研究，可以帮助我们看到中国基层社会的动态，特别是在现代化和城市化过程中如何改变的。在这一阶段，我主要提出了乡镇企业和小城镇发展两个主题，目的是解决农民的出路问题，促进我国的城市化发展水平，提高广大城乡居民的生活质量。同时，我还以“全国一盘棋”为出发点，既注重沿海地区的发展研究，也关注内地和边区的发展，特别是边区少数民族的共同繁荣问题。我曾经提出一些多民族的经济协作区的计划和建议，如黄河上游多民族地区、西南六江流域民族地区、南岭民族走廊地区、内蒙古农牧结合区等等。作为一个多民族的国家，从历史上开始，就在不同民族聚居的交错地带建立了经济和文化的联系。久而久之，形成具有地区特色的文化区域。人们在这个区域中，你来我往，互惠互利，形成一个多元文化一体共生的格局。我所提出的经济协作的发展路子，就是以历史文化区域为出发点。现在回过头来看，可以更清楚地看到，我对我国经济和社会发展的多元一体的设想，对我以下要讲的国际经济社会多元一体的全球化进程的瞩望具有启发作用。

四

经过80年代开始的最近20年的改革，到新的世纪的最初时刻，我们已经可以从我国经济发展和我们与世界经济的联系中看到经济、社会和文化的巨大变迁的来临，预感到21世纪即将给人类的生存和发展带来全新的面貌。为了提请人们及早注意适应新世纪的要求，在10年前的“21世纪婴幼儿教育与发展国际会议”上，我作了题为《从小培养二十一世纪的人》的讲话。在那次讲话中，我谈到，20世纪是个世界性的“战国时代”，意思是说，在20世纪里，国与国之间、文化与文化之间、区域与区域之间，有着明确的界限，这个界限是社会构成的关键。不同的政治、文化和区域实体依靠着这些界限来维持内部的秩序，并形成它们之间的关系。这是我们共同经历过的历史事实。而在展望21世纪的时候，我似乎看到了另外一种局面，20世纪那种“战国群雄”的面貌已经受到一个新的世界格局的冲击。民族国家及其文化的分化格局面临着如何在一个全球化的世纪里更新自身的使命。

我作出这样的判断，不是没有根据的。近几年来，我特别注意到区域发展过程中全球化的力量。我看到，信息产业的发展带来了一种十分严峻的挑战。美国在最近十多年里发展起来的微软公司，实力已经达到几千亿美元。这是个当代信息技术的密集型产业，是最新现代化技术的世界级龙头。它的作用已经使城市中的许多产业的传统操作技术面临深刻的危机。在这样的情况下，我们不能不重新考虑我国农村工业化和城市化的问题。我有一次访问广东的顺德，当地的领导同志对我说，根据当地的经济发展趋势，他们认为乡镇企业的概念已经过时了。为什么这么说呢？因为经济发展的现实告诉我们，小城镇的规模看来不具备接受信息技术产业的能力，应该使一批紧密相连的城镇和中心城市尽快兴起，以便接受快速发展的信息产业的较高要求。另外，产业组织的跨国化，同样也对小城镇的发展提出了新的问题。为及时解决这类问题，顺德从1992年开始进行机构改革，政府把三大产业分离出来，组建工业发展公司、农业发展公司和贸易发展公司。1993年起，实行股份合作制，并改革企业的医疗保险和养老制度，真正转变了政府职能。企业在解决了体制问题之后，接着就解决市场问题。市场问题不是一个简单的地区性问题，而是牵涉到香港以及世界其他地区，牵涉到地区与地区之间的新型关系，牵涉到大型中心城市的发展问题。这次谈话，给我很大的震动和启发。

跨地区和跨国界的经济关系，除了表现在市场的超地方特征之外，还表现在近年来跨国公司的大量发展上。跨国公司在产权方面与具有民族国家疆界的国有、私有企业不同，它们没有明显的地理界限。它们的最大特征就是“无国界性”。在经济全球化的进程当中，不仅外国人来中国设立他们跨国公司的办事处、子公司，拓展业务，而且也有越来越多的中国人到海外办公司、办工厂，甚至开设大型专业市场。我家乡的震泽丝厂在美国开办了分公司；我访问过的青岛海尔集团在海外开了分公司；我所熟悉的温州人在巴西开设了“温州城”……这样的经济交融，已经不是简单的“西方到东方”“外国到中国”“中国到外国”的老问题，而是一种新型的国与国、区域与区域之间交流和互动的新发展和新的经济组织形式。

五

从沿海地区和内地的局部地区看，我国一些企业乃至产业对经济全球化进程的融入已经相当自觉。但是从我国广大中西部地区看，整体情况还不能让我们很乐观。相比较而言，我国属于全球化进程中的后来者，而且是后来而暂未居上。由于历史的原因，我国的现代化进程曾经一再被延误，失去过很多宝贵的时机。

从19世纪40年代开始，我国由一个古老的文明中心被帝国主义的坚船利炮强行纳入了西方国家主导的全球化进程。包括我的朋友费正清在内的许多学者都认为，鸦片战争之前，中国的文化体系平行于其他的世界体系，并且一度比西方世界体系更为发达。但是长期的封闭导致政府腐败、科技落后、经济凋敝、装备松弛以及心理上的抱残守缺、妄自尊大，致使这个庞大的体系逐渐失去活力，终于被西方列强的殖民扩张所压倒，无从自主，只能在全球化进程中处于依附地位。

一个世纪以后的1949年，中国实现了独立与自主，却在苏联经济模式的影响下脱离并抵抗了西方主导的全球化进程。在对全球化主体潮流的脱离和抵抗中，我们虽然坚持了政治上的独立，却也造成了自身的封闭和僵化，无法从全球化进程中获得发展动力，结果是在现代经济和文化等方面的落伍，而世界的发展没有停下来等我们，“沉舟侧畔千帆过”，我们明显是落后了。

1978年，我们终于下定了改革开放的决心，主动并且逐渐深入地加入到了全球化进程的各个领域当中，急起直追。在政治上，我们与西方各国加强接触和了解，融洽了在“冷战”时期冻结的关系；在经济上，我们以经济特区为先导，依次开放沿海城市、沿江城市和内地，进行经济体制改革，建立市场经济体制，积极与国际惯例接轨，形成了加入经济全球化潮流的制度性保障。正是在这样的情况下，出现了我们在第一跳还没有完成的情况下已经不能不进行第二跳的局面。

这一局面来之不易，值得倍加珍惜。而这一局面给我们提出的艰巨使命，更需要进行深入的思考。第一跳还没有完成，已经必须跳第二跳了。这是我们走改革开放的路、融入全球化潮流所必然要碰到的局面。怎么办？小平同志说，要冷静观察，沉着应付，摸着石头过河。这就是科学的态度。我们要大刀阔斧地进行改革，又要小心谨慎地应付局面。不看清潮流的走向，不摸清自己的底子，盲目地进入潮流是不行的。我们的底子是第一跳尚未完成，潮流的走向是要我们跳上第三级。在这样的局势中，我们只有充实底子，顺应潮流，一边补课，一边起跳。不把缺下的课补足，是跳不过去的。历史不是过去了就算了，历史会对今天发生影响的。就物质与精神两个方面说，或者说是硬件与软件两个方面看，我们曾经有过精神（软件）讲得多，物质（硬件）讲得少的时代，现在却是物质讲得多，精神讲得少了。

这叫矫枉过正，这就是历史的一种影响。在当前的发展过程中，重理轻文，差别太大，从长远看，会带来负面的东西。

改革开放，不能只学外国的表面文章，而是要拿来现代化过程中形成的先进的文明成果为我所用。我们是要提高生产力水平，提高综合国力，提高人民群众的生活水平，是要把中国文化很好地、很健康地发展起来。现在中国的大问题是知识落后于要求。最近20年的发展比较顺利，有些人就以为一切都很容易，认为生产力上来了就行了，没有重视精神的方面。实际上，我们与西方比，缺了“文艺复兴”的一段，缺乏个人对理性的重视。这个方面，我们也需要补课，这决定着人的素质。现代化的发展速度很快，没有很好的素质，就无法适应现代化的发展要求。这是个文化问题，要更深一层去看。

六

中国文化的历史很长，古往今来的很多思想家为我们留下了十分宝贵的思想财富。中国传统文化思想的一大特征，是讲平衡和谐，讲人己关系，提倡天人合一。刻写在山东孔庙大成殿前的“中和位育”四个字，可以说代表了儒家文化的精髓，成为中国人代代相传的基本价值取向。我的老师潘光旦先生早在20世纪30年代就讲“位育”问题，认为在社会位育的两方面中，位即秩序，育即进步。位者，安其所也；育者，遂其生也。潘先生对“中和位育”作了很好的发挥。潘先生是个好老师，可惜我不是个好学生，没有能在当时充分意识到这套学说的价值，没有在这方面下够功夫。直到晚年，才逐渐体会到潘先生当年的良苦用心，体会到“中和”的观念在文化上表现出的文化宽容与文化共享的情怀。11年前，在一些学界朋友为我召开的80岁生日的欢叙会上，我展望人类学的前景时，提出人类学要为世界文化的多元和谐作出贡献。我说了四句话，16个字：“各美其美，美人之美，美美与共，天下大同。”作为一个人类学者，我希望这门学科自觉地探讨文化的自我认识、相互理解、相互宽容问题，确立世界文化多元共生的理念，促进天下大同的到来。实际上，这也是中国的传统经验里面一直强调的“和而不同”的思想所主张的倾向。

对于中国人来说，“天人合一”是一种理想的境界。天与人之间的社会规范就是“和”。这个“和为贵”的观念，是中国社会内部结构各种社会关系的基本出发点。在与异民族相处时，把这种“和”的观念置于具体的民族关系中，出现了“和而不同”的理念。这一点与西方的民族观念很不相同。我认为，“和而不同”这一古老的观念仍然具有强大的活力，仍然可以成为现代社会发展的一项准则和一个目标。承认不同，但是要“和”，这是世界多元文化必走的一条道路，否则就要出现纷争。而现在人类拥有的武器能量已经可以在瞬间毁灭掉自身。如果只强调“同”而不讲求“和”，纷争到极端状态，那只能是毁灭。所以说，“和而不同”是人类共同生存的基本条件。

“和”的局面怎样才能出现呢？我想，离不开承认不同，存异求同，化解矛盾。化解的办法中，既要有强制，也要有自律。从社会学的角度看，一个基本问题是个人与社会的矛盾、自由主义与平等主义的矛盾。自由要承认以竞争为主，竞争就是有优势劣势之分，就形成了过去的格局。要解决这个问题，不能单靠社会控制的强加式的外力，还要有自我控制的内力。世界各国既然现在都属于一个地球村，这个“村”里就应该有一套“乡规民约”，大家认同，自觉遵守，否则就要乱套。“乡规民约”与法律不同，是习惯化的、自动接受的、适应社会的自我控制，是一种内力。中国老话里讲“克己复礼”，这个“礼”是更高境界的乡规民约。

要实现个人与社会的相互统一，不同文化之间的相互理解和适应，大家都自觉地遵守“乡规民约”，需要一个磨合的过程。只要愿意共存共荣，就必须要磨合。磨合就是通过接触交流、对话和建立共识，以达到矛盾消除的过程。事实上，我们现在就处在这个磨合的过程中。当前需要有一个对磨合的认识和肯定，要意识到，这个磨合过程需要种种的临时协定作为大家有利的“乡规民约”。有了这个方面的共识，才会有比较自觉的磨合行为，才会有比较好的磨合状态，才能比较顺利地从经济全球化过渡到文化上的多元一体，经过不断的磨合，最终进入“和而不同”的境界。

依照进化的观点和规律，21世纪的人类应该比20世纪的人类生活得更加聪明。事实上，已经有人在讨论新的发展观，提出了不同传统发展观的几个特点，比如合理开发资源、讲究生态效益，又比如注重社会平等、倡导精神追求、促进人的全面发展等等。我们可以发现，这些现代人类提出的准则，是中国传统文化精神一向坚持的倾向。这样的史实的肯定和弘扬，应该有利于帮助我们树立起应有的文化自信。

当今世界上，各地不同的文化都已经被纳入到全球化的世界体系中，已经不存在化外之地。全球化潮流发端于西方世界，非西方世界在接受西方文化的同时，应当通过发扬自身的文化个性来对全球化潮流予以回应。我近年来在很多场合提到的“文化自觉”，就含有希望看到这种回应的意思。“文化自觉”是当今时代的要求，它指的是生活在一定文化中的人对其文化有自知之明，并对其发展历程和未来有充分的认识。也许可以说，文化自觉就是在全球范围内提倡“和而不同”的文化观的一种具体体现。把这个话放在炎黄文化研究会的年会上讲，我觉得应该有更充分的理由表达一种愿望，就是希望中国文化在对全球化潮流的回应中能够继往开来，大有作为。最近在许多文章中经常提到的“中华民族的伟大复兴”，应该包括这一个很重要的方面，就是中国文化的复兴。为了这个前景，我们有必要加强人文主义，提倡新人文思想。有如潘先生讲的，在原有传统文化的基础上，吸收西方科学精神，建设新的人文精神。回到今天我的讲话的题目上，面对经济全球化的世界潮流，我们在开始第二跳的时候，要记住把这些想法带上，把“天人合一”“中和位育”“和而不同”的古训带上，把对新人文思想、新人文精神的追求带上。这样去做，我们就能获得比较高的起跳位置，也才能跳得高，跳得远，在真正的意义上实现中华民族的伟大复兴。

2000年10月

关于“多元化的西部文化”和“文化生态失衡问题”的谈话

自从党中央提出西部大开发的战略部署以来，得到了全国上下各界人民的积极响应。我的一个在中国艺术研究院工作的学生——方李莉也坐不住了，她结合她的专业，提出了一项《保护、开发和利用西部人文资源，再创西部灿烂文化艺术》的研究课题；从这一点出发，她又写了题为《文化生态失衡问题的提出》的文章。以下是就这两个题目，我和她的谈话记录。

一、多元化的西部文化

费：你准备申报的科研项目——《保护、开发和利用西部人文资源，再创西部灿烂文化艺术》的课题设计方案，我看了，很好，很有想法。我认为对西部的开发，应该是立体的，其中不仅是包括经济的开发，也包括自然资源和人文资源的保护和开发、利用。现在人们对于自然资源的保护、开发和利用的问题已经有点意识了，并且也正在这样做。但是，对于人文资源的保护、开发和利用能够有深刻认识的人还不多，目前也没有专门的人在做这方面的研究工作，我认为应该把这项工作加到西部开发的这个大的战略中去。

方：这个课题我们院领导和科研办都很重视，还为此专门召开了一次讨论会。领导决定，这个课题由我来牵头，并组织院里各方面的骨干力量来共同做，还希望您来做我们这个课题的学术指导。

费：我年纪大了，做不了什么具体的事了，但可以为你们出出主意，开开路。

方：长期以来，我们对艺术的研究，都只是单纯对艺术本身的研究。它和社会学、人类学的研究是两个不相干的领域，但我们目前要做的西部文化艺术的研究，如果不和社会学、人类学结合起来，就很难发掘其深度和广度。只有把文化艺术的研究和社会学、人类学结合起来，这个研究才会区别于以前的研究，才会走出一条新的学术研究的路子，也才能适应现在新的形势发展的需要。在这个研究过程中，我们非常需要您做我们的老师，为我们指指方向。

费：跨学科的交叉研究，是以后学术研究的新路子，你这个想法是很好的。很多路子都是靠自己闯出来的，你就大胆地去闯。下面谈谈你对西部开发的想法。

方：人类每一种文化的形成都是经过了几千年甚至上万年的积累而发展起来的，人类各文化之间有它们的相通性，但也有各自的独立性和独创性。在现代化文明迅速席卷全球的今天，每时每刻都不知道有多少传统的、土生土长的文化在消失。当成批的这样的文化群落都在消失的时候，人们应该想到，这会不会是一种文化的生态在遭到破坏？以西方文化为中心的观念正使得文化圈内的文化种类正在递减。照此下去，在不远的将来，我们还会面临一个文化生态的被破坏和文化资源在减少的问题。

我认为，我国西部由于它特殊的地理位置和人文环境，使它的文化艺术的原生态状况，得到较好的保存，在那里几乎囊括和继续保留了人类所有发展阶段的各种文化类型。这是一笔非常宝贵的财富。

费：它确实是一个宝贝啊！我们发展西部的经济是对的，但我们不要忘记，西部还有这样的一个宝贝，这是几千年中华文明的历史替我们留传下来的，这是一个很重要的资源。在西部地区的这一广阔的时间和空间里，产生过很多不同的民族、不同的优秀人物，他们共同创造了一个文化的、人文的资源在那里。我们之所以称它为资源，是因为它不仅是可以保护的，而且还是可以开发和利用的，是可以在新的历史条件下有所发展、有所作为的。因此，在开发西部的热潮下，我们一方面要发展它的经济，繁荣它的市场，使大西北的发展和内地趋于平衡，甚至超过内地，同时，还要保护其自然生态和文化艺术生态的平衡。不仅如此，对于一些已经遭到了破坏的自然生态和文化艺术生态，还要加以修复和再造，甚至重新发掘。因为，自然生态和文化艺术生态，也是一种资源，一种财富，而且是一种难以用人工制造的财富和资源。我们一定要认识到这一点。至于怎么让大家都来共同地认识这个问题，就要靠你们去考察、去研究，然后把这些成果公布出来，宣传出来，使所有的人取得共识。在繁荣和发展西部经济的同时，也繁荣和发展西部的文化和艺术。

中国有许多最灿烂的文化艺术是在西部地区得到蓬勃发展和繁荣的，如集中在甘肃、青海、陕西的彩陶艺术；集中在敦煌一带的灿烂的佛教文化和艺术；集中在新疆、云南一带的岩画艺术等等。同时，在西部如今还存活的一些文化艺术中，也还具有一种主题内涵的古老传承性，在这里我们几乎能找到所有中国美术、音乐、舞蹈，甚至戏曲、诗歌发展的活的源头。而且，西部的文化除了有汉族文化之外，还有众多的少数民族文化（中国的少数民族基本都集中在西部），从其发展的广大的时间和空间中，我们能看到多元一体的、由广大多种民族创造的文化，相互接触、相互融合和各自发展的演化经过。

西汉时期打通的从长安横穿欧亚大陆的"丝绸之路"，不仅把丝绸文化从中国推向西域、吐蕃、东南亚，乃至波斯（今伊朗）、罗马等国；同时，也从这条丝绸之路上传来了印度的佛教文化。佛教文化对中国文化的影响很大，是外来文化对中国文化影响的第一步。主要在魏晋南北朝到唐朝，甚至宋朝这一时期，是中国传统文化形成的一个重要时期。

方：公元9世纪以前，中国的政治中心大体在北方而偏西，西北经济曾是全国经济中的主要成分。公元10世纪初唐朝灭亡，西部从此沦入多灾多难的动荡中，从五代十国到北宋、辽、西夏、元、明、清，伴随着民族的斗争与融合，中国的分裂与统一，西部及整个北方，兵事频繁，社会安定的时间相当短暂，总体经济水平趋向低落，在整个中国的文化中的地位也就跌落下去了。

费：就这样，我们也不能认为是它的文化地位跌落下去了，而是我们对它后来的文化认识不够了，主要是认为它不是主流文化，就不再去认识它。我们现在搞的人文资源的开发，就是要重新去认识它、理解它、发掘它。对于西部文化艺术的考察，前人已经做过不少的工作，这些工作是非常重要的，为今天的考察和进一步研究奠定了很好的基础。但是，以前的考察和研究大多还是仅仅停留在对历史事实的记录、观察和描述上，而从文化的角度上进行理论总结和深入研究这个方面还做得不够。如何在艺术学的基础上广泛地吸取社会学、人类学、民俗学、历史学的研究方法，变传统的单项个别研究为整体的全面研究。在学术上进行跨学科、多学科的交叉研究及理论总结，这是你们今天要做的事情。请谈谈你的课题打算怎么做。

方：这个课题，对于我们来说是一个崭新的、前人从未研究过的课题。崭新的课题必须用崭新的视野和崭新的方法来研究。以往人们对艺术的研究和考察，往往只注重艺术作品的本身，很少研究活动在艺术品背后的那些人，包括那些人的艺术行为和作为特定社会中社会文化现象等方面，这是艺术人类学研究中的一个巨大的缺口。因此，我们做这个课题，在学术研究上具有一定的前沿性和开拓性。另外，这次考察和研究是从书斋走向田野、走向社会，因此，具有强烈的实践性。同时，新的方法论要求这一研究必须是一个多学科交叉的综合性研究，要在艺术学的基础上广泛地涉及历史学、考古学、人类学、社会学、民俗学等。而这种综合性的研究的过程和研究的方法都需要有一种前所未有的创新性。

我希望通过这次考察和研究后，能够出版关于西部人文历史、艺术人类学考察方面的系列专著，系列的西部艺术画册；拍摄关于西部文化艺术的电视片；举办西部文化艺术展和国际研讨会等。希望能引起国内外学术界的关注，从而推动西部文化艺术的繁荣和发展。只是不知道能否申请到这么多的经费来做这么大的一个课题。

费：其实经费不是最重要的，只要你们的研究确实是有意义的，是能够推动西部文化经济全面发展的，国家就一定会支持。这的确是一个非常大的课题，它不是一个两个人能够做得了的，要集中一大批志同道合的学者来做。在这一点上中国艺术研究院是有优势的，那里集中了大批的、各个不同艺术门类的研究人才，这是其他任何单位都很难与之相比的。

我觉得对西部的研究要分几步走，首先要了解它发展的历史，把它的历史说清楚，这样就有了一点基础，然后再找几个有代表性的，可以做田野考察的地方，花点功夫，做深入的考察，把它们作为研究的标本。在我们的脑筋里一定要认识到，全球一体化的经济发展会给人们带来一种新的生活方式和新的文化观念，但真正传统的好东西是不会完全走掉的。我们的任务就是要把这些好的传统从生活中提炼出来，让大家意识到和理解到我们有些什么样的、应该保留的优秀传统，并且要努力去发扬它和继承它。我把这种行为叫做文化自觉，就是自知之明。

我们现在连自己有多少财产都搞不清楚，自己有些什么资源也不清楚。要知道，人类对资源的认识是逐步的、渐进的。比如现在我们对自然资源已经了解得不少了，逐步地明白了能源里有煤、天然气、石油、太阳能、核能等等，这是一步一步的自觉嘛。对人文资源也是一样，人们要有意识地去理解、去探索、去逐步搞明白，把我们以前不知道的资源逐步挖掘出来，要搞清楚我们自己究竟有多少财产，这是第一步。

在我们的历史上有两个中心主义，第一个是汉族中心主义，再一个就是西方中心主义，就是这两个中心主义把西部的文化给湮没了。结果大家不再去看它，不再去了解它了。即使谈到西部，也是一讲就讲汉族的东西，其实西部地区不仅仅有汉族；谈世界文化时，一讲就讲西方的力量，不重视本土的力量。在这两个中心主义之下，就把我们西部的这一广大地区的人文资源给掩盖起来了。西部是一个多民族的地区，我们要承认它的文化的多元性，这些不同民族的存在，都是根据自己不同的自然环境和人文环境形成了自己的民族文化。这些民族的文化历史和汉族一样长、一样重要和一样珍贵。

另外，我们在考察和研究中还要完成的一个任务，就是要了解，并要让大家知道，这些传统的民族文化，将如何在新的历史条件和新的文化背景下，产生变化和发展；同时我们应该怎样去保护和发扬这些文化中的一些优秀传统。另外，我还要讲的一个问题是，在这全球经济一体化和文化一体化猛烈席卷过来的时候，不要把西部这些多元的文化给冲掉了，给毁灭了，我们有责任提醒大家。

二、文化生态失衡问题

费： 你写的《文化生态失衡问题的提出》这篇文章，我昨天反复看了两遍，并在上面写了不少我的意见，有些地方还用铅笔做了记号，你可以回去慢慢地看。

下面谈谈我对这篇文章的看法，首先可以肯定这是一篇写得不错的文章，你动了脑筋，对人类文化互相间的关系，人类文化和自然环境、人工环境之间的相互关系等方面，提出了一些非常重要的看法，有些观点可以给人们一定的启发。但我还要提一点和你不同的看法，在这篇文章中，你用了不少生物学中的现象来论证你的观点，这是我不太赞成的。第一，生物世界不能等同于人文世界，人文世界是超机体的，它有它自己的规律；

第二，人类学的研究要求科学性和准确性，你以生物学中的现象来类比文化学中的现象，很难得到真正的证实，因此是非科学的。你在文章中把不同的文化比喻成不同的生命体，我也是不太赞同的，生物界的生命是会死的，但文化是不会死的，只是会改变。

文化有文化的生长规律，生物有生物的生长规律，虽然说文化是从生物中发展出来的，可是已经离开了生物，高了一个层次。不能将这两个层次的东西放在一块讲。当然，对于文化的死和活，我们也不能绝对化，比如玛雅文化就死了，究竟是怎么死的，原因还不知道。现在印第安土著文化、澳大利亚的土著文化也都正在濒于死亡，我们中国的赫哲族文化也很危险。面临这样一个问题，我们怎么办？这是你在文章中提到的一个核心问题。

方：我在文章中提到的主要观点是：在现代文明席卷全球的今天，以西方文化为中心的观念正使文化圈内的文化种类在急剧递减，每时每刻不知道有多少传统的、土生土长的文化在消失。这是不是一种文化的生态在遭到破坏？因此，我们将可能面临一个文化生态的被破坏和文化资源在减少的问题。

费： 我认为你的这一观点提出来很及时，是一个值得讨论的问题。但有关这个问题的讨论，最好是放在文化层里来进行，不要以生物学来做你的理论根据，不要以生物的规律来讲文化。当然以生物现象来做例子是可以的，但只能讲文化的规律与生物的规律有相似的地方，不能直接地推论过去。

这里主要涉及到的是一个对文化本身的分析。按我的理解，你在文章中主要谈的是本土文化和外来文化的关系，也就是外来文化的影响和文化自身发展规律之间的关系的问题，这里涉及到文化本身变化的规律。文化的发展和变化，一方面是受其所处的环境的制约，它要不断地和周围的环境相互调适而生存；另一方面还要与外来文化交流，受其影响、促进。

各个民族的文化都是在自己所处的特殊的自然环境和人文环境中发展出来的，即使到现在，很多民族还依然生活在它们的这一特殊的传统环境中，还保持着它们自己的传统文化。但面临着全球一体化迅速发展的局面，这些传统文化还要不要保持？还能不能保持？这就是你在文章中提到的一体化和本土化的问题。

方： 有一天，我无意中在一张报纸上看到一篇文章，文章报道的是，湖北某地，从国外引进了一种人工培育的高产优质大豆，播种后长势很好，可是不久由于虫害，豆苗大批枯萎。经科学家们研究后，认为是因为大豆基因有了弱点，所以受到了害虫侵袭。要解决这一问题，就要到野生的环境中去找一种和这种大豆有亲缘关系的豆科植物，这种野生的豆科植物，具有强壮的生命力，把这种强壮的基因提取出来，注入到人工培植的大豆中，就能抵御病虫害的侵害。

这个例子，使我想到文化，想到如果文化的单一性发展，不仅会导致许多较原始的土著文化，甚至会导致许多发展中国家的本土文化的消失，这种消失会不会引起人类社会文化发展的危机！

费：你从生物学的现象受到启发，这是可以的，只是不要把它作为你论文中的主要依据。因为文化虽然也是从生物里面出来的，但它本身已离开了生物，隔了一层。生物层和文化层是宇宙发展中的两个不同的层次，它们各有自己的特点。

你在文章中提到，人类社会的发展需要多样化的文化和多样性的智慧，本来应该是这样的。很多的传统文化它们之所以不同，是因为当初它们各自发展的条件和所处的环境不同。现在整个世界都发生变化了，它们也不得不变，但是怎么变？现在很难说，这是一个很深刻、很值得人们思考的问题。前面我已经说了，我赞成你所说的，西方人用现代的科学技术制造了一个统一的、人工化的物质环境，同时在这样的基础上出现了一个统一的、大的、新的文化环境。作为非西方国家的人怎样去适应这样的一个环境，如何走向世界一体化，解决这个问题是非常困难的，因为各自的文化基础不一样，各自文化发展的初始条件也不一样。

不仅如此，就是西方国家本身也还没有适应自己造出来的这样一个新的、人工的物质环境。当今的物质文明和精神文明还没有真正地协调一致，新的物质文明需要有一个新的精神文明、一个新的文化观念、一个新的道德标准。但是，到现在为止，这个新的精神文明还没有真正跟上来，还在探索和完善之中。人类新的发展建造了一个新的人文世界，这个人文世界不是和自然统一的，而是对立的，是和自然相对抗而存在的。这种对抗的结果，就是自然环境的被破坏，河流、空气被污染，地球成了不适合人类和其他生物居住的地方。如何解决物质发展和自然环境相协调的关系，这就是西方文化所面临的问题。而且，当今的世界上，还有很多落后的国家并没有参与创造这个环境，这些人和这个环境相隔很远，要他们适应这样的环境就更难了。

在全球一体化迅速发展的今天，我们不时听到一些唤起种族和民族情感的、强烈的呼声。这些力量所表现出来的外在形式是多种多样的，从根本上来讲，它们都代表了一种在失范的和混乱的世界上寻找归属的渴望。这一切都证明了这个世界的文化发展是不和谐、不平衡的。这里有两个问题：一个问题是，一些落后的非西方国家有自己本身的文化传统，但这些文化传统已不适应现代社会的发展了，它们面临的问题是如何去适应现代社会的发展；第二个问题是，西方社会也要面临如何与这些发展中国家的文化发展相互协调，避免造成各种文化的对立化，从而保证整个世界能和平相处下去。其结果是，各民族都要面临一个文化自觉的问题，也就是如何去认识每个民族自身的文化的问题。你文章中总的观点我是赞成的，并且是有一定深度的。关键就是你要把自己的意思和观点表达清楚，让大家来共同关心和探讨这个问题。

方：我认为，人类社会将从传统的、各自独立生存的民族国家的世界，变成一个互相联系和相互依赖的、以高科技为基础的一体化的世界，同时结成一个容易冲突的、高度技术化的工业体系，因而将遭遇到一系列经济、社会、生态等问题，生态问题里，不仅有自然生态问题，还有文化生态问题。对于文化生态失衡的问题，还很少有人真正认识到。其实它是西方文化以其强势的姿态介入世界每一个角落的结果。

人类今后真正要面对的是要重新调整我们的文化观，调整我们和大自然的关系。在这调整的过程中，我们不仅需要西方文化，还需要其他多种文化和宗教的相互补充。

费：你讲的这种文化的多元化是很重要的。现在有很多人希望用传统的多元化文化来对抗现代的一体化文化，但这种对抗最终是会失败的。我们现在面对的是一个新的社会、新的世界，历史是不会往回走的，面对这样的情况，我们应该怎么办？对于这个问题，学术界一直有两种意见，一种就是保持自己民族文化的独立性。刚才已经说了，这一点是很难做到的。另一种就是20世纪30年代胡适他们提出的“全盘西化”。这条路也是走不通的，是不可能，也是做不到的。因为一个民族是不可能忘记自己的过去和历史，重新开始的，它有自己的文化传统，有自己根深蒂固的民族习俗，除非这个民族消失了或被毁灭了。一个民族的文化是慢慢地一点一点积起来的，我们的文化习惯也是从小养成的，要改变这些是很难的，有些地方几乎是变不了的。这样一来，两种不同的文化就会发生矛盾。

我认为，西方的文化固然有它的优越性，但它是不完善的，起码它没有解决好人与自然的关系，所以这种文化所创造出来的人文世界也是不完整的，要想让它完整化，还需要其他的许多文化来共同参与。此外，不能强迫要求世界上所有国家和民族的文化都一致起来，这种要求一致的做法是大家不能接受的，也是不可能接受的。世界是人类共有的，它需要大家来共同参与创造。但是，不同文化和不同社会背景的人们，怎样才能携起手来创造一个共同的新世界，这是一个值得探索的问题，也是一个属于新世纪所面临的一个新问题。用传统的观念和办法是很难解决这个问题的，恐怕要有一个新的方法和新的思维才行。

方：正因为如此，我才觉得保持文化的多样性有多么重要。近年来，科学家们提出了很多意义重大的概念，为人类认识自己的处境和在宇宙中的地位提供了许多与以往极不相同的新的理解。一些研究前沿科学的科学家们认为，人类与宇宙的关联性正回到物理学和生物学。在宇宙和生物圈中共同生存和共同进化的一切事物之间永远有纠缠和通讯，在这微妙的相互作用网中，人的心灵成为一个意想不到的积极参与者。而且，关于心灵与宇宙的相通和感应方面，原始人和一些土著民族比只相信科学的现代人要强得多。他们的这种能力在传统科学看来也许是落后甚至是愚蠢的，但处于这种状态的人们却常常能根据这种超常的能力，敏锐地预感到生态系统将发生的种种变化，用自己的心灵与宇宙和自然保持联系。

在新的世纪里，人类将面临的还有精神方面的革命，如对自身潜力的发掘、对自我创造力的发展，对人和人、人和宇宙、人和自然关系的重新认识，以及对自身文化传统的重新认识、挖掘和整理等等。

费： 你的意思是说，在今后人类社会的发展道路上要允许不同文化的自我发展。现在西方文化在其先进技术的引导下，正在创造一个新的人文世界，但这个世界是不完善的，同时，我们不能强迫所有的国家和人们都要进入这个世界，因为并不是所有的人和所有的文化都能接受这个世界。另一方面，就是人们接受了这个人文世界也不能解决所有问题，因为，西方世界内部的一些重要问题并没有得到解决，比如吸毒、艾滋病、社会暴力、种族歧视等等社会问题并没有解决。而西方世界与外部世界，即西方文化与其他文化怎样共同相处的问题也没有解决，当前世界上各种民族争端还在不断地发生。

在人类未来的发展中，怎样才能创造出一个人类共同的文化，这是一个大问题，怎么创造？现在谁也说不清楚。我看，最大的问题就在这里。你触摸到了一个人类目前遇到的最根本的、最重大的问题。世界一体化的市场经济，需要一个大家共同遵守的文化规则和社会秩序、共同的行为准则，甚至要有共同的语言。这就不得不动摇各地方的本土文化所赖以生存的根基，文化的非地域化似乎是一个趋势。这种趋势使人类进入了一个两难的矛盾境地，这就是追求物质文明的发展与自然生态和环境污染之间的矛盾，还有追求一体化经济与文化多元性之间的矛盾。

目前文化所遇到的一个根本的问题是，现代人创造出了一个新的局面，这个局面是人创造出来的，但又不完全是被动的和受人支配的，它有它自己的发展规律，有时是人难以控制的。就目前的情况来看，它正在不断地发展，而且发展的节奏越来越快，这种发展最后会把人类社会带到一个什么地方，真的是很难说。对这个发展的一些方面人应当控制它，但现在却控制不了。老实说，在我的思想里面，觉得如果这样下去实在不行，最终也许是人类的毁灭。西方文化创造了一个一体化的环境。现在的困难是，在一个统一的世界市场、一个统一的经济环境中，要求有一个共同的道德规范、共同的价值标准，因此，所有文化都面临一个转型的问题，它们都要无条件地交出自己的历史与传统，这在感情上是很难做到的，从客观规律上来看，也很难说是正确的。所以，人类遇到了一个进退两难的尴尬境地。而且，这个问题发展到现在，已经不单纯是文化的问题了，还成了一个带政治性的，里面隐含着一个霸权主义扩张的问题。

西方所崇尚的物质文化可以解决许多问题，但有些问题是不能解决的，尤其是社会心理问题，在这个竞争的社会里，大家互相矛盾，互相仇恨，造成很多的社会问题。同时，对自然资源的破坏，对环境的污染，都是目前西方国家难以解决的问题。这些问题都在说明，西方创造出了一个新的人文环境，这是一个高度人工化的环境，对于这样一个高度人工化的环境，不仅是发展中国家不能适应，就是它自己也不能很好地适应。现在地球已经承受不了这种文明所带来的巨大负担，连自然界的生物圈也很难适应这种环境所带来的负面作用。它的这种发展状态，不是向着一个相互平衡的、相互融合的道路上行走，而是朝一个极端的、失衡的道路上前进。当然，现在西方的许多学者也意识到了这一系列的问题，因此，产生了后现代主义的文化思潮来试图扭转这种趋势。

我认为，在今后人类社会发展的道路上，世界上三种最主要的宗教文化要互相补充，一种是基督教文化、一种是佛教文化、一种是伊斯兰文化。除此之外还有许多文化的分支和土著文化。对于原始的土著文化在我们现在看来是很落后甚至是很愚昧的，但是我们也要看到在这落后和愚昧里面，还蕴藏着许多我们现代人目前无法理解的智慧。这些原始的土著人长期生活在大自然中，对大自然变化的节律，对自然生态的理解可能会比我们这些现代人把握得更多。所以我们不要认为只要是传统的、原始的文化都是落后的、不合理的，都是要抛弃的。其实里面可能有一些东西是值得我们今天新的文化借鉴的，可以成为我们今天新的文化发展的基础。

当然，应该明确地说，在原始文化和传统文化中有很多不好的、落后的东西，是我们今天要抛弃的，但是我们不要倒洗澡水，把孩子也给倒掉了。要留下许多优秀文化的种质，并在这基础上让它们得到新的发展，为人类的未来不断地提供新的养分。

方：按照生物学的观点，每一粒种子，每一棵芽苗，都携带着种质，它不仅含有基因，还包含有全套的特殊机制，借以控制遗传、规定基因结合的模式、表现基因的特性。未来植物的健康，就取决于种类繁多的、不可代替的种质。人类社会未来的健康发展，也将取决于多元文化的继续发展和保持。

一体化和多样化是同时发展的，甚至是现代性促使了差异性和本土性的出现。今天，民族文化自我保护机制正在产生作用，因为没有一体化人们也就不会有对多样化的需求。现在人们之所以在追求多样性、本土化，就是因为觉得这种东西已经在悄悄地离开我们。一些国家爆发民族主义运动和本土化运动，也是因为它们感觉到了这种文化的一体化正在动摇着它们传统文化的根基，正在使它们失去自己的文化传统，因而引起了一种文化反弹和文化自我保护意识的觉醒。

费： 你讲的这些有一定的道理，具体怎么写你还要做进一步的思考。在我看来，你要讲的问题是，我们现在正面临一个新的文化因素，这种新的文化因素，改变了全球各民族文化原有的存在条件。每个国家、每个民族都要适合这个条件，因为不能适合这个条件就不能存在下去。但事实上这种新的文化又是不完整和不完善的，它面临着许多困境，因此，需要从其他的文化中去寻找一种能够补充其发展的不同的养分。就像你刚才所讲的，有一些传统的或原始的文化，它们和现代的这个新的文化，在认识世界的观念上，在研究问题的方法上，都是完全不同的，但它们还是生存下来了。也就是说，它们有它们自己的独特的生存方式。

在最近的一次会议上，我提到了中国的医学。我们中国人在这个地球上生活了几千年，有相当长的时期里是没有现代概念中的医学的。但是，我们的先人是会生病的，他们是怎么治病的呢？这里面有很多的办法，有些办法还很经济、很实用，比如针灸、拔火罐、刮痧等等，这些治疗不需用药就能解决问题，不但简单而且副作用很少。这说明，在我们传统的文化中确实是有很多好东西，值得我们去继承和挖掘。这里就涉及到了文化自觉的问题，我们对自己的传统文化究竟有多深的了解，在这方面我们要好好地去研究和认识。

现在人类进入了一个新的历史阶段，一个新的人文世界和人文环境，我们要怎样去适应它，同时又不完全失去自己民族文化的根基，这的确是一个值得好好研究的问题。我们一方面要学习外来的新的文化，要想办法去适应这个新的世界，另一方面又要发展自己的传统文化。传统文化不一定都是好的，里面有很多糟粕，这就要看我们如何去认识和理解它。我们要在新的条件下发展民族文化，要创造适应新条件的办法，并不是把过去的传统拿来就用，而是要从旧文化里，本土文化里选取一部分继续发展。时代变了、条件变了、从下到上的环境都变了，这个变化的客观世界包括了自然环境和人造的环境。今天人类遇到的变化太厉害了，连太空、连海底都在改变。现在是人造的世界在改变自然的世界，同时创造出了一个前所未有的新世界。在这个新的世界里，人类将面临许多的问题，有自然生态的问题，也有你所提到的文化生态的问题。我想，解决这些问题，可以采取多元化的办法，不要只看到一个途径和一个办法，不同民族的文化有不同的出发点，大家根据自己不同的文化传统来进行创造，这就是文化的自觉和自新。自新，就是自我更新，从传统的基础上来自新，而不是从零开始。

你在文章中所说的文化生态是一个新的概念，这个概念值得进一步探讨。在我看来，概念并不重要，重要的是如何把道理说明白，如何解决实际问题。我们现在所面对的是一个新的人文世界，这个世界本来是以自然为基础的，但现在加进了很多人造的东西，所以引起了生态的失调。所谓生态就是主观的条件去适应一个客观的条件、一个客观的世界，主客观的条件都相互适应了就是生态平衡了。人类在21世纪将面临一个由西方文化所制造的、人工的世界，在这个世界里，其他的民族文化将如何去自新，这些不同的文化如何能够协调共处？这是一个重要的问题，也是一个文化如何自新与共处的问题。

方：先生提出的从文化自觉到文化自新再到文化的

共处的过程，帮助我解决了许多概念上的问题。从这个观点出发，就是我们要在认识和发展自己文化的同时，还要考虑如何处理自己的文化和其他不同文化相处的问题。

费：这种关系的改变，使我们面临一系列的重大问题。要解决这些问题，不能仅仅只满足于一个概念的提出，还要做很多深入的研究。你讲的文化生态的问题，我也曾在文章中讲过，就是文化调适的问题，但都还没有讲清楚。这个问题简单来说，就是人生活在一个客观的世界里，为了适应这个客观世界，人们想出了一套办法，这套办法就是人所创造的文化。现在这种文化和自然产生了矛盾，也就是人造的世界和自然世界发生了矛盾。如何解决这个矛盾，就是我们目前所遇到的问题。

方：我认为，这种矛盾正是我们的文化观念所造成的，因为不同的文化观念会使人们构造出不同的人文世界，所以根源还是在于我们的现代文化不能顺应自然的发展规律，人们只想到要去改造自然，却没想到人也是自然的一部分。我们不仅要利用自然，还应该和它协调一致。

费：这里涉及到一个文化的目的论，文化是干什么的。我认为，文化是为了让人更好地生活在这个世界上。再深入一步说，是要创造一个美好的世界，一个艺术化的世界。在物质极大丰富的基础上，再追求一个美好的精神世界。

方： 我理解先生的意思是说，人不仅仅是一个生物的人，还是一个精神化的、富有创造性的人，他不仅希望满足生理上的需求，还希望能有自我发展和自我表现的机会。艺术就是一个能自我发展、自我表现的巨大空间。随着人类物质生活的进一步丰富，艺术将成为人们生活中重要的一部分。各种艺术活动的开展，实际上就是人类未来的自身革命运动的开端，是人类另一次新兴革命开始的前兆。

费： 我希望通过人类这样一次观念上的革命，建立起一个美好的世界，一个艺术的世界。人类将从纯粹的追求物质享受中解脱出来，去追求一种更有意义的非物质的精神享受，这样不仅能使自己的生活进入一个更高的境界，也可以使地球减轻不少的负担，从而能部分地缓解环境被污染和自然资源被破坏的状况。当然这只是我的愿望，能不能实现，很难说。我总希望人类能够从物欲的贪婪中挣脱出来，远离拜物主义的泥坑，更多地追求一种精神性的需求。要知道，人作为一个生物体，他需要营养，需要活动的空间，这和动物的要求没有什么区别；人所追求的吃饱穿暖的物质方面的需求，还只是生物层面上的要求。但人类超过了这种动物的需求，进入了一个文化的世界，一个人最基本的文化世界，远远地超出了生物的世界，因此，人还有比动物更高的需求，这种需求就是精神方面的需求。

为了满足人类在物质和精神两方面的需求，人类建立起了自己的文化世界。现在这个文化世界里出现了许多难以解决的问题，如何去解决这些问题，这就是我们讨论的问题，而且今天只涉及到了一个开头，今后还需要做更进一步的探讨。

就讲到这里吧，有些问题需要你回去后好好思考，并把它写出来。

2001年4月

中国古代玉器和传统文化①

刚进入21世纪不久我们就聚到一起，在红山文化的诞生地区——沈阳，召开“中国古代玉器与传统文化学术讨论会”，我感到很高兴。这次讨论会是我建议的，这个建议得到了中国考古学会、国家文物局、辽宁省考古学会和辽宁省有关部门的大力支持，我在此表示感谢。

我是学人类学社会学的，没有专门学过考古学，但是对考古学一直很有兴趣，所以时常关心考古学的新发现和新进展。解放前，我主要是研究中国农村的情况，新中国成立后，我到民族事务委员会工作，筹建中央民族学院并担任副院长。为了办学的需要，我们请了一些专家来讲授关于民族学的课程，但是有一门综合论述中

①本文是作者在沈阳“中国古代玉器与传统文化学术讨论会”上的发言。

国民族史的课程，即讲授中华民族怎样形成的这门课，一时找不到老师。无奈之下，不得不由我自己来讲。为了讲好课，我曾在两年的时间里，多次到西南少数民族地区考察，就在这些考察、学习过程中，我接触到了许多当地出土的文物，并且使我逐渐形成一个看法，即中华民族多元一体的观点，并将这个观点贯穿到教学中。遗憾的是，由于众所周知的原因，这门课没能讲下去。

时隔30年以后，在1988年，我把这个观点整理成《中华民族的多元一体格局》一文发表。文章发表以后，民委于1990年专门召集了一次讨论这篇文章的座谈会，当时苏秉琦先生出席了会议，苏先生根据对考古学材料的研究，也得出了与我相似的观点。

当今人类已经进入了一个新纪元，地球上发生了很大的变化，由于交通、通讯、信息等科学技术的迅猛提高，世界经济开始走向一体化。因此，世界上不同文化的人们就会不可避免地、频繁地发生接触。这样就出现了一个多元文化在一体化经济里发生碰撞的问题，从而产生矛盾，这个矛盾在21世纪里应该如何解决？我认为，我们不必去争论是西方文化优越，还是东方文化优越，正确的态度，应该是东西方文化相互兼容、取长补短，以达到在世界范围内全人类的“多元一体”。要达到这个目的，东西方各民族都应该进行“文化自觉”，检验一下各自的文化有什么特点，并且将各自文化中优秀的那部分发扬光大，使之互相交流、融合发展，共同创造新的、更加光辉灿烂的世界文明。

东西方文化各有各的特点，我们中国文化也有许多独特的东西。但是，哪些东西是西方文化中所没有而是中华文明所独有的呢？中华民族还有什么好的精神和优秀传统，能贡献给未来的世界？我想，我们应该将那些能代表中国文化独有的、具有鲜明特色的那部分，从理论上加以剖析，并展示在世人面前。

在纷繁的、独具特色的中国文化中，我想到了中国古代的玉器。玉器在中国的历史上曾经占有很重要的地位，这种现象是西方所没有的，或者说是很少见的。我们考古学界是否可以将对玉器的研究作为切入点，从更深刻的层面上阐述玉器在中国文化中所包含的意义，把考古学的研究同精神文明的研究结合起来。

玉器应该是属于石器的一部分，不过它是美的石头。这些美的石头——美玉，从普通的石器发展成为玉器之后，这些器物本身就不再是普通的工具了，它被注入了更高一级的价值观念和意识形态。从历史上看，在石器逐渐演变成美玉的过程中，中华民族的文字也逐步形成，中国古代的社会组织又有了变化，出现了一个从事文化事业，靠文字、靠脑力劳动谋生的士大夫阶层，正是这一批人，对历史文化传统的传承起到了很重要的作用，他们赋予了文化以新的价值观念。

据一些文章分析，中国古代的玉器至少有三个或四个源头：燕山南北地带的红山文化、太湖流域的良渚文化、海岱区的大汶口—龙山文化；近年还有人提出，华西地区出土的玉器有它自己的特色，可以看做是另一个源头。

到了商代，各地的玉器精华辐辏中原的商朝，使商代玉器的制作技术更趋完美，玉器的社会功能得到了深化，价值观念得到了提升。到了西周，玉器更成了“礼”的载体，各阶层贵族所佩带的玉器都有严格的规定。玉器不仅是社会地位的象征，而且还体现了中国传统的道德标准、价值观念。中国人赋予玉器特有的功能和观念，集中体现在儒家所提倡的“以玉比德”，即给予玉器以温润、和谐、高洁、刚毅和坚贞等品德；提出玉有仁、义、智、勇、洁等许多美德，有所谓五德、七德、九德之说。使玉成为高洁的人品、和谐的人际关系和坚贞的民族气节等美好的人格与事物的象征。直到今天，我们从字典上能找到的带玉字的成语全都是褒义词，如“化干戈为玉帛”“宁为玉碎不为瓦全”等等。这种将玉器作为美德载体的文化现象，在全世界是独一无二的。

我们现在应该将对玉器的研究提升到对其内涵意义的挖掘上，从物质切入到精神上，同价值观联系起来。我想从石器到美玉的演变，与社会组织中士大夫阶层的出现之间，必然存在着相当复杂的关系，这也正是中国文化不同于西方文化的特点之一，从这一点出发扩展开来，应该有很多文章可做。

20世纪二三十年代，傅斯年根据胡适的思想，在我国的考古学界，提出考古学要实事求是，以资料为主，资料以外的事不要多讲的主张，这在当时是必要的和十分及时的。然而，我们已经进入了21世纪，时过境迁，中国社会已经发生了翻天覆地的变化，当今的考古研究，应当更加注意文化的意义，因为文化的意义在当代已经成为世界性的大问题。就是我上面说的，在经济全球一体化的时候，多元化的世界文化应该怎样和谐相处。这是个大问题，需要大家开动脑筋好好想一想。

希望我们考古界的朋友，思想再解放一点，冲破“就材料论材料”的羁绊，在夏鼐和苏秉琦先生建立起的研究基础上，更上一层楼，将考古学的研究提高到更高的层次。我虽然年纪已经大了，而且考古也不是专长，但是，十分希望能够继续和大家聚在一起开这样的讨论会。

2001年5月

再谈中国古代玉器和传统文化

中国文化向哪里去？去年我参加炎黄文化研究会召开的国际学术讨论会时，提到了这个问题。我认为，当今的世界正处于全球化的转型时期，世界经济开始走向全球化，那么世界文化是不是也要全球化？我们中国文化向哪里去？这是摆在我们面前的一个很迫切的问题，那次会议，反映了与会者关心这个问题的急迫心情。世界形势正在变化，我们每个人都应当思考。我虽然年岁大了，但是还活在这个世界上，就要思考这个问题。作为一个人总是要死的，但是中华民族还存在，中华民族的文化不仅存在而且还在延续，当世界经济走向一体化的时候，中华民族文化将向哪里去？这是我们在文化传承方面所面临的一个大问题。所以，我提出文化自觉，要明白自己文化的来龙去脉，我们的文化是怎么来的，经过哪些波折，又将向哪里去。这不单单是我们国家和民族文化的大问题，也是全世界每个国家和民族文化共同的大问题。

文化自觉最主要是回顾前人的经验，从前人的文化发展中汲取有益的教训。中国历史悠久，前人留下了许多很好的经验，可以帮助我们把握好下一步向哪里走，走得更稳当一些。这几年我一直在思考这个问题，于是想到了考古学界的朋友们，想请你们考虑一下，在你们的学科中有什么可以帮助我的地方，帮我来思考这个问题。

我有很多事曾得益于考古学界的朋友。早年搞民族工作时，当时正在筹建人民代表大会，要了解中国有多少个民族，各民族的情况怎么样，如何才能团结成为一体。为了解决这个问题，尹达、曾昭燏等老一辈考古学家，协助我在云南做调查，一路上共同探讨这个问题。从云南的少数民族历史里，我们选择与考古学相关的南诏大理史迹的调查，绕滇池走了一圈，真是得益匪浅，通过调查我们得出了一个不同民族可以融合起来的道理，这是历史事实所证实了的事情。回京以后，我在民族学院开了一门课，用多元一体的观点来讲中华民族形成的历史。所以我要感谢考古学界的朋友帮了我的忙。接下来我碰到苏秉琦同志，他从考古学上把中华民族远古文化的发展也概括为多元一体的模式，得出了和我同样的观点，并且写出书来，从而推动了考古学的发展。这些事实证明我们是可以互相帮助的。现在又到了需要互助推动的时候了，请考古学界的朋友帮忙，先来推动我。

我曾和几位考古学界的朋友聊天，我们从考古学的角度来讨论中西文化有什么区别，有什么重要的不同，差异在哪儿。如果从远古史讲起，当时尚无纪年，也没有文字，考古学家工作的重点就是根据考古发现的遗迹、遗物来恢复远古的历史。譬如有人告诉我玉文化是中国有特色的文化，玉器不能说外国没有，但外国人没有像我们对玉器那么重视。我想可以抓住这个特点，来弄清玉这个东西发展变化的历史，透过玉文化来看中国文化发展的规律。这便是我建议召开这一“中国古代玉器与传统文化学术讨论会”的原因和目的。这种对中国文化发展的研讨是反映时代要求的，而且很急迫，因为这是关系到我们民族生死存亡的大事。中国的根本问题是我们的十多亿人怎么活下去，还要代代相传，我们要给子孙留下些什么东西？这里面有历史问题，从过去看将来，历史问题不搞清楚，对将来会有很多迷茫，所以考古学的研究是很重要的，不是可有可无的事情。我提出在中国玉器的文化上做些研究，其意在此。这就要依靠考古学界的朋友们了。

我是学人类学的，人类学里面应当包括考古学，可是我没有学考古学。当年我的老师史禄国，为我制定的学习计划是先学体质人类学，再学语言学，最后学社会人类学，其间还要自学一段考古学。但是，两年以后他便离开了清华大学，我也离开清华去英国学习了。在史禄国指导下，我只读了体质人类学，懂了点人体测量，对考古学则没有接触。原来以为将来总会有机会和时间可以补上这门课程，谁料我的一生变化无常，以后再无缘补上这一课。现在，我已年逾九十，但是在关系到民族生死存亡的大事面前，我仍愿重新补上这一课。这就是我提出问题的背景。

最近我读到了一些关于考古学方面的文章，我想谈一点读后感，谈谈从中获得的教益。其中有两篇关于中国文化的走向问题的文章对我很有启发。

第一篇是许倬云先生写的《神祇与祖灵》。许先生是美国匹兹堡大学的教授，去年在香港我和他见过面，谈得很投机，但对他的文章却没有好好读过。在美国的中国考古学家中还有张光直先生，我在访问美国时与他见过面，交谈过，可惜今年初他去世了。我的一些考古学界的老朋友都故去了，尹达、夏鼐去世了，曾昭燏、苏秉琦先生也去世了。因此，现在我要同考古学界沟通时，只好通过比我晚一辈的朋友了，如社科院考古所的潘其风，就给过我很多帮助。

我和许倬云先生私交不深，见面交谈以后觉得他的学问确实不错。他在这篇文章中提到信仰神灵上天和祖先崇拜，都与玉文化有关。许先生研究红山文化的玉器，是以研究牛河梁红山文化墓地为对象的，在研究方法上是以群体来研究，不是孤立的文物研究，他的着眼点是墓群，他把单体的文物纳入到一个群体之中去研究，我非常欣赏他的这种研究方法。我自己在做民族社会调查时也如此，我不是只调查一个人，而是以一个村子为单位，要调查人与人的关系。许先生从对这一墓群的调查中看出帝郊与祖先崇拜两者之间的区别。牛河梁红山文化有两组墓地，一组葬在高地上，墓主的社会地位较高，随葬品中有玉器，看不见或很少见到陶器和生产工具；另一组是在低地上的墓葬，随葬品以陶器或生产工具为主，很少有玉器随葬。这种现象说明什么意义？玉器起什么作用？功能学派讲究探寻活的意义和作用，也就是要研究玉器在墓主人活着的时候的意义和作用。许先生认为牛河梁红山文化墓地所出土的玉器集中地说明，红山文化社会中有两批人：一批是有玉器随葬的人，另一批是没有玉器随葬的人。有玉器随葬的人很可能是代表神（God）的萨满（shaman），是上天的代言人，是通天的，他有象征其身份的特别表象（或称符号symbol），这种表象便是玉器。我认为许先生说得有道理，红山文化的玉器是一种表象，因为当时的人信奉上天，他们要通过一个人来与上天沟通，这个人要有一种特殊的法器，某些有特殊形制的玉器便成了这种人的法器。说起来很有趣，我的老师史禄国认为，通古斯人起源在黄河流域，北方有些部族中就有萨满，他们就是一种能通灵的人。萨满起源很早，几千年来一直保留下来。文化是不可能完全被消灭的。但是，史先生在讲通古斯的萨满时没有讲过萨满是否使用玉器。在中国萨满阶层没有传下来，以汉族为中心的中华民族文化中，没有发展出萨满文化来。

许先生认为玉器的早期功能是起通灵的作用的，因为并非每个人都能与上天通话。墓中只随葬陶器和生产工具的人，是不具备与上天通灵的资格的。当然，这些问题的阐释都是一种初步的研究和推论，还有待做进一步的探讨。

总之，当时红山文化的社会已分化为两个阶层，上层是可以与上天通灵的人，下层则是不能通灵的生产者。这种现象不单是在红山文化中存在，在良渚文化中也有类似的情形。

东西方文化的发展各有各的途径。西方历史中最重要的是资本主义产生，资本主义产生的基础是基督教的新教徒，这是韦伯讲过的，他有一本很大的著作：《新教伦理与资本主义精神》（*Die Protestantische Ethik und denr Geist des Kapitalismus*）。

第二篇是郭大顺先生谈红山文化“惟玉为葬”的文章，他相信早期玉器是可能通灵的说法，提出从“惟玉通神”发展到“以玉比德”，这一观点比许倬云的文章又有发展。玉器的内涵从通神到通人，即从表示人与天的关系发展到表示人与人的“礼”和“德”的关系，这是一个很大的变化。中国没有宗教，从相信上天转变到推崇礼和德，要有一个过渡时期。礼是将人与人的关系神圣化（sacred），礼不是法，礼是大家公认的行为准则，譬如我们见面鞠躬行礼，这种行为不是强迫的，而是大家共同遵守的礼貌。中国有句古话，叫做“坐有坐相，立有立相”，随心所欲，那是不文明、没有规矩的表现。我小时候没有规矩是要挨打的。我说的这些都是平常的小事，礼最要紧的是管人与人之间的大事，“三纲六纪”是它的最高原则。从礼到德，德是用自己的力量来约束自己，是一种内化的自觉行为，内化就是将外在的规则通过思维变成自己行为的是非标准。从礼到德的过渡是反映人们认同礼的思维过程。中国古代的礼是从什么时候开始的？德又是从什么时候建立起来的？这些都是历史学家要回答的问题。我觉得从有阶级的文明社会产生以来，礼便在建立，西周似乎是一个很重要的历史阶段；春秋以后，孔子的儒家学派诞生，“以玉比德”的概念才逐步形成。

讨论中国古代玉器与传统文化的关系，必须与中国古代社会分化的历史联系起来。中国古代社会分化，即社会阶层开始变化时，有一条很重要的标准，便是有了君子与小人之别，君子是高人一等的人，但同以前能够与天沟通的萨满不同，萨满是得天之灵的巫师，而君子则是通晓礼法的“士”。孔子只懂得“周礼”，有不知道的地方也要去“问礼”。礼和法不同，法是凭外力控制，带有强制性，礼则是甘心情愿遵从的。我想从礼到德的过渡时期，文字的应用和“士”的出现有密切关系。士在有了政治地位以后，就不仅是君子，而且是“士大夫”了。

那么，中国古代玉器与传统文化究竟有什么关系呢？大体说它们之间关系的演变，可以分为三个阶段：第一阶段是玉器的初期阶段，它主要是作为萨满同天沟通的法器而存在；第二个阶段是在文明社会中作为表现礼的等级制度的佩饰而出现；第三个阶段是把玉器作为装饰品来佩用，但把人们的道德观念与玉器相联系起来，视玉器为人们道德品行的象征。因此，中国人喜爱玉器历数千年而不衰。

中国玉文化的研究，在上述两篇文章中都提出了很有见地的意见。可见我们选择中国玉器与传统文化这个课题来讨论是恰当的。最后谈几点我对研究这个课题的意见：第一，要吸收一点社会学的研究方法。考古学虽然是以研究古代人类的遗迹、遗物为对象的，但它要阐释的却是以人类古代社会为主体的问题，因此，借鉴社会学的研究方法是很必要的。研究者不要把遗迹、遗物孤立起来，要把它们放回古代社会之中，叫被发掘出来的遗迹、遗物说话。考古学家就是这些古人类遗迹、遗物的代言人。第二，要研究中国古代玉器变化的历史。考古学家从考古学的角度，对中国古代玉器做分区、分期的研究，要研究不同文化系统的玉器的特点和变化。在这个基础上，我们要考察早期玉器与萨满的关系，为什么玉器是萨满通灵的表象？为什么后来玉器又成为人的人格、行为、道德的表象？并用它来教育人。第三，我还要强调在我们这个课题的研究中，一定要坚持科学性。科学性的基础必须是经过科学发掘出来的中国古代玉器。中国古代玉器的收集和研究有很长的历史，从公元10世纪末北宋时代，一直到19世纪末叶，属于金石学的范畴，利用古玉来“解经读礼”。从明代开始古玉变成了古董，成了有经济价值的商品，传世古玉中的假冒伪劣之品，逐渐充斥市场，给学术研究工作带来了很大的困难。20世纪初现代中国考古学产生以后才改变了这种局面。但是，在中国古代玉器的研究中，科学与非科学的斗争一直到现在也没有终止。我希望考古学家要站在科学的立场上，保卫玉文化研究的纯真性。

2001年5月

人类学与二十一世纪

一

在刚刚过去的一年中，时间的流逝让人惊觉。不久前，人们还在谈论如何迎接21世纪。一瞬间，我们却已经实实在在地身处在这个新世纪当中了。年轻一代对时间的流逝或许能满不在乎，可我这个已是耄耋之年的人，顿时平添了“逝者如斯”“时间不等人”的感觉。

对时间的这种感叹，并非无病呻吟，它表达了我个人对于人文世界变动的体会。我对人文世界进行有意识的研究，开始于60多年前的20世纪前期，后来目睹了一连串社会变动和经济变迁，让我有了一些新的感受和认识。在新的世纪的第一个年头，我又看到，人类重新面对着很多新的问题。曾几何时，世界各国的人民还在潜心探索建立民族国家、实现工业化及获得民族经济自主性的道路。现在，这些问题的重要性，似乎已经不再那么大了。国际关系格局的调整、“新经济”的出现、经济和文化交流导致的民族国家危机等等，使人类必须面对20世纪没有面对过的许多新问题。

在社会科学里，这些大转变被描述成超个人外在变迁，但它们却与人类的生活息息相关。就我自己来说，目睹这些变化，让我个人感受中的“人生时间”增添了一种时间交错的意识。在历史变动的过程中，不同的人对他们生活在其中的世界的变化，做出了不同的反应。我一直认为，作为一位知识者，我采取的是一种“从实求知”的路子，这就是说，我力求在社会生活的实际状况和参与中，理解和解释我们的社会。在新的世纪里，社会生活的实际情况正在发生很大变化，而我这个属于20世纪的人，对于这个新的百年的参与也将越来越成为不可能。可是，怎样合理使用我那越来越少的时间资本，来与新一代共同探索人类面对的新问题和人类未来的命运？就我个人的经验和体会所能说明的，对于研究和解决新世纪人类面临的新问题，从事人类学研究的同人，当以什么特别的办法来做出什么特别的贡献？

二

在座的同人知道，我曾经在伦敦政治经济学院跟随人类学家马林诺斯基老师学习过人类学。有些同人也可能会记得，我曾多次在国际上获得人类学方面的奖励。对于这些奖励，我实在受之有愧。不过，我承认，自己在60多年来的研究和实践当中，确实与这门学科结下了不解之缘。因为吴文藻老师的教导关系，当时我和燕京大学的几位同学能及时接触到前沿的理论和研究方法。30年代，我即有机会从派克在燕京大学的授课中，了解当时西方世界最先进的社会学和人类学观点。这对于我后来的研究和实践，产生了相当大的影响。后来，在清华大学受到史禄国教授的指导，接着又有机会前往伦敦经济政治学院，从马林诺斯基等老师那里，学习到了当时社会人类学的先进思想。

我曾将自己的学术生命分成两段，它的后段是20年前才得到的。在自己的第二次学术生命中，我做的一件事，就是回顾和反思自己的学术生涯，我写出了一些论文，这些论文记录了我学术研究早期我和我的老师们之间的关系，也试图通过探讨这种人与人之间、思想与思想之间、文化与文化之间的互动，来表达自己的学术思路。这些文字都发表出来了，这里就没有必要赘述，但其中有一方面，我觉得还是有必要向人类学界同人再次强调——这就是我已经多次提到的马林诺斯基老师和他的文化论。

在马老师的时代，西方人类学处在一个矛盾的年代。20世纪开始不久，世界性的战争就爆发了。随着西方民族国家之间利益矛盾的产生和激化，西方国与国之间、文化与文化之间、民族与民族之间的纷争愈演愈烈。这不能不引起一些有良知的人类学家的反应。包括马老师在内的一些人类学家看到，欧洲从19世纪的对外帝国主义侵略，到20世纪前期的国家矛盾，与西方中心主义的世界观，有着难以切割的密切关系，而这种西方中心主义的世界观，又曾是一代人类学前辈的信仰。

在马老师以前，以西方为中心的社会进化论和文明观，充斥着人类学的写作。在19世纪的西方，进化论者主张进步，因而不仅曾经推动过西方现代化的进程，而且到后来还启蒙了非西方民族的自觉，然而，正如马老师看到的，当时的进化论思想家和人类学家，都将西方当成是全体人类未来发展的方向，也就是将西方放在文明阶梯的最顶端。在运用进化论思想的过程中，西方人类学家经常为了满足他们的理论需要，将非西方文化的各种类型排列为一个特定的时间上的发展序列，好像所有的非西方文化都是在成为西方世界的“文化残存”（cultural survivals）。这种西方中心的历史观，后来被西方学者自己称做“teleology”，也就是“目的论”。马林诺斯基老师不是对这种观念进行反思的第一人，可是在人类学和社会科学的其他门类中，他算是反思这种观念的第一代人。他及时看到，西方中心论引导下的文化研究，是西方中心主义的，它无法体现非西方文化的自主性和生命力。他还意识到，西方中心主义的文化论，在帝国主义的文明化过程中，误解了诸多类型的非西方文化，它的单线进化观点，妨碍了文化与文化之间的相互理解和依存。

作为一位遭受战争和病患的波兰人，马老师能具备这样的见识和洞察力，与他的民族的现代命运有着密切的关系。将他的理论与他的人生联系起来，我们能看到，人类学的学说与人类学家的生活两者之间，倘若不能说有什么因果关系，那么，它们至少也有着比较明显的互动关系。这里更值得我们记住的还有：为了说明19世纪人类学的缺憾，为了减少文化矛盾给人文世界带来的损害，马老师发明了一套叫做“功能主义”（functionalism）的文化研究办法。用一句简单的话来说，这套办法的核心内容，就是重新恢复一度被“古典人类学家”当成“文化残存”的非西方文化的名誉。马老师认定，非西方文化的存在，不是因为它们是西方文明的历史对象，而是因为它们都在各自的生活场景当中扮演着社会作用，满足着人类生活的特定需要。我在几十年前翻译的马老师代表作《文化论》，就系统地阐述了这一论点。

观点一旦改变，研究方法也就需要做出调整。马老师认为，社会人类学再也不应沉浸在19世纪的西方中心的文明论的泥潭中，而应超脱西方文明的局限，到非西方文化的时空坐标里头，去体会不同文化的共同意义。在他以前，多数人类学家属于“摇椅上的学者”，他们利用传教士、探险家、商人对非西方民族的记载，来整理自己的思路、描述人文类型、构思人文世界的宏观历史与地理关系。“摇椅上的学者”没有做的，就是我后来称做“行行重行行”的那种工作，这种工作被马老师称做“fieldwork”，即我们说的“田野工作”。马老师还将呈现“田野工作”成果的文本称做“ethnography”，即我们说的“民族志”。这两个层次和研究阶段加起来，就是社会人类学方法，而它包括的内容涉及到非西方文化的各个方面，包括这些人文类型中的制度、行为方式、思想方式的总体思考。换句话说，在马老师看来，社会人类学研究的这两个基本办法，共同促成了一种新的文化论的生成，这就是“整体的观点”（holism）。

我自己从马老师学习文化论，体会到“整体的观点”来之不易。它要求社会人类学的研究者必须全面把握一个特定的社会实体的经济、社会组织、宗教、政治等等方面的面貌，再从一个整体的高度来理解这些方面如何作为一个文化的整体来满足人类及其群体在不同层次上的需要。后来的人类学家为了研究的便利，将社会人类学研究分成经济人类学、亲属制度与社会组织、宗教或象征人类学、政治人类学等分支领域，大多数人类学家选择这些领域的某一分支，成为分支领域研究的专家，但他们的分析框架实际没有脱离马老师的整体文化论，没有脱离在文化整体中解释个别制度、个别行为、个别思想的方法。

三

过去30年来，随着20世纪逐步走向终结，马老师的这套开创了现代人类学的功能方法，遭受到了不少西方人类学者的批评。有人说，他将文化看成满足人类的基本需要，是将文化本来十分丰富的内容化约为（reduce）人的本性；有人说，他的整体民族志的方法使人类学家长期以来忘记了文化内部的复杂性和文化之间交往的现实性；更有人说，他这样的文化论，虽带有批判西方中心主义的动机，却在实际上将非西方与西方之间的差异推向极端……

四年前，针对马老师对我所提的“文明社会的人类学”希望，我也表达了自己对于他的民族志方法在有文字的复杂社会中面临的种种问题和疑惑。但我也不无谨慎地看到，在西方内部展开这样的人类学自我批评，表现了20世纪西方社会科学那种标新立异心态。由于有些批评不简单是学术批评，而常常与不同民族的学术文化传承和偏见有关，因此，也让我们体会到20世纪西方世界的“战国心态”。其实，很少人能否认，对于马老师文化论展开的诸如此类的批评，没有否定马老师在人文价值观和人类学方法论方面的巨大贡献。在个人的研究实践当中，我一直深受马老师的文化论的影响。这一文化论让我更清楚地看到，要理解一个像中国这样的非西方民族的文化和文化变迁，人类学家不能以西方为中心来展开他们的工作，而应当脚踏实地，从它的内部来进行社会科学的分析。同时，整体的人类学观点，也一直激励着我去更加全面地理解我们的人民和社会的运行逻辑。

这样替马老师说话，不是为了在中国人类学界宣扬一种旧有的，甚至是过时了的理论和研究方法。其实，在个人的学术生涯中，我一直努力将所学的有关这门学科和其他门类的知识与中国实际的社会变迁与文化问题联系起来。我说这种方法可以被称为“从实求知”，并在1998年出版的一部文集中用“从实求知”作为书名，意思是说我力求在对社会现实的参与中寻求新的知识。过去十多年来，我发表了一些文章，表述了我个人学习人类学的体会及对这门学科的发展怀有的期待。进入新世纪的门槛，重新回顾一下谈论过的那些问题，我又深深地感到，人类已经进入一个很不同的时代。我的老师马林诺斯基开始他的人类学研究时，世界上各文化之间的关系还没有现在那么密切，而且20世纪前期与19世纪不同，欧洲各国忙于处理欧洲民族国家之间的关系、忙于相互之间的利益争夺，而无法顾及一些曾经被以往在帝国时代顾及的非西方事务，因而他有可能在西太平洋找到著名的世外桃源式的特罗布里恩德岛，来与社会冲突深重的欧洲做比较。可是，我60多年前到伦敦留学的时候，文化之间的关系已开始发生着深刻的变化。马老师自己面对这些变化，意识到那个时代西方文化虽然已在实现其世界性的扩张，而引起非西方人民的文化自我意识兴起。他后来在《文化动态论》中表示，这个世界已是一个文化接触频繁、矛盾重重的世界，给现代人类学提出了严峻的挑战。60多年以后，再来看看我们生存于其中的这个世界，我个人更是感触无穷。

有些西方人类学同人以为，马林诺斯基一辈子的研究只是功能的整体文化论。其实，马老师后期的著作，已经显露出对自己的这种论点的反思。在他后期著作《文化动态论》中初步总结的看法，预示着一个文化多元世界的确立。他认为，到了三四十年代，非西方各民族已经面临着如何处理本土文化与外来的西方文化的关系问题，他们的文化不再是封闭的蛮荒之岛，而正在同世界其他地区的文化进行形形色色的交往。这种文化间的交往，有时表现为战争和矛盾，但最终的结果可能是民族文化自我意识的兴起与西方文化的移植。在三届研讨班，我说到马老师的“三项法”，指的就是他对于文化动态过程的基本看法。现在看来，“三项法”所指的文化类型，即本土的、外来的、综合的三种类型，也就是我们在20世纪末广泛谈论的民族主义、全球化和文化融合的现象和问题。

四

值得一提的是，我对于文化动态论叙述的那些丰富面貌，也有个人的体会。这些日子以来，我多次谈到，从20世纪前期到21世纪的初刻，我们和我们的国家一起经历了从农业社会到工业社会，再从工业社会到信息社会的大转变，我用“三级两跳”这个概念来形容20世纪中国的这一系列变化。在文化变迁和经济发展如此快速的时代，从事人类学研究的同人，又如何来面对现实社会的变化？

在马老师逝世以后的半个多世纪里，科技的进步和社会的发展，确实促成了不同人文类型之间的交流和融合。有不少学者用“全球化”（globalization）这个概念来概括新时代人类群体和文化之间发生的交流和融合现象。我能同意，世界性的交互影响正在给人类生活带来深刻的变化，我们如还没有更恰当的词汇来描述这些变化，“全球化”这个词暂时还是有意义的。不过，倘若我们简单地相信“全球化”正在造就一个“文化一体的世界”（one-world culture），那就有些操之过急了。

在我们这个文化交融的时代，我们在中国的城乡地区确实能看到很多带着西方文化的影子。例如，现在的北京，到处有年轻人在消费美式的快餐，如麦当劳、肯德基等等，他们穿着的时装，与我们年轻时也差别很大，有时甚至让我这个旧时代成长起来的人觉得有些荒唐。而在伦敦、巴黎、纽约等国际大都会，人们也容易看到不同人种、不同文化类型的并存，其中中国移民和唐人街的形象，仅是其中一种。在世界各地发展迅速的网上交流方式，正在使文化之间的距离再度缩短，而跨国公司的势力范围和“跨国性”的拓展和增强，又冲击着挑战了以民族国家为核心的各种制度。

然而，文化之间的交流，不等于文化差异的消灭。就经历了“三级两跳”的中国来说，我们诚然在科学技术、经济等方面与世界其他地区的交往更频繁，共通之处更多了，但我们的老祖宗经过几千年积累的文化遗产不见得会随着这种“全球化”的发展而全部消失。相反，实际的情况恐怕是，我们的文化传统正在逐步引起我们的政府和人民的重视。随着世界性科学技术和政治经济交往的日益加深，中华民族的儿女会更多地感受到对我们自己的民族、我们自己的文化的肯定和认同。与此同时，中国文化也正在为世界其他地区的人民所承认，一些了解西方现代文明缺陷的西方学者，更呼吁要与中国展开跨文化的对话，试图从我们老祖宗留下的遗产当中来寻找解决西方现代文明内在矛盾的方案。

就是在这样一个文化交融和文化自觉并存的情况下，在西方学者当中，有人提出了“文明冲突”的理论，认为20世纪末期以后，到21世纪，世界将进入一个以文明为单位的冲突时代。全球化理论家和文明冲突论者在他们的论著中讨论的“文化”，已再也不是马林诺斯基意义上的“文化”了。在人类学的概念里，“文化”指的是一个民族或群体共有的生活方式和观念体系的总体，而民族或群体是可大可小的。现在的全球化理论家和文明冲突论者谈论的“文化”或“文明”，往往与世界地理意义上的五大洲的少数几种文明类型有关。不过，即使有这样的不同，在21世纪，人类学者仍然有必要考虑现实社会提出的新问题，如21世纪的人文世界，到底将是一个文化一体的世界、一个全球化的世界，还是一个“文明冲突”的世界？20世纪的欧洲“战国群雄”相争的时代，会不会推延到包括整个世界的范围里？

五

在过去的一个世纪当中，文化之间表现出的既相互依存又相互有别的纷繁复杂的现象，一直是社会文化人类学研究的基本对象。在100多年的学科发展中，世界各地人类学，曾受西方帝国主义观念的制约，也曾因为学术洞察力的不足，而与现实世界之间构成某种本来不该有的距离，针对这些制约、这些调查力的缺乏及学科与现实世界的距离，已经有不少非西方的人类学者提出了批评和建议。

前几年，在《人文价值再思考》一文中，我提到一位反思西方的“东方论”的学者，他就为我们指出，西方对于非西方的“理解”，其实经常是以维护西方自身的利益和权力关系结构为前提的。而与这位学者几乎同时，一大批政治经济学家和人类学家也协力通过研究现代帝国主义、资本主义“世界体系”的历史形成过程，来解释现代世界民族与民族之间、文化与文化之间、国家与国家之间的不平等关系。当前的全球化理论家认为，“世界体系”代表的这种世界性的文化和政治经济不平等状态，是一种从西方到非西方的单向历史进程，它无法解释20世纪末期在世界范围内出现的多元化的经济文化一体化过程。这样区分当然有一定的道理，但是，我们绝对不能忘记，在未来的一段相当长的时间里，世界性的不平等关系仍然会延续下去。

文明冲突论者认为，到21世纪，世界权力的不平等关系，将演变为古老的非西方文明——如中国、日本、印度以及非洲、中东等地的文明——对欧洲中心的西方文明的挑战。这种论调，基本上是围绕着西方中心论的国际关系政治需要提出的，它在一些方面不能不说有自己的特点和说明意义。从一定意义上说，它反映了实际问题：随着中国的发展，东方力量将成为国际政治的一个重要角色，使世界政治出现“多极化”的状态。然而，世界的多极化，本来就是对于“两极化”“单极化”的“冷战世界”的回应，也是一个历史的必然过程，绝对不应被看做是“文明冲突”的根源。在我看来，它应当被看做是一种基于民族发展和文化传承的需要而发展起来的“文化自觉”的表现。

六

要探索全球化和文明冲突之间的复杂关系，人文社会科学家需要携手努力，而我在这里想要强调的无非是这样一个在21世纪的中国和世界中人类将持续面对的问题，值得人类学研究者来研究。可以值得人类学界同人欣慰的是，在20世纪的人类学学科发展过程中，能与21世纪的这些新问题相互启发的类似辩论，早已以相对不成熟的方式成为学者们的共同论题了。

从原来面貌看，人类学指的是“先进的西方人”研究“落后的非西方人”。30年代后期，我以英文提交了研究中国农民生活的论文，马林诺斯基老师曾高兴地说，这开启了“土著研究土著”的新风气。在几次的讲话中，我表达了自己与马老师的期待之间的距离，同时认为马老师的期待，应当在新的时代里得到进一步的延伸。我了解到，这些年来，在非洲、中南美洲和印度，本土人类学者开始集中思考西方人类学将非西方看待成“对象”（objects）的做法，认为这种带着“科学面具”的做法，其实犯了一个严重的错误，即未能承认非西方民族也是由能够思考和选择的“主体”（subjects）结合起来的。这些人类学家还认为，为了去掉西方人类学的这种“对象化”，非西方人类学应当探索出一套作为“主体”的人类学理论与方法，使之有别于“对象化的人类学”。

非西方人民自己的人类学，在与西方人类学形成的关系中，免不了有紧张的一面。例如：有些非洲和中南美洲的人类学家，将自己定位为“南方人类学家”（anthropologists of the south），意在与地理位置居于北方的欧洲和北美洲相对立。这种态度有它在民族自觉方面的理由，也与文明冲突论者描述下的那种文明间的“紧张情绪”有一定关系。但是，我们却不能否认，非西方人类学家所做的这些努力，有益于人类学学科本身的多元化、有助于学科本身内容和见解的丰富。

然而，非西方人类学绝对不应排斥几代人类学对人文世界的复杂性、对非西方文化的特征和现代遭遇做出的探讨。在我看来，像马林诺斯基老师那样的伟大人类学家，给我们留下了对不同民族的不同文化的尊重和对这些民族和文化的历史走向的思考，是人类共有的不可多得的思想遗产，是一笔值得珍惜的财富。在最近几次有关文化问题的发言中，我用“和而不同”这四个字来概括我国文化研究过程中人文价值的基本态度，也用这四个字来展望人文世界在21世纪的可能面貌。这四个字不是我个人的发明，而是我国文化的遗产，隐藏着我个人对于百年来人类学在认识世界方面的诸多努力的一个总结，也隐藏着我对人文世界历史和未来走向的基本盼望。倘若我对未来人类学研究有什么期待的话，那么，这四个字或许还能够比较贴切地表明我老来的看法。这也就是说，人类学研究既要体现人文世界的实际面貌，同时又必须为人类群体之间相互依存提出一套值得追求的方向，而这种相互理解和依存，基础在于对于

“非我族类”的其他人文类型的尊重。

我提出“和而不同”，针对的首先是人类学者在跨文化对话中本应扮演的角色，也包含我几年前在北京大学的演讲中提出的“文化自觉”这一面。说得具体一点，我觉得中国人类学学科的建设十分重要，这是因为这门学科承担着为人类了解自身的文化、认识世界其他民族的文化及为探索不同文化之间的相处之道提供知识和见解的使命。对于中国人类学者来说，这一使命感，也一样重要。人类学者可以很轻易地告诉人们，我们关注的正是人文世界的面貌及在其中的人们“和而不同”地相处的逻辑。但是，要真正实现这一认识、理解和相处的目标，并不是那么容易的事情。

就我所知，国内人类学界针对中国城乡社区展开的实地研究，已经有相当重要的积累，为我们提供了社会及文化变迁研究的重要依据。与此同时，在少数民族地区——尤其是那些面临工业化和信息化挑战的小型族群中展开的调查，更发现了令人触目惊心、令人深思的现象和资料。对于中国文化展开的历史和理论探讨，还提出了一些有助于促成“和而不同”的世界格局的例证。这些都是我们应当充分肯定的成绩。但是，我们有多少真正能够揭示我国人文世界的本来面目的研究成果呢？此外，由于国际和国内的复杂原因，中国的人类学研究者至今为止还很少运用人类学的方法研究中国境外各民族和文化。如果这有情可原，就境内社区、文化和少数民族地区的研究来说，我们又有多少成果达到人文世界的“和而不同”的那一使命呢？之所以有这么些问题，原因必定是很多、很复杂的，也不是我们一时能轻易理清的。

几年前，我曾经回顾中国社会学20年来的发展历程，提出了“补课”的说法，我的意思很简单：我们的社会学是在匆忙之中“速成”的，这给我们的学科带来了基础没有打好的问题。要解决这个问题，我提出，我们需要从头开始，从学科的基本建设开始，来为学科的研究能力恢复“元气”。倘若能容我在这里对人类学学科建设说点什么，那么，我愿意重复我对社会学同人们说的那席话。在21世纪，随着文化交往的复杂化，随着全球化和文化差异的双重发展，研究文化的人类学学科必然会引起人们的广泛关注。在众目睽睽的情景下，人类学学者能为人类、为世界做点什么？——这成了我们必须细致思考的问题。而这当中有一点是明确的：假如我们的学科要对21世纪的进程有所帮助、有所启发，那它就需要有一个坚固的学科基础。在我们中国的人类学学科里，这样的基础显然还需要我们去打造，而我们同时却又需要为建造“和而不同”的世界作贡献。学科发展时间与历史发展时间的“脱轨”，必然会使我们觉得措手不及。但是，这也许就是新的世纪对我们和我们的学科的新挑战。

2001年7月

进入二十一世纪时的回顾和前瞻[①]

一

我很高兴能在有生之年来到这里参加这样一个盛会。我想这可能是最后一次来参加“现代化与中国文化研讨会”了。

在我这个即将谢幕的老人身上，像这样的“最后一次”的感觉，也许是偶然的，但事情本身所具有的文化意味还是对我有所触动。我又一次感受到了个人生命的短暂和文化传承的久远，同时也感受到，这个系列性的“现代化与中国文化研讨会”，是使我们的短暂生命融汇于久远文化的一种有效方式。在我晚年所做文化反思的过程中，这个研讨会给了我很大的鼓舞，给了我多方面

①本文是作者在第七届“现代化与中国文化研讨会”上的讲话。

的启发，使我常有“吾道不孤”之感。让我在这里对在座各位新老朋友表示我由衷的谢意！也请允许我对前六次会议的情况做一点回顾，使我这篇告别式的讲词有一个自认为合适的开场白。

认真追溯这个研讨会的渊源，应该是在上个世纪的70年代末。当时，大陆上持续10年之久的“文革”刚刚结束，正要进入一个新的时期，可以说是百废待兴。“百废”当中，自有学术。关注中国发展的海外学者当然注意到了这一点。国家兴亡，匹夫有责。人类学、社会学界的朋友如金耀基先生、乔健先生、李沛良先生，还有从台湾到香港讲学的杨国枢先生，他们出于对中国学术发展的爱护，讨论到了中国社会科学界在理论和方法上过分依赖西方的现象，并提出了“社会科学研究中国化”的长期讨论主题。

这是一个使我感到非常熟悉和亲切的题目。70年前，我就是在吴文藻先生提出的“社会学中国化”这一主张下进入人类学、社会学研究领域的。那是我第一次学术生命的开端。经过一段历史的曲折，当我的第二次学术生命正在开始的时候，我又听到了熟悉的声音。我感到自己又一次被召唤。

我注意到，金、乔、李、杨几位先生提出的讨论主题首先在台湾得到响应。1980年底，台湾举行了“社会及行为科学研究的中国化研讨会”。我通过对会议进行报道的大陆媒体了解到了该会的一些情况，认为它对中国学术发展具有建设性，表示希望今后能扩大举行。经过一番努力，重新确定名称的“现代化与中国文化研讨会”第一次会议于1983年春在香港中文大学举行。两岸三地的社会科学工作者在隔绝了很久之后汇聚一堂，讨论大家共同关心的学术和文化问题，我也有幸与会并参加了讨论。我想，那是一个良好的开端。我必须说，那是让我难忘的经历。

转眼之间，18年匆匆过去。在各位同人的共同努力下，我们把那个良好的开端延续到了今天。当年参加研讨会的陈岱孙先生、梁漱溟先生、梁剑韬先生等老朋友都已经过世了。我自己日渐衰老，进入老而未死的这段时间。我要求自己做一点文化反思。我愿意相信，先我们而去的陈岱孙先生、梁漱溟先生、梁剑韬先生以及他们所代表的老一辈学者，是带着对人文世界的思考告别这个世界的，是带着希望后人把人文世界改造得更加美好的心情告别我们的。由于科学分工的原因，我们所在的学术领域可能不同，研究的具体题目也不一样，但可以相信，我们是“百虑而一致，殊途而同归”。我们关注的大题目是一致的，总题目是同一个，也就是我们坚持了多年的这个研讨会所标示的主题：现代化与中国文化。我们都希望中国文化在全球现代化潮流中取得发展的主动权，实现新的复兴。

18年来，在这个总题目下，我们先后确定了7个主题进行研讨，展开交流。这7个主题分别是：中国传统文化对现代化的影响，中国家庭及其变迁，宗教与伦理，中国人观念与行为探讨，社会科学的应用与中国现代化，面向21世纪的中国社会学、人类学，科技发展与人文重建。我想，这些题目既表达了我们大家对国家发展现实与前途的关心，同时也可以作为一个标尺，来衡量我们对国际背景、国家现实的认识和思考的深度，来检测我们提出的思考成果可以在什么样的程度上应用于国家的经济建设、社会发展和文化复兴的实际进程当中。通过前六届会议，我们已经提出了相当丰富的思考成果。这次会议之后，我们的成果会更加丰富。我衷心地为这些成果的出现和积累而高兴，并且把这些成果理解为我们大家在科技快速发展的时代致力于人文重建的初步努力。

就我个人而言，当上述7个题目被并列在一起的时候，我发现，在我从上个世纪30年代开始到今天的学术工作中，所面对、所思考并为之奔波的，始终都是可以归入这些问题的题目。事实上，我写下的许多文字，都可以用“现代化与中国文化”这个题目的内涵加以表述。这样说，应该不算过分。因此，在今天这样一个场合，在“科技发展人文重建”这样一个题目下，我愿意不揣冒昧地把自己一生中的全部学术工作理解为一个大陆学者在科技快速发展的时代为人文重建而尽的一份心力。

二

我这一生，基本上经历了20世纪中国社会发生深刻变化的各个时期。这段历史里，先后出现了三种社会形态。一是农业社会；二是工业社会；三是信息社会。从现实看，这三种社会形态的关系不是你来我走，而是同时重叠并存，三位一体。这个三位一体社会形态的形成过程，包含着两个大的跳跃。先是从农业社会跳跃到工业社会，又从工业社会跳跃到信息社会。我用自己造的一个词汇概括这三个阶段和两大变化，叫做“三级两跳”。

第一跳，是中国从传统性质的乡土社会开始进入一个引进西方机器生产的工业化时期。这是我开始从事学术工作最主要的一个时期。在这个时期里，我的工作主要是了解中国传统的基层社会情况，在此基础上了解中国如何进入工业革命。具体工作是从对少数民族的研究开始，在瑶山里真正接触到了基层的情况。当时那是一个一点现代工业都没有的社会。我把调查到的情况记录在了《花蓝瑶社会组织》一书里边。后来，从瑶山到江村，接触到了一个已经引进现代机器，初步的工业生产已经开始引起社会组织发生变化的个案。我根据在这个村庄里所做的调查写成了《江村经济》一书。再往后，到编写《云南三村》的时候，我从个案分析进入到了类型比较阶段，对现代工业进入中国农村的条件和过程有了更多的认识。解放后，我在这个方面的工作一度中断。改革开放后又继续进行，在《行行重行行》中接着记录中国农村引进工业、发展乡镇企业的进程，直到农村工业产值占到了中国工业总产值的半壁江山。

第二跳，是中国从工业社会向信息社会发展的一步。这一步开始于我生命过程中的最后一段时间。在离开这个世界之前，我碰到了又一个大的社会变化。我这样一个生在传统社会里的人，事实上一直在经历着中国从农业社会走向现代化社会的过程。作为一个见证人，我能比较清楚地看到，引进西方机器所带来的工业化过程还在继续着的时候，中国社会已经又进入到了一个新的阶段，即信息时代。以电子产品为媒体来传递和沟通信息，组织工业生产和商贸流通，甚至组织社会生活，由此带来对传统人文世界的猛烈冲击——这是全世界都在开始的一场大变化。虽然我们一时还看不清楚这个变化的过程，但我们可以从周围事物发展的大量事实中确认，因为科学技术的发展变化太快，我们显然在面临着层出不穷的新事物、新问题。我们的第一跳还在进行当中，不少地方还没有完成，现在又要开始一个更大幅度的跳跃了，而且整个世界的发展不容许我们有任何的犹豫和迟缓。人家是准备好了开始起跳，我们虽然准备不足，也不能不开始起跳了。

这样的现实，也使我面临新的问题。70年前开始的题目尚未完成，了解中国如何进入工业革命的任务还在继续，又要开始一个新的题目，即了解中国如何进入信息时代，思考我们如何在这样一个时代站稳脚跟，继续发展。接二连三地碰到社会形态的大变化，接二连三地接到时代给予的题目，对一个人类学、社会学工作者来说，我当然会感到十分庆幸。但因为这种变化幅度太大，速度太快，我的力量又太有限，尤其是“第二跳”引起的大变化又发生在我年老力衰的时候，要及时跟上去，更有点力不从心之感。我在进行自我“补课”的同时，非常迫切地需要从同行学者那里吸取思想上的营养，需要大家帮助我尽量缩小我的认识和世界现实的差距。我是带着这样的心情来参加这次研讨会的。因此，我在“科技发展与人文重建”这个主题下陈述我的意见的时候，并不意味着我以为自己对这个问题有什么了不起的见解，而是要在在座各位面前坦诚地讲出自己的所思所想，以便各位更加真切地了解我思想上的不足和认识上的局限，从而惠我以真知灼见。同时，为了比较清楚地说明乃至反思我对于今天所讨论主题的思考过程，也许有必要对我过去曾经试图接近这个主题时的情况稍作回忆，亦请各位见谅。

三

回想起来，科技发展所带来的人文世界里可能出现的问题，我最迟是在20世纪40年代已经注意到了。我曾经在当时写下的文章里讨论到比较具体的问题，表达出了自己的想法。在《幸福单车的脱节》（1945）一文里，我写下的第一句话就是“科学并不一定带来了幸福”，这个看法的根据，是我当时在美国做实地访问时接触到的大量事实。在《机器和疲乏》（1945）一文里，我的想法略做展开，写了这样一段文字——

> 科学的发明推进了技术：第一是新动力的利用，第二是把每个劳工的动作化繁为简，第三是加强了各劳工间动作的组合。以往，不论在农业或工业里，体力是生产活动的主要动力。身体是生产的惟一的基本机器。手脚之间，手指之间，耳目手之间，成为一个有机的配合。两只手，创造了人类的文化。……技术的发明，大大地增加了人类的

> 生产力。可是从生产活动本身说，有机配合，靠人的神经系统的配合，一变而为机械配合，靠力学原理的配合了。这样把人在生产过程中的地位完全改变了。以往人总是主……技术变质后，主要的配合离开了人，人成了整个配合中的一部分，甚至是从属部分了。……参加活动的劳工却是在简单的从属动作中去服侍机器。各个人的动作因为机器的总配合中也得到了配合。配合的中枢不是人而是机器。人可以变成机器的一部分。

这是我在初访美国时，从事实中获得的一个观感。虽然在当时随笔式的文字中来不及做比较深入的分析，但是已经可以清楚地意识到，科技发展带来的大工业生产，已经开始改变了人与人的关系，人与物的关系，人与自然的关系。这种能够改变世界基本关系的力量，随着科技的进一步发展，也许会渗透到整个人文世界。

从愿望上讲，科技发展本身的建设性作用，应该包括促进完成个人在社会里的参与。所谓个人在社会里的参与，就是充分地承认每个人之间的相依性和互相的责任，把个人动作的配合体系贯通于集体活动的配合体系当中。这样说来，科技发展所带来的人和人的相互性也就是丰富人性内容的力量。可是，如果我们把生产活动分割在其他生活部分之外，单就这一部分的活动去组合一个趋向于全球性的分工合作体系，同时又在别的部分上鼓励着个人化的发展，在这种情况下，科学的发展，技术的日新月异，反而会使其负面作用凸现出来，造成一种并不适合人性发展的社会情态。

这些当时写在随笔文字当中的想法，时隔半个多世纪，现在再看，不能说是无谓的担忧。这半个多世纪，科技发展的速度和花样达到了令人吃惊的地步，人文世界也随之发生着巨大的变化。我小的时候，可以直接接触的自然物还是很多的。现在可以直接接触的自然物却越来越少了，很多已经经过了人文的改造。过去纯粹作为自然之物的动物，如牛、羊之类，现在居然可以借助科技手段进行复制了。电脑和网络的发展，更是在我所熟悉的人文世界里增加了一个让我感到陌生的虚拟世界。这个虚拟世界的出现，使大批社会成员尤其是青年群体的交往方式、交际手段、交流语言都在发生着一点也不虚拟的深刻变化，影响着当代人的生产方式、生活方式、价值观念、意识形态等各个方面。

在上个世纪最后一段时间里，我曾经从科学技术快速发展带给中国经济、社会、文化的变化，预感到21世纪将给人类的生存和发展带来全新面貌。为此我曾写过文章，呼吁“从小培养21世纪的人”。我谈到，20世纪是个世界性的“战国时代”，大意是20世纪里的国与国、地区与地区、文化与文化之间，都有着明确的界限。这个界限是社会构成的关键。不同的区域、文化、政治实体依靠这种界限来维持内部秩序，并形成它们之间的关系。这是我们共同经历过的历史事实。而在当今科技以加速状态发展的情况下，将来是怎样的，我们谁也不清楚，谁也不敢说。我们对新时代、新条件尚不清楚，自然不能预言。但有一句话可以说，就是需要适应已被改造过的和正在改造着的自然，变化了就要去适应。适应的第一步，就是认识现实，理解现实。历史不能退回去，科技发展也不会停下来。不能拉住科技发展轮子，等另一只轮子，能做的就是在落后的一面多用点力量，在人文世界的健全、均衡、和谐方面多做点努力。

四

科技快速发展时代的人文重建，范围很广，题目很多。我比较关心的，是科技发展所带动的经济全球化现在碰到的文化多元化问题，是我们这些从事社会学、人类学的人如何为经济全球化和文化多元化的调适做出切实的努力。

在我们共同经历的最近半个世纪里，科技的发展对促成不同人文类型之间的交流与融合确实提供了技术上的方便。有不少学者用“全球化”这个概念来描述这种人类不同群体和文化之间发生的交流与融合现象，来概括世界性的交互影响正在给人类生活带来的深刻变化。我想，在我们找到更恰当的词汇来描述这一变化之前，“全球化”这个词仍然是有意义的。不过，至少在目前，我们所说的“全球化”，实际上更多是就人类的经济和科技活动而言，若是天真地认为“全球化”正在造就一个文化一体的世界，那就离开实际情况有太大的距离了。

以我亲身经历的许多具体事情可以证明，由于人类不同群体在文化上的差异，同样一件事情、一句话，会在不同文化环境中引起不同的反应，甚至会出现倾向相反的反应。相信大家也都有过类似的观察和体验。我在50多年前写《初访美国》一书的后记时曾说，各种文化里长大的人不容易相互了解，这是当前世界的一个严重问题。以往，世界上各地的人民各自孤立地在个别的处境里发展他们的生活方式，交通不便，往来不易，各不相关。现在却因交通工具的发达，四海一体，门户洞开，没有人能再闭关自守，经营孤立的生活了。在经济上，我们已经进入了一个全世界分工合作的体系，利害相联，休戚相关，一个世界性的大社会已经形成，但是各地的人民却还有着他们从个别历史中积累成的文化。这些不同的文化，向属于不同文化的人民提供着不同的价值观念、意识形态、政治信仰、社会理想。所以，一方面是迅速扩展着的互联网大幅度缩短着文化群体之间的距离，是经济上的牵一发而动全身，是跨国公司在体制和市场方面对民族国家为核心的各种制度的明显冲击，另一方面，则是政治上的各行其是，文化上的各美其美。文化之间的频繁交流，不等于文化差异的消失。

让我在这里把话题回到“三级两跳”。“三级两跳”

中出现的最大问题，就是经济全球化已经开始碰到了文化多元化的大问题。文化是什么？就是共同生活的人群在长期的历史当中逐渐形成并高度认同的民族经验，包括政治、文化、意识形态、价值观念、伦理准则、社会理想、生活习惯、各种制度等等。这是在千百年的历史中形成的民族经验，具有相当强的稳定性。拿现在的中国来说，我们固然在科技、经济等方面与世界其他地区的交往更加频繁，共通之处越来越多，但我们的老祖宗经过几千年积累下来的文化遗产却不会随着这种“全球化”的发展而全部消失。实际情况恐怕正相反。

我们的文化传统正逐渐引起众多有识之士的注意，引起政府和人民的重视，引起不同文化的兴趣。我们说大陆人民和台湾同胞“血浓于水”，所谓之“血”，指的主要就是我们共同拥有的文化传统之血脉。相信随着世界性科学技术和政治经济交往的不断加强、日益加深，中华民族的儿女会更多地感受到对我们自己民族、我们自己文化的肯定和认同。与此同时，中国文化也正在为世界其他地方的人民所承认、所了解、所喜闻乐见。一些深切了解西方现代文明之缺陷的西方学者，更是呼吁要与中国展开跨文化的对话，试图从我们老祖宗留下的文化遗产中寻找解决西方现代文明内在矛盾的方案。我愿意把西方学者的这种努力也理解为目的是在科技快速发展的情况下寻找人文世界的重建。

五

科技快速发展时代的人文重建工作，需要全世界的人文和社会科学家携手努力。我们在“现代化与中国文化”这个主题下讨论人文重建问题，意味着我们应该意识到，面对一个在新的世界中全人类将持续面对的大问题，我们这些属于世界上人口最多的国度的社会学、人类学工作者，应该有一份特殊的使命感和责任感，应该争取在这个问题上对人类做出较大的贡献。我们的老祖宗曾经提出过“和而不同”的社会理想，我们应该让这个古老的理想在新的时代发挥出新的建设性作用。

对于“和而不同”的世界文化交流模式的探讨，各国的社会学、人类学家尽可以见仁见智，提出不同的研究方法。我个人之所以关注这个问题，提出这个问题，是因为我相信，在人类历史上，文化的发展从来没有采用过单一的模式。即使现在，也同样随着文化的不同而有所区分。

70年以来，我用社会科学的方法，包括20世纪以来的实证主义方法，对农业文明、工业文明进程中的文化变迁进行了力所能及的调查和思考，得出的看法并非单线进化论。单线进化论的观点认为，人类历史的发展、人文世界的变化有一个单一的、直线上升的、台阶式的阶段性。这一点恐怕不能完全排斥，但我们同时应该注意到，在文明进程中，不同的文化走过了不同的道路，文化发展并非都是单线式的。好的东西不断地积累在共同的文化中，不适宜的被淘汰了。文明进程是一个能去旧创新、有选择、新陈代谢的过程。这种过程是必然的。其中很妙的现象在于，一时认为没有用的文化，沉默一个时候又会出现，发扬起来，还很解决问题。因此，任何过于武断的结论，都不适宜于文化问题的讨论。

我想，在从农业文明到工业文明的发展过程中得到验证的这个道理，对于信息社会同样具有意义。“信息社会”到底会怎样，我们现在还不是很清楚，而只能模糊感到，这种以信息技术为中心的社会形态，正在给我们的生产、生活和文化带来前所未有的冲击。信息社会里，将出现取代体力劳动和机械劳动的新型劳动方式。表面上这种劳动方式似乎很简单，其背后潜在的力量却十分之大。进入这样一种社会形态之后，各种文化的自我价值认识必然会遇到很大的挑战，我们仍然不能简单地认为，这种发展会是单线进化的。信息技术能促进不同文化之间的交流，这是肯定的。但运用信息技术的还是人，而人是生活在不同的文化或价值观念体系中。这样的生活必然给人的创造带来深刻的影响。所以，“和而不同”的道理在将来的社会里还是有用的。

我希望，“和而不同”能够成为我们在科技快速发展时代进行人文重建的一个基本共识。从抱持这个理想，到实现这个目标，要走很长的路。50多年前，我在《文化的隔膜》一文里已经写过：

> 世界上各式各样文化里长成的人现在已开始急速地渗透往来，我们必须能相安相处，合作同工。可是我们在心理上却还没有养成求了解，讲容忍的精神，说不定我们因之还会发生种种烦恼，种种摩擦。在将来的历史家看来，也许会说我们在建立天下一家的世

界过程中曾付出了太大而且不必需的代价。

我是不希望付出太大代价的，而且我还抱有比较乐观的想法。相信经过历史的磨合，最后靠中华民族的经验和人类的经验，我们一定会建立起一种新的人文精神。

当然，我们现在的认识还远远不够，这跟历史有关。过去一段时间，在19世纪到20世纪里，我们否定自己的传统文化太多了。应该回过头来，重新认识一下，有一个文化自觉。在最近几次有关文化问题的讨论中，我用“和而不同”来概括我国文化传统中人文价值的基本态度，也用“和而不同”来展望21世纪的人文世界可能出现的面貌。这不是我的发明，这是中国传统文化的遗产。我反复申说这四个字，包含着我个人对百年来社会学、人类学在认识世界方面诸多努力的一个总结，也隐含着我对人文重建工作基本精神的主张，更饱含着我对人文世界未来趋向的基本盼望和梦想。也就是说，我们所做的学术研究既要体现于人文世界的实际面貌，同时又必须为人类群体之间的相互依存提出值得追求的方向。

在这方面，我们是有榜样可以学习的。我的老师潘光旦先生继承包括“和而不同”在内的优秀传统文化思想，主张“中和位育”，给我留下了深刻的教益。他所代表的老一辈学者为我们开了一个头，提出了看法，指出了方向。我希望多少能把它接下来，传下去。但真正地做，要靠下一代了。任重道远，可以大有作为。我觉得自己已经到了“轻舟已过万重山”的时候，但我又说过，中国现代化这条大船却很沉重。我寄希望于下一代开船的人，掌舵的人，相信下一代能解决问题。因为我们中国的历史长，人又多，久经考验，应该能在21世纪找出一条路子来，而这条路也是21世纪人类的路子。

在就要结束这篇讲词的时候，我想特别强调一下争取文化选择的自决权问题。在人文重建的整个过程中，我们可以接受外国的方法甚至经验，但所走的路要由自己决定。文化自觉、文化适应的主体和动力都在自己。自觉是为了自主，取得一个文化自主权，能确定自己的文化方向。相应地，在我们这些以文化自觉、文化建设为职志的社会学、人类学工作者来说，也要主动确定自己的学科发展方向。我在第二次学术生命开始的时候，曾经在《迈向人民的人类学》中提出了自己的宣言，提出了人民社会学、人类学的道路。所谓应用社会学、人类学是指结合实际的，为人民寻找道路的社会学、人类学，任务是很明确的。我认为，这门学科承担着为人类了解自身的文化、认识世界其他民族的文化以及为探索不同文化之间的相处之道提供知识和见解的使命。当然，社会学、人类学者可以很轻易地告诉人们，我们关注的是人文世界的面貌及在其中的人们“和而不同”地相处的逻辑。但是要真正实现这一认识、理解和相处的目标，远不是那么容易的事情。人文重建的艰巨任务，还需要我们一代一代地脚踏实地，胸怀全局，全力以赴，前仆后继。

最后，让我用“和而不同会有日”这句话来表达我一向的信念——在我意识到自己很可能是最后一次来参加这个系列讲座的时候，再次表达出这一信念应该是适宜的；同时，我再借用一句“家祭毋忘告乃翁”来表达我在此时此地的心情——在我这次来参加文化交流活动的时候，想到将来两岸统一时的“家祭”，我想也是适宜的。我们在文化上毕竟是同宗同祖、同根同源一家人。

2001年10月

对上海社区建设的一点思考

研究城市社区建设是我近几年给自己定的一个工作内容。我从研究乡土社会开始，到研究农村变化，后来又研究小城镇，现在进入了大城市、大都市，跟着中国社会城市化的进程走了一辈子。我认为，如果把传统农村看做是中国社会城市化进程中的一端，那么到现在，我们还没有完成整个城市化过程。这个“未完成”不单单是指人口向城市集中的过程或者是工业化的过程，而且还指人本身的变化过程——从农民到市民的变化过程。即使像上海这样已经形成多年的大都市，随着城市不断发展，也面临着本市外来农民的市民化和进一步同原有市民一起现代化的问题。今天的社区建设可以看做一个城市化过程的继续，既是城市发展的继续，也是市民现代化的继续。我们应该在社会遗产的背景下，在都市形成、演化过程及其形成的文化中，来探讨、研究和理解今天的社区建设。

一

上海社区是有其历史文化基础的，我们在研究当前现实问题的时候不能完全离开它的历史。上海从一个沿海渔村，发展成为今天的一个国际大都市，有一个发展过程。根据史料记载，上海大约从南宋时期成为一个商埠，清初（17世纪）设立过海关。但现在所说的“上海”是从1842年“五口通商”后才形成的，是不平等条约签订后产生的结果。100多年来，上海这个地方，从一个小镇逐渐发展成中国最大的、最繁荣的现代都市。其实上海的人口大多数是从外面迁移进来的，这个人口移动的趋势一直没有中断过，而且迁移的速度越来越快。

从近代历史上看上海的发展可分为三个时期，第一个时期是租界时期，那是老上海；第二个时期是解放后计划经济时代，国有企业是支撑上海市经济的重点，那时上海从全国各地招收了很多工人；第三个时期是改革开放之后，出现了现在新型的上海。

租界时代的上海是一个特殊的时期，上海人的基本居住格局、生活习惯、地方文化，都与这一时期有一定的联系。当时的上海已经有了现代社会所有的社会活动和服务设施，人们的行为方式和思维方式也深受现代西方工业化和市场化社会的影响，有很强的市民社会的风气。上海不同于其他城市的特点，不仅仅是有更多的洋楼，说更多的英语（洋泾浜），真正的特色是心理上和观念上的。上海的文化，所谓“海派”文化，就是上海这一段历史的反映。解放前上海不仅是中国近代经济、金融的中心，也是新文化的重地，上海人不只是关心经济发展，也关心国家民族命运，上海的特殊历史和地位，使上海人对于“国家”“民族”“国际”“西方”这些概念有自己独特的感受。上海实际上一直影响着中国其他地区的发展，同时又是向世界展示中国的窗口，从这个意义上说，上海是沟通中国和世界的桥梁。

但是，在殖民地、半殖民地时代，上海这座城市必然是畸形发展的，当时上海市民中贫富差距悬殊，不同社会阶层的人在居住、生活、工作、劳动方面都表现出极大的差异，这种差异影响是深远的，甚至现在上海市民的很多生活习惯，其形成原因都可以追溯到那个特殊的历史时期。

当年上海开埠，海内外四方移民带着各自原有的文化汇集到这个小镇，海滩上迅速崛起了一个东方国际都市。第一批乡土农民在与占支配地位的、成熟的西方商业文化正面遭遇中被迅速改变了，由此形成了上海市民文化的“基因”，这个基因一直存在于上海人的社会行为方式之中。不同文化习俗的移民及其后裔在共同相处中逐渐演化出一套共同的规则，乡土的血缘和地缘关系，因为市场和工业经济的影响而被弱化和改造了，形成了较为明确的遵守规则、服从权威的意识。

但是在上海人的生活中，家庭内部和邻里间仍保持着守望相助的传统。由于长期处于多元并存的文化格局中，上海市民对差异的包容性、对新事物的开放心态和面对机会的选择能力得到了加强，并且在这些因素的影响下，他们对个人自主性、独立性，对人际关系的合理性、选择性乃至实用性的要求都得到强化。具有明显不同的地域文化背景和个性的居民，在一个弄堂甚至一栋石库门之中和谐相处，是那个时期形成的市民文化重要的特点之一，它已深埋于上海人的人格结构之中。今天上海市民的现代化就是在这个基础上继续发展起来的。

上海历史的第二个时期，始于解放以后的计划经济时代。那时上海是中国最大、最重要的经济中心，也是计划经济搞得最彻底、最严谨、最完善的地区之一。但是历史是割不断的，所以就是在那个时期，上海人的工作方式和日常生活方式，也体现出原来的传统，体现出上海“市民社会”文化发达的特点。计划经济时期，许多外地人调入上海，融汇了各方人才，同时也有很多上海人被调到全国各地，包括后来大批知识青年上山下乡，他们和当地文化融合，后来又把这些文化带回上海。

计划经济不仅是对物质产品的计划生产，也是对人和人的生活的计划安排。这个时期的一个重要的特点，就是“单位制”的影响，可以说那时的上海是以工作单位为基本单元组织起来的，城市居民的生活，单位常常是主导因素，很多居住区是属于某一个单位的，居民都是同一个单位的同事，个人自主空间不大。

计划经济下单位制和居住方式之间有着某种协调性，国营单位中强烈的“公有”的气氛，与居民邻里之间“共享”的气氛相辅相成，人们在观念上也倾向于“共有”。这种“共享”“共有”的感觉，实际上是和社会学上所说的“社区”（community）的意识很接近。

社区这个词，是从英文翻译过来的，它的含义中的一个重要部分，就是这个“com-”。“commune”和“community”有共同的词根，就是“共同的”“一起的”“共享的”的意思，就是一群人有共同的感受，有共同的关心的事情，也常常有共同的命运。

社区中的住户，彼此都很了解，发生什么事，大家有一种责任感，要一起去解决。这种意识，在上海人的生活中，特别是在邻里关系中，是早就有的。在计划经济下，这种意识有时候还得到了强化，很多地方，几个家庭住在一个弄堂里，人们朝夕相处，这种居住条件，客观上要求人们增强共同的责任感。这些历史条件，都是我们现在从事社区建设的一个良好的基础。

现在上海正在经历着第三个发展阶段，就是改革开放和社会主义市场经济逐步形成的阶段。这些年来，上海正在建设成为一个国际大都会，上海社会和上海市民都发生了很多新的变化，变得越来越多样化了。上海人自身的创造性已经发挥出来，同时又有很多国内其他地区的人、港澳台同胞、海外归国人员，甚至外国人纷纷来到上海，加入到上海的社会生活中，他们给上海带来很多新的东西，推动了上海社会环境和上海人思想观念上的变化。上海市当前的状况，正是处在一个计划经济体制下的“大城市”，在市场经济条件下，向国际化、现代化“大都会”转变的过程中，它对上海的市民和他们的生活必将产生巨大的影响，这个巨大的转变需要我们好好地研究。

在这种大背景下，我们应该考虑如何使城市基层的社区建设，能跟上上海市的总体发展形势，而且要对上海的发展起到保障和支持的作用。我们研究的社区建设，实际上是要把上海这样一个正在迅猛发展、流动性很强的国际大都市里的各种各样的人组合起来，组成一个个邻里合作、安居乐业的新社区，建立起一个地方基层群众自我管理的基础。

这是一个长期的任务，在做这个工作的时候，要注意到事物的连续性，千万不能脱离历史和原有的文化，在研究了历史和现状之后，再根据人们的实际需要，提出正确的建设方向，确定未来的目标。比如说，上海历来有一个特点，就是“多元共处，和而不同”，居民中的情况也如此，大家住在一起，这样多的人，他们的爱好、习惯、职业、性格大不相同，各自的社会地位也相去甚远，但是大家还能和睦相处，息息相关，这是一种值得我们研究的现象，即如何在社区建设中，既能培养社区成员共同的社区意识，担负共同的责任，又能使人们按照自己的习惯保持自己的活动空间、保持丰富多彩的生活方式、保持每个个体和家庭的个性。如果做到了这一点，就能从基层保持住上海作为国际大都市的多样性、创造性和活力，使得在这里生活的人感到舒适、安全、便捷、宽容而又丰富，这是上海在国际竞争中要做到的一个重要的方面。

二

我们的研究工作，是要用科学的方法去了解上海的历史和现状，以及它的发展过程，从中发现新问题，这是社会学当前重要的工作内容。比如，要建设新社区，就要先了解原有的基础，原有的社会组织、人际关系，要分出各种性质的组织，这些组织之间的关系等等。具体一点说，在调查社区的时候，要先看家庭，以家庭为主体，户籍做基础，研究各个家庭之间的关系。要调查居住情况，就可以研究在租界时代形成的，以“弄堂”

为单位的居住格局，这种弄堂现在还有多少？后来，“单位”分配的宿舍，现在还有多少？居民居住的方式有什么变化？目前的状况如何？现在新建了许多大楼，楼群里有了物业管理的小区，局面有了改变，改变到什么程度？产生了哪些新问题……上面只是举的一些例子，实际上社区调查的内容是十分丰富的。

我们知道，市场经济的机制确立起来以后，产品和人都无法按照一定的模式去安排了，人在市场上活动，要自己作出选择，这种选择是别人无法替代的，这就迫使每个人要有较强的自主能力，人们有了这种能力，就不需要也难以接受被动的安排。人在市场上形成的自主性，必然会带到生活的各个层面。

近几年我们还看到，随着人的流动，个人从市场上获得的收益有了差别，不同收入的人群出现了，社会阶层逐步形成。于是出现了不同社会阶层的人群向不同地域集中的现象，一些由经济实力相近的人员所组成的居民区已经出现，其数量和规模都在急剧增长，其中需要外部帮助的弱势群体也呈现同样的集中趋势。

不同的人群其内部的关系和组织结构是不同的，同时，不同的人群对管理模式和服务方式的要求也不尽相同。越来越多的市民经济上自立已经没有问题，他们生活上的自理能力，也将逐步形成和提高，随着业主委员会等组织走向成熟，社会公共事务的自治开始成为居民的要求。新型的居民群体，新的生活习惯以及市民与政府之间的关系样式已初露端倪。形势发展得很快，它要求我们尽快找到新的社区管理模式和手段。

城市社区一直被大家看做是以群众自治为核心的基层民主建设的舞台和基地，我多年来也很关注我们国家“草根民主”的进展。我常常想，城市社区民主建设或者说居民自治的实现，不仅仅取决于我们的意愿，还要有条件。现代都市中，最基层的民主究竟怎么出来？需要哪些外在条件和内在条件？这些问题都需要我们作理论上的分析。

从上海目前的情况看，社区中的人基本上还是通过行政体系组织起来的。上海的地区行政系统，从全国范围来说算是比较齐全完整的，即使在单位主导的时候也如此。改革开放之初，上海市为了适应经济改革和城市管理的需要，将原先的“两级政府，一级管理”改为“两级政府，两级管理”，从而开始了行政管理体系向下伸展的改革过程。1995年上海又进一步提出“两级政府，三级管理”的行政构架，同时，他们率先把居委会的主要岗位列为事业编制，这体现出行政因素向基层生活的渗透，街道由最初在行政体制（单位）中的辅助地位，上升到对地区范围公共事务实施全面管理的地位。街道地位的变化，意味着一个地区的居民被紧密地组织到了区域行政体系之中，而不像过去那样作为从业人员被单位组织起来。

随着改革开放的不断深入，居民的个人生活事务不断脱离单位转移到居住区，居委会在社会事务管理上的重要性不断上升，到本世纪之交，“两级政府，三级管理，四级网络”的城市行政构架最终成形。

纯粹从行政体系自身运作及其有效性来看，四级网络的构想有其合理性。单位行政职能弱化后，政府在完成职能转变之前，需要有基层组织承接城市管理事务。但作为行政架构的基层部分，居委会在推进居民自我服务、自我管理、自我教育、自我监督时，难免遇到某些困难。由居民选举产生的居委会，仍须执行街道和职能部门乃至各单位的指令，这意味着居委会虽则体现和扩大了行政体系与基层社会的接触面，但就其性质而论，尚未成为基层社会自身的组织形态。要促进居民的自我管理，还需要找到与之相适应的组织形式，这样的形式可以有多种，不只是一种。

居民作为完整意义上的市民来参与社会管理，其内在条件是否已经具备？不用行政方式，作为个人的居民如何走到一起来？他们是否认同行政意义上的社区这种组织形式？是否认为社区事务是与自己有关的公共事务？这些问题仍有待回答。社区不可能像单位或家庭一样，因为没有那么直接的经济利益和血缘之类的纽带。在社区里，个人凭什么接受管理或制约，又为什么要“管闲事”？上海人是很喜欢讲“关你什么事”和“关我什么事”的。要让大家接受管，愿意管，主要还靠文化认同，在价值观、思想方法和生活方式上找到同一种感觉，共同管起来。上海人以前对不同居住区域，有“上只角”和“下只角”之分，从形式上看，就体现了以生活方式为对象的文化认同。经过这么大的变迁，传统的“上只角”或“下只角”区域，有些模糊不清了，但观念还在，心理基础还在，作为思路，我们今天在寻找社区认同基础时，还可以借鉴。可以把这个文化的基础再拓宽一点，内涵挖深一点，与居民的生活联系搞得更全面一点，作为生活方式的特点更鲜明一点，这样形成的社区认同，作用可以更大一点。

要落实居民自我管理，需要有相应的管理人和管理社区的方法与手段。已经达到经济自立的居民在基本生活方面，不需要依靠别人，计划经济体制下常用的权力形式也失去了用武之地。彼此平等的居民之间需要一种“同意权力”。它不具有强制性，但有约束力，约束力首先不是来自外部压力，而是来自因为自愿参与和自主选择而形成的内在动力。社区建设强调参与，被视之为社区中人的管理和社会管理的主要方法，道理就在这里。“同意权力”主要是从决策参与中产生的，因为只有主动的同意才是真正的同意，建立在这样的同意基础上的权力，才能得到广泛认可和服从。所以，基层政府在积极动员居民参与的基础上，要及时而充分地授权给居民，增强他们参与决策的机会，尽可能把社区层面与居民直接有关的公共事务交给居民自己来决定，逐步使居民从认可具体事务上的自我决定，进到认可自我决定的方式，进到认可做出自我决定的权力，最后形成和尊重自我决定的习惯和制度。有了这个基础，“草根民主”，群众自我管理就可以比较顺利地建立起来。

三

我一直在思考的一个问题，就是如何根据群众的需要来开拓我们的社区建设事业。我们希望社区里家家户户都来参与社区事务，但各家各户又有不同的兴趣、不同的要求，所以要探讨如何根据这种情况采取不同的组织形式和活动方式来满足群众的要求。

社区组织的出现，是居民实际生活的需要。社区建设也不是抽象的名词，它体现了一批人所发生的地缘关系和互相合作的关系，包含着许多服务性内容。旧上海有各种组织来做服务性的工作，解放后是行政机构代办，现在发展的趋势是居民自理，研究这个过程很重要，它直接涉及到社区的基本功能，关系到如何提高城市建设的“人文关怀”的水平。

要想使社区建设贴近人们的实际需要，有些事务就要由居民们自己商量决定，居民自己清楚自己的愿望和要求，在这个基础上，不同居民的愿望和要求如果有差别，就可以进行协商和协调，这就自然导出了各种合作，找到合情合理的优化的方案，这种大家互相协调的过程，是社区的一个“功能”。这种根据大家的需要，提出建设性的建议，互相协商，找到实施办法，也就是我们常说的“自理”。我们需要看到这些变化的过程。了解这些共同生活的人们如何出人出力自己来解决问题，如何从过去的依靠别人代理来做，到现在自己要求建立一个委员会，一个组织，自己管理自己的事务，这种自理的要求，是构成社区组织的新的因素。

如果我们能针对目前的实际情况，逐步引导人们在社区层次上，一步步走向自理，扩大民主生活的基础和范围，就会从最基本的层次上促进一种具有人文精神的、优化合理的社会生活，使我们在提高居民的生活质量上实实在在地上一个台阶，也为中国城市建设建立一个重要的示范。

上海社区建设，离不开上海现代化、国际化这个大的背景。我们要把眼光放开，要看到国际化过程中未来的发展趋势，今天的社区建设，是面向未来的，既要考虑到上海作为中国的重要经济金融中心的地位和要求，也要考虑到上海作为亚太地区主要中心城市和世界重要都市的前景。在现代化、国际化的社会条件下，人和人的关系会有一些新的特点，生活方式也会有很多不同，社会机构会有很多调整，家庭、邻里、同事等等关系都在变化，这是一个动态的东西，怎么变，需要我们去研究。在“信息时代”——也有人叫“数字化时代”——家家户户都可以通过电脑“上网”，网上还有“虚拟社区”。在这样的时代，社区的意义是什么？社区建设的意义是什么？人和人之间的关系、态度有什么不同？个人、家庭的日常生活需要有什么变化？个人和组织、个人和社会的关系有什么变化？这都是我们必须研究的问题，特别是像上海这种走在现代化最前沿的城市，这些新的东西已经成为人们生活的一部分，它们已经不是“未来”，而是逐步地在变为“现在”了，是现在每天正在发生作用的东西，社会生活中有很多新的东西都是从这里面出来的，这些新东西就是影响我们社会未来的东西。我们的研究，要把这都包括进去，都考虑进去，把我们的社区研究，建立在既脚踏实地，又高瞻远瞩的基础上，真正造福于身处现代化和社会变迁过程中的广大市民。

社区建设硬件是必要的，但软件更重要，要使社区真正成为一个守望相助的共同体，还得依靠居民的共识。共识来自于共同的需要和活动，我们要面向有着不同需求的居民，找到大家共同的生活内容和共同的活动方式，为居民的共识建立一个现实的基础，也需要创造条件，帮助居民形成集体生活的行为习惯和道德意识。如何结合居民的生活，开展道德建设，帮助他们提高自己的素质，培养自己在社区中自主安排共同事务的观念、能力和习惯，仍是社区建设和社区研究的一个重要而紧迫的课题。社区建设的目的之一是要建设一个基于中国优秀文化传统之上的守望相助、尊老护幼、知礼立德的现代文明社会，实际上也是社会主义道德建设的一部分。坚持党的领导是“草根民主”建设的基本保证，我们要研究在居民经济上已经自立，社会生活上开始初步自理的情况下，如何改进和完善居民区党组织对各类社区组织的领导方式和工作方式，如何充分发挥社区党员的示范和凝聚作用，如何在尊重居民的意愿和要求的同时，促成全社区互相合作协力安排共同生活的格局，建设起多样化的、充满生机活力的、以群众自我管理为主的新型社区。这是中国社会现代化的一项重要内容，也是上海市民现代化的重要一环。社会科学工作者要充分认识这一事业的历史和现实意义，发挥创造和探索精神，深入生活实际，共同把这项工作推向一个新的高度。

2002年4月12日

文化论中人与自然关系的再认识

今天我是特地来庆祝南京大学创立100周年纪念的。我出生在江苏省吴江市，江苏是我的祖籍，也是传统的所谓故乡。南京大学是我故乡的最高学府，我现在已经92岁了，在这垂暮之年还能亲自来参加这次盛会，我觉得十分荣幸。

100年前创立这个高等学府，在历史上是一件值得重视的事，因为这正好标志着中国教育制度改革在这地区的初步成功，为中国的现代化起了破冰作用。这是十分重要而值得纪念的。我说的这次中国教育制度改革是指科举制度的废止和学校这个新制度的获得建立。我就是这个新学校制度下培养出来的人。我记得很清楚，我的父母为这场改革所做的努力，我父亲就是在家乡参与了这场改革。他是最后一科的秀才，由于科举制度的废除，他接受了地方政府的资助留学日本，回国后在本乡开办了个县级中学。我母亲是本乡幼儿园的创办人，当时称蒙养院。这些在当时都被称为“洋学堂”，是新生事物。这是我上一代的功绩，他们为中国的现代化打下了基础。

我受到的教育就是从当时的新制度里开始的，我经常向人自骄地称自己是完整地从新制度里培养出来的人。这个新的学校制度是针对旧的科举制度下的私塾制度而兴起的，而且基本上一直传到现在，富有它的生命力。我在新制度下所受的教育是从西方国家经过日本传入的，它使我这一代人从童年起就能接受学校教育，参加同代人的集体生活，这和私塾是不同的，而且受的教育在方法和内容上都有别于传统的私塾教育。我们不再被强迫背书，而且不再用旧的经典著作如《论语》《孟子》等作为启蒙的必修教本。我记得在初小时第一本国文教科书是由商务印书馆发行的，第一课是“人、手、足、刀、尺”。现在活着的人中用这个课本开始学习语文的大概已为数不多了，但这件历史上的小事却影响了我国文化的发展进程。今天利用在南京大学100周年纪念的机会，我提到这件小事是值得深思的。

一

中国的文化需要改革和发展是人类发展规律所决定的，而且在100年前已酝酿了相当长的时期，从清代的戊戌政变起始，维新的运动已经在中国历史上冒了头。维新运动是由当时一些知识分子想以日本为榜样，引进西方文化，起初还是“犹抱琵琶半遮面”地提出“中学为体、西学为用”，向西方文化开门引进。但这扇门一开，西方文化就势如破竹地冲破了东方文化所设置的重重阻碍，到了民国初年发生的“五四”运动，就有人明目张胆地提出“全盘西化”的主张了。中国文化经过几千年闭关自守，到这时再也守不住了。接受西方文化的浪潮，拜德、赛两先生为师，是“五四”以后中国文化变动在历史上的主要方向，也是不容我们否定的历史事实。当前提出的“现代化”基本上是这个历史潮流的继续。即便是使中国人民能摆脱国际上二等成员地位的人民革命运动，也还是以西方文化中倡立的政治思想马克思主义所领导的。向西方文化学习，取得了历史上辉煌的成就。

当然在向西方文化学习的大势下，也时时出现折衷派和反对派，折衷派是对西方文明要求有选择的引进，反对派则认为西方文明已走到了尽头，今后应是东方文明领先。“今日河西，明日河东”的轮转循环，一正一反原是思想舞台上的常规，但时至今日在世界一体化的潮流中，我们的确要认真考虑一下我们东方文化的前途了。

对我自己来说，从20世纪30年代投身到学术领域里，进入社会人类学这门学科，文化的动向本来应当是研究的一个主题，具体地说，不能不关心自己传统文化的前途。但这个问题却是个深奥难测的谜团，以我个人受到的教育而言，具有着重引进西方文化的家学传统，已如上述。30年代开始我就立志追随老师吴文藻先生，以引进人类学方法来创建中国的社会学为职志，详言之，即用西方学术中功能学派人类学的实地调查方法来建立符合中国发展需要的社会学，这个目标显然是从西方的近代人类学里学来的，它的方法论是实证主义的，实证主义实际上是西方文化的特点在学术上的表现。科学理论必须是以看得见、摸得着的客观存在的事物为基础的。

这个学派的特点反映了西方文化中对生物性个人的重视，所谓文化的概念，说到底是“人为，为人”四个字。“人为”是说文化是人所创制的，即所谓人文世界，它是为人服务的设施。这确是反映了当前我们生活在其中的世界。我们衣食住行的整个生活体系，都依靠人力改造过的自然世界而得来的人文世界。这一点事实是大家能明白和切身体会得到的。我们现代的生活，甚至和自然世界接触的人体感觉器官都是经人为的媒介改造过的。肉眼上要罩上眼镜，进一步还要用望远镜和显微镜一类的器械，单凭肉眼已经不易与自然界亲密地全面接触了，听觉上也是如此，我们依靠助听器、电话等设备来听取我们所接触到的和辨别到的远距离传来的声波。这种生活的现实，使我们习惯于把自然看成是我们生活的资源。一方面是生活越来越复杂和广阔，一方面我们把自然作为为我们所利用的客体，于是把文化看成了“为人”而设置了，“征服自然”也就被视为人生奋斗的目标。这样我们便把个人和自然对立起来了，“物尽其用”是西方文化的关键词。

我们的生活日益现代化，这种基本上物我对立的意识也越来越浓。在这种倾向下，我们的人文世界被理解为人改造自然世界的成就，这样不但把人文世界和自然世界对立起来，而且把生物的人也和自然界对立起来了。这里的“人”又被现代西方文化解释为“个人”，因之迄今为止个人主义还是西方文化的铁打基石。西方文化里的个人主义加上人通过自己创出的文化，取得日益进步的现代生活内容，于是在西方的文化里不仅把人和自然对立了起来，也把文化和自然对立了起来。这也许是西方文化当前发展的一个很显著的特点。西方的学术领域里也明显地表明了这个特点。首先是以认识自然为职志的学术领域里被自然科学占据了主要地位，把研究同样应当属于自然界的社会和文化的社会科学和人文学科都压缩在次要的地位。

二

总而言之，在西方文化里存在着一种偏向，就是把人和自然对立了起来。强调文化是人为和为人的性质，人成了主体，自然成了这主体支配的客体，夸大了人的作用，以至有一种倾向把文化看成是人利用自然来达到自身目的的成就。这种文化价值观把征服自然、人定胜天视做人的奋斗目标。把推进文化发展的动力放在对人生活的功利上，文化是人用来达到人生活目的的器具，器具是为人所用的，它的存在决定于是否是有利于人的，这是现代西方的文化价值观念。

当然在西方现代思想中占重要地位的达尔文进化论肯定人类是自然世界的一部分，是从较低级的动物的基础上发展出来的一种动物。但这种基本科学知识却被人与人之间的利己主义所压制了，在进化论中强调了物竞天择的一方面，也就强调了文化是利用自然的手段。由此而出现的功利主义更把人和自然对立了起来，征服自然和利用自然成了科学的目的。因此对自然的物质方面的研究几乎掩盖了西方的科学领地。甚至后起的对人的研究也着重于体质方面，研究人的心理的科学也着重在研究人体中神经系统的活动，即所谓行为科学。可见西方科学发展史上深深地受到其文化价值观的制约。

我最近为了补课，重又复习了上世纪初期的西方社会学的历史。我从派克老师早年的著作中，体会到他对当时欧美社会学忽视人们的精神部分深为忧虑。科学原本应当以客观存在的自然世界为研究对象，但是在经验主义的影响下，只承认看得到、听得到的现象为研究范围，而人的生活中却有很重要的内心活动是别人看不到、听不到的。因而社会学被困住以至不容易建立“科学的社会学”。

我这样说，是指西方科学界整体而言的，其中也有许多对此不满意的学者，而且我所师从的几位老师都是属于这一类。比如我在清华大学所师从的史禄国教授，他苦心孤诣地研究人类精神方面的文化。他在西方传统词汇里找不到适当的名词来表达他的意思，结果提出了一个一般人不易理解的Psycho-mental这个新名词，并且用此作为他最后的巨著的书名，即*Psycho-mental Complex of Tungus*。我从他创造这个新名词，可以猜测出在他这一代人中，人的研究工作一般还是不愿意把精神实质的文化作为科学研究的对象。再说一段我个人的经历，史禄国老师在我踏进人类学这门学科时，为我预定了三个学习阶段：第一是学体质人类学，第二是学语言学，第三才是学当时所通行的文化人类学。我当时并没有从他为我规定的学习顺序中，体会到这三步正是指出了对人的研究的三个层次；从人的生物基础出发，进一步研究人和人相互传递共识以获得共同活动的语言。用我现在的体会来说，正相当于派克老师所说的科学的社会学；然后进入到现有世界上多种文化的比较研究。以上所说的是我老来的私人体会，我把这个体会放在这里来讲，是要说忽视精神方面的文化是一个至今还没有完全改变的对文化认识上的失误。这个失误正暴露了西方文化中人和自然相对立的基本思想的文化背景。这是“天人对立”世界观的基础。

在这里还应当指出，上面所说“天人对立”的世界观中的“人”还应当加以说明，这里的“人”实在是指西方文化中所强调的利己主义中的“己”，这个“己”不等于生物人，更不等于社会人，是一个一切为它服务的“个人”。在我的理解中，这个“己”正是西方文化的核心概念。要看清楚东西方文化的区别，也许理解这个核心是很重要的，东方的传统文化里“己”是应当“克”的，即应当压抑的对象，克己才能复礼，复礼是取得进入社会、成为一个社会人的必要条件。扬己和克己也许正是东西方文化差别的一个关键。

三

我在前文提到，我过去常用“人为，为人”四个字来说明文化的本质是不够全面和确切的。因之对这四个字中的“人”还应当多说几句。我一直接受西方现代文化中所认定的，人是从较低级动物演化来的观点，我的一位老师潘光旦先生已经把达尔文的名著《人的由来》翻译成了中文，我接受这书中所做出的科学结论。但是要补充说明的是，这个高等动物不但从原始生物的基础上，经过很长的时间才在演化的历程中获得了其他生物类别所没有的特质。这些特质固然也是从较低级的生物中逐渐演化得来的，但凭着这些特质的继续发展演化，取得了其他物种达不到的能力。其中之一就是由于人的神经系统的发展，除了能够接受外界的刺激，以获得意识上的印象之外，还能通过印象的继续保留而成为记忆，而且还能把前后获得的印象串联成认识外界事物的概念。不仅如此，还发展成为有一定内容即意义的音像符号（symbols），于是产生了语言和文字，凭着这些有一定意义内涵的语文，即这些具有社会共识的符号，由一个人传达给另一个人。人与人之间的心灵因之得以相通。这是这一个个人和其他人取得结合的关键，并导致他们可以发生分工和合作，完成共同的目的，达到共同的理想。这就是派克老师所指的社会实体形成的过程。

我们可以用生物人和社会人等名词来区别由生物进化完成的生物人和由生物人的集合成群体而成为的社会人。一丝不挂的独自为生的生物人，在这个世界上是不存在的。而西方文化中把它偏偏作为功利主义中的“己”，突出来和自然相对立。这个虚拟的“己”，是事实上无法独立生存的生物人。

生物人和其他动物一样，它的生命实际上有一定的限期，即所谓有生必有死，生和死两端之间是他的生命期。由于生物人聚群而居，在群体中凭其共识，他们相互利用和模仿别人的生活手段以维持他们的生命。这时他们已从生物人变成了社会人。只有作为一个社会人，生物人的生命才得以绵延直至其死亡。每个生物人都在生命中逐步变成社会人而继续生活下去。我们一般说人的生命是指生物人而言的，一般所说的人的生活是指社会人而言的。生活维持生命的继续，从生到死是一个生物的必经的过程，但是生活却是从生物机体遗传下来的机能，通过向别人学习而得到的生活方式。一个人从哺乳到死亡的一切行动，都是从同一群体的别人那里学习得来的。所学会的那一套生活方式和所利用的器具都是在他学习之前就已经固定和存在的。这一切是由同群人所提供的。这一切统统包括在我所说的人文世界之内，它们是具体的文化内容。当一个生物人离开母体后，就开始在社会中依靠这前人创造的人文世界获得生活，也可说一离开母体即开始从生物人逐渐变成了社会人。现存的人文世界是人从生物人变成社会人的场合。这个人文世界应当说是和人之初并存的，而且是社会人共同的集体创作，社会人一点一滴地在生活中积累经验，而从互相学习中成为群体公有的生活依靠、公共的资产。人文世界拆开来看，每一个创新的成分都是社会任凭其个人天生的资质在与自然打交道中日积月累而形成的；这些创新的成分一旦为群体所接受，人文世界的内涵就不再属于任何个体了，这是我们应当注意的文化社会性。文化是人为的，但这里只指文化原件的初创阶段，它是依靠被群体中的人们所共同接受才能在群体中维持下去。一群社会人相互学习利用那些人文世界的设施，包括物质的和精神的，或说包括它的硬件和软件进行生活。因而群体中个别生物人的死亡并不跟着一定发生文化零部件的存亡，生物人逃不掉生死大关，但属于社会人的生活用具和行为方式，即文化的零部件却可以不跟着个别生物人的生死而存亡。文化的社会性利用社会继替的差序格局即生物人生命的参差不齐，使它可以超脱生物生死的定律，而有自己存亡兴废的历史规律。这是人文世界即文化的历史性。

请允许我不免有点重复地再对文化的社会性和历史性说几句。这里必须强调社会人靠群体而存在，群体是由生物人聚集而形成的，生物人聚成了群体，构成了社会，才产生社会人，从个别来看，生物人的生死也是社会人的生死，没有生物人，社会人也就没有了载体，但是从群体来看，生物人的生死是前后差序不齐的，这就是我在《生育制度》一书中所指出的社会继替的差序格局。这使得生物人所创造的文化（文化之内包括群体的社会组织和制度），都可以持续往下代传递，除非整个群体同时死亡，文化在群体中是可以持续传下去的。还应当说文化包括它物化的器材和设备，可以不因人亡而毁灭。过一段时间，即使群体已灭亡了，如果有些遗留下来的物化的文化还有被再认识的机会，它还是可以复活的。所以文化的自身里有它超越时间的历史性，文化生命可以离开作为它的载体的人（包括生物人和社会人）而持续和复兴。这是文化的历史特性。因此我们有“考古学”这门学科。

四

强调重新认识文化的社会性和历史性，可以帮助我们调整文化的价值观。我在上文中讲到了我认为西方文化里，从大多数民众来说，存在着严重的以利己个人主义为中心的文化价值观。这种文化价值观从以往的历史来看，200多年来曾为西方文化取得世界文化的领先地位的事业立过功。但是到了目前，我担心它已走上了转折点，就是由于形成了人和自然对立的基本观点，已经引起了自然的反抗，明显的事实是，当前人们已感到的环境受到的污染确是给人们的生活带来困难。大处和远处且不提，即以最近在我国北方出现恼人的沙尘暴，确是我活到90多岁后才切身经历到的最恶劣的天气。这可说只是自然在对我们征服自然的狂妄企图的一桩很小的反抗的例子。在自然界的反抗面前，人类已经有所觉悟而做出了保护环境的绿色革命。但是可悲的是，最近提出的关于世界性的保护环境的公约没有能得到国际上的一致支持。

“9·11”事件发生后全世界人们都惊觉了，在我看来这是对西方文化的又一个严重警告。我在电视机前看完这场惨剧的经过后，心里想，西方国家特别是受难国一定会追寻事件发生的根源，进行深刻的反思，问一问这是不是西方文化发生了问题。当然，这是我个人的一种私自的反应。但是我的私愿落空了。事件发生后事态的发展使我很失望，我对一般的“以牙还牙”报仇心理是可以理解的，这是人类甚至动物的原始性的心理反应。但是接着却把事件当做刑事案件来对待，缉拿凶手成了主要对策。凶手找不到就泄愤于被指为嫌疑对象的所在国，进行了不对等的战争，并利用现代科学所创造的武器，对嫌疑犯所在的国家进行狂炸滥轰。以反对恐怖主义的正义名义进行的这场战争，造成了大批无辜人民的死亡和遭殃。在我看来这是以恐怖手段反对恐怖主义的一个很明白的例子，是不是应了我们中国力戒“以暴易暴”的古训？这是我这个信息不灵通的老人的私见，但也许联系上我在前面所讲的西方文化的“天人对立”的价值观来看这段历史，就可以感觉到西方文化的价值观里轻视了文化的精神领域，不以科学态度去处理文化关系，这是值得深刻反省的。

我想接下去继续在对文化的思考上说几句关于东西

方文化不同之处的问题。我着重说了西方文化的价值观中人和自然的关系，因为这正是东西方文化区别的要害处。我认为，西方文化在自然科学中强调，人利用自然而产生了技术并促进其发展，在这一点上是有别于传统的东方文化的。同时也正反衬出东方文化着重“天人合一”的传统，这里的“天”应作为自然解。我在这次讲话一开头就说明我是个从小在洋学堂里培养出来的知识分子，所以缺少了一段中国传统的经典教育。我没有进过私塾，没有坐过冷板凳，对中国传统文化缺乏基本的训练，但是在业余时间受到了上一代学者关于国学研究的影响，而且在上学时已听到过“天人合一”的说法，但当时并没触及我的思想深处。直到最近这几年，90岁以后，才补阅我故乡邻县无锡出生的钱穆（宾四）先生的著作。他是个热衷于“天人合一”论的历史学者，据说在他弃世之前不久曾对夫人说，他对“天人合一”有了新的体会，而且颇有恍然大悟之感，但所悟的内容却没有机会写成文字留给我们这些后代。正是记起了这件事，使我注意到文化价值观方面东西方文化的差别。当前西方文化中突出的功利追求和着重自然科学的发展的根源，也许就是这“天人对立”的宇宙观。我在这里不由得又想起钱穆先生所强调的，从“天”“人”关系的认识上去思考东西方文化的差异，这一思考也使我有一点豁然贯通的感觉。中华文化的传统里一直推重《易经》这部经典著作，而《易经》主要就是讲阴阳相合而成统一的太极，太极就是我们近世所说的宇宙。二合为一是个基本公式，“天人合一”就是这个宇宙观的一种说法。中华文化总的来说是反对分立而主张统一的，大一统的概念就是这“天人合一”的一种表述，我们一向反对“天人对立”，反对无止境地用功利主义态度片面地改造自然来适应人的需要，而主张人尽可能地适应自然。这种基本的处世的态度正是我的老师潘光旦先生提出的“中和位育”的观点，“中和位育”就是“中庸之道”，对立面的统一、靠拢，便使一分为二成为二合为一，以达到一而二、二而一的阴阳合而成太极的古训。

我们中华文化的传统在出发点上和西方文化是有分歧的，目前在经济上进入全球化的时候，出现了文化的多元化，这时大家关心的是多元文化不要互相冲撞而同归于尽，这应当是“9·11”事件给我们的警告。多元文化的接触和交流是不可避免的历史过程，怎样取得人类持续发展的机会，必须尽力接受“9·11”事件和

“阿富汗战争”所提出的警告，避免同归于尽的前途。我在这个局面中想到了东西方文化的处境，敲敲警钟以保卫世界和平，祝愿我们当前还存在着差别的多元文化，能在各自的发展中走向和平共处的世界，并愿在祝贺我故乡的高等学府成立100周年纪念的时刻作出这个呼吁。同时也想表白我坚信我们东方文化能在这个矛盾中做出化凶为吉的大事，做出对历史的贡献。

2002年5月5日于北京

上海作为国际大都市的回顾与前瞻

一

大概十多年前，在上海提出开发浦东时，我就参加了几次讨论这一问题的会议，当时关于上海发展战略方向，存在着两种不同看法，一是深圳式，一是香港式。所谓深圳式，就是要把上海建设成为“通向国际市场的一个窗口”，一个连接中外的枢纽，通过它，再达到当时香港等国际大都市；而所谓“香港式”，是指直接把上海建设成为国际贸易、金融的中心，主要目标不在于连接内外的“窗口”或“纽带”，而是具有中心作用的国际大都市。我当时赞成第二种路子，也就是所谓“香港式”道路。我当时认为，上海与香港一样，完全可以成为位于中国内地的一个国际经济、贸易、金融和航运中心，成为一个名副其实的国际大都会。这种看法的深层含义是，上海长远发展的战略目标应该比“深圳式”的目标要高一层，也要比当时还作为英国殖民地的香港提高一层。当时我就感觉到，上海要达到这种中心都市的目标，还需要在现有的基础上，在各个方面都向前发展一大步，要再上一个新台阶。

回顾历史，长江三角洲这一带，是中国文化发源很早的一块地方，可以回溯到旧石器时代和新石器时代，新石器时代已经有很好的手工艺制品了。我在宁波附近看了河姆渡文化遗址，最近又到太湖流域，看了良渚文化的遗址，看到那时已经有农耕、纺织、玉器，还有建筑在木桩上的集体居住区。在这种条件下，农业出来了，手工业出来了，建筑业也出来了。六七千年以前已经有这么发达的文化，很了不起。可是另一方面，上古时代这里在文化上并不统一，而是一个区域一个区域分开的，但已经有交流的融通。各个区域之间的不平衡，经过夏、商、周各代的发展才逐步消除，到了秦、汉已形成一个统一体，成了一个多元一体的强大国家的一部分。

这种从区域到统一的多元一体的观点，也可以用来看待今天的中国和世界。从中国和世界各文明起源和发展的历史，一直看到今天世界正在经历的这样一个全球化的大转变，出现了一个以大洲为单位的合作体系，形成一个洲际经济的趋势，当然，这里边会有许多曲折需要很长时间，短则一个世纪，长则1000年，现在只是洲际经济的起步阶段。

我们应当在这样一个宏大的格局下讨论上海和长江经济带的发展，来探讨中国经济的发展。因之就要树立起从区域经济到全球经济的意识和观点。我们东亚地区将成为一个经济区域，构成世界经济的一部分，这个大经济区域中还可以从不同层次分为多个区域，需要几个经济中心，其中一个区域就是长江流域，经济中心应该落在上海，上海的发展宜更上一层楼，应该瞄准这个大格局和大目标去做事情，不要分心。简言之，上海应该在更高层次上，从区域经济发展的观点出发，考虑成为长江流域的贸易、金融、信息、科技、运输中心。

总的来说，上海应该把贸易、金融、科技、信息抓上去，而把层次比较低的工业分出去，一层层地分出去，同时，要充分利用贸易、金融中心的力量，把腹地一层层地带动起来，这才是区域经济中的大上海，这样的上海，就成为一个中国经济的龙头。换句话说，要使上海在经济上成为长江三角洲和沿江地带工农业商品总调度室或总服务站。十多年前，正是以这个思路为底子，我提出了关于建立长江三角洲经济开发区的建议，后来又更具体地提出了以上海为龙头，江、浙为两翼，长江为脊梁，以“南方丝绸之路”和西出阳关的欧亚大陆桥为尾闾的宏观设想。这个大的格局，是我从早年到现在一直在用心思考，带着问题到处走，到处看，到处问，一步步看出来的。

我对上海的这种期望，使我常常考虑到的一个问题，就是一个现代化意义的中心都市必须同时拥有其“腹地”。这方面的理论我在考察沿海城市的时候讲了多次，最近几年中央又提出了西部大开发的战略，在这一战略的实施过程中，会更显出建设“中心”和“腹地”之间关系的重要。对于一个区域的发展来说，一方面，有“中心”才能发展腹地，另一方面有腹地，“中心”才能站稳，才能不断提升，中心与腹地二者是互相紧扣的环节。现在摆在我们面前的任务，正是如何发展上海这个中心，并由这个中心带动它背后广阔的腹地，特别是长江三角洲一带，进而带动中国经济更好地进入世界经济。这样我们可以从上海的发展中看到中国整个的发展，我们需要有不同层次的小、中、大城市和特大城市，层层连同中心，全面又有重点的塔型发展，上海的定位和它的发展为我们展示了中国经济发展的一个理想的蓝图。

正是在这种思路下，20年前民盟中央曾经提出长江三角洲区域发展战略方案：以上海为龙头，以江浙两省为两翼，苏、锡、常、通、杭、嘉、湖、甬等中等城市为卫星城市，同时进一步开发利用长江的水道，并加快发展公路和铁路运输，有如京九铁路穿糖葫芦式的形式，在交通沿线上发展一批中等城市。当时这些设想还仅仅是一种远景式的蓝图，但经过这么多年的发展，已经使得这种蓝图逐步变成实际操作的计划和规划了。

我今天来参加这个讨论会，寄托了很大的希望，一方面把多年来追踪研究的想法归纳一下提供讨论，也希望在大家的讨论中吸收意见，把这个蓝图更加具体化，提供政府参考。

二

谈到上海和长江三角洲的发展，就不能离开全球化这个背景。现在大家都在谈论全球一体化的问题。可是在现实中，要在全球一体化中获得有利的位置，每个国家首先要实现本国国内的一体化，至少是主要区域的一体化，也就是要建立起若干个全国性的、统一的大市场，要建立起这样规模的大市场，就要有与之相匹配的大城市作为中心。有的同志讲我国有三个经济较发达的地区，就是珠江三角洲、长江三角洲和环渤海湾地区。现在看来，这三个地区要形成区域经济实力，都需要发展各个层次的中心城市，拿长江三角洲来说，它必然要以上海为中心，周围还要有许多低一级的中心城市，有了这些城市，整个区域的经济才能发展起来。

上海的优势，有地理的因素，但主要是特定的历史造成的。在近现代史上，上海很早就成为全国的一个经济中心，同时也是东亚地区的一个国际贸易中心。20世纪30年代十里洋场的上海，已经有168家银行，当时世界上58家比较大的外国银行在上海设了分行，上海已经是亚洲金融的中心。我本人是苏南人，对这一带比较熟悉，我很小的时候就来过上海，那时我住在吴江县松陵镇，听大人说要到上海来，就兴奋得几个晚上睡不着觉。在镇上我们算是“城里人”，但到了“十里洋场”的上海，就成了“乡下人”，就是北方话说的“土包子”。当时上海的各种商品的进出口量，占全中国的50%~60%，是中国最大的外贸中心，也是东亚最重要的物流、人流和信息流的交汇中心和集散地之一，这就[illegible]所说的，在国际化的话语中，“上海”[illegible]城市”的名字，它更是一个“概念”，[illegible]个“品牌”，这是其他城市——比如台[illegible]没有的。

[illegible]日战争以后一直到20世纪80年代，由[illegible]海的地位发生了很大的变化，它不再是国际贸易的主要城市了。一方面香港迅速崛起，取代了上海的地位。一方面内地形势发生了急剧的变化。新中国成立后，上海由殖民地半殖民地性质的城市，变成了社会主义的城市，解放后，国家投下大量资金，把上海建成了以国有企业为主的工业城市，工业发展很快，是全国最大的工业基地，计划经济下每年曾经向国家上缴

高达200亿元的利润。建国以来，包括计划经济时期，上海对中国做出的贡献是很大的。但是，我们也要看到，解放后，我国面临着极特殊的情况，先是被西方国家封锁，后来自己又关上了大门，上海历史上最重要的一项功能——外贸的地位长期没有恢复。同时，在改革开放初期，作为中国最大工业基地的沉重负担，使得上海没有力量重新改造自己的城市，自身的城市基础设施无法跟上去，曾经欠了很多账，人们的生活质量受到很大影响。几十年下来，上海确实变得陈旧了。但是，上海内在的优势，特别是优良的人口素质、蕴藏在市民生活中的深层次的现代性、都市性并没有消失。当小平同志提出要再造几个香港，提出要恢复上海的地位的时候，促使人们必须重新认识上海在全国经济格局中的地位，同时也意识到了上海在整个亚太地区的经济地位。从上世纪90年代以来的发展实践看，只要条件恢复，上海的活力会立即迸发出来。事实表明，要再建一个香港、东京、巴黎或纽约式的大都市，实在非上海莫属。现在经过近20年的奋斗，上海已经恢复了常青常新的面貌。

上海最直接的腹地就是长江三角洲，这里从来就是我国加工业和商业高度发达的地区，是盛产粮食、经济作物和畜产品的鱼米之乡；这个地区通过便利的水陆交通，又能联上中国中部和西部的广大腹地。上海和长江三角洲还有条件通过内河航运和铁路公路运输成为全国性的对外贸易中心。说到这里，长江三角洲经济开发的内涵已经逐步明确起来。我还想强调一点，为了充分发挥这个区域的功能，区域内将会存在“分”与“统”的双层结构：基层是多种所有制的企业，包括国营、集体、个体、独资、合资、合作等所有制，是多元化结构，而上层可以是上海与江浙合作，并和国家配合形成高层次的贸易、金融、运输、科技服务中心体系，只有强化这个区域层次和国家层次的服务体系，才能实现经济结构的统一协调。不难看出，这种双层结构既体现了本区域市场经济中多种经济体制和多种经济体并存竞争的总格局，又保证了本地社会在总体上与国家发展和国际化的同步和协调。

目前以上海为中心的长江三角洲的发展，也标志着中国现代化和城市化发展的一个重要阶段，我们有必要从这样一个社会变迁的宏观背景下来理解这一区域的发展。

我在过去20年研究中国的社会经济发展时，曾经花了很多时间关注小城镇的发展建设问题，这是因为中国现代化的起步和发展，是一个从“乡土中国”向现代化都市逐步发展的过程，鉴于中国的历史、人口、城镇规模、发展速度等因素和条件，我们不得不走从农村小城镇开始，逐步发展城市化的过程，必须自下而上地发展起多层次的犹如金字塔形的经济中心，以此来最大程度地减低高速现代化和都市化对整个社会的冲击和震荡，保证中国改革开放这一人类历史上最大规模的社会变迁的平稳进行。我当时提出新型的小城镇可能成为防止人口超前过度集中的蓄水池的设想，就是这个意思。鉴于农业经济水平的提高不可避免地会释放出长期关闭在传统农村里的大量人口，如果这股激流没有缓冲和蓄积的中间体，势必会发生显而易见的社会恶果，也正是因此，大约在上个世纪的80年代，我们国家采取“限制大城市，适当发展中等城市和大力发展小城镇”的基本国策，这是当时的历史条件下符合实际的最佳选择，避免了不加限制地放任人口向大城市集中所可能引起的社会灾难。正是在这种有控制的速度和节奏下，我们在农村建立星罗棋布的小城镇，发展中等城市，又在发展中等城市的条件下有步骤地发展上海式的特大城市，这样层层缓解压力，避免了全面的冲击和混乱，在这种“护航”下，上海才能健康地发展成国际水平的经济、贸易、金融、科技中心。

现在，我们经过了这20多年的建设和发展，中国的社会经济状况已经有了很大的变化，社会结构也有了很大的调整，人口综合素质获得了很大提高，目前已经有条件提出建立国际化中心都市的问题。特别是在中国成功地进入WTO之后，更有必要和可能这样做。近几年，上海的结构调整和社会经济发展已经跨入一个良性可持续发展的高度，浦东新区已经建成现代都市社会，上海原来的市区也正在经历全面现代化的改造，新的意义上的上海，已经成为中国特大的经济中心，其城市形态、经济实力、都市性、内在活力等已经进入了一个新的阶段，我们有必要从一个新的高度、新的视角，来考虑上海及长江三角洲地区各层次城市发展的意义。

近几年我经常说，我本人“从农村进了城”，指的是这几年我越来越多地把中等城市和大城市作为我研究的一个重点，并且在研究中加深了对各类城市的认识。在21世纪中，全球经济一体化进程越来越快，像上海这样作为经济中心的大城市，必须充分发挥自己的潜力，成为中国和东亚经济社会体系中一个重要的支撑点，具有国际辐射力。历史上帝国主义、殖民主义侵入中国，强迫我们开放五个通商口岸，上海和长江三角洲就是当时外国势力最集中的地带，被动地被纳入国际经济体系。今天，我们中国人以完全不同的姿态，在全新的意义上，自主地书写我们的历史，把上海和长江三角洲建设成一个真正“中国的”国际大都会，这种历史和现实的意义，远远超越了经济发展本身。

三

目前上海和长江三角洲地区，具有强烈的国际化和全球化背景，但越是在这种氛围中，我们越要提醒自己，要充分考虑中国的历史、文化和现实国情，保持我们思考的自主性和现实性，一切从中国目前的实际情况出发。

比如，长江三角洲地带的城乡关系格局究竟怎样最好？移民问题究竟如何处理才有利？城市发展规模多大合适等等，这些问题，都不能简单地从别国经验或教科书中获得答案，我们必须到上海和长江三角洲的社会实际中去进行深入的、持续的、多角度的调查研究，弄清

“是什么”这一基本问题，在此基础上，结合别人的经验，提出我们的制度设计和创新。

举个实例，这几年大家看到巨大的民工潮，几千万民工从内地涌向沿海比较繁荣的城市，这也是世界范围内创纪录的人口流动，很多人都担心会出问题，但是至今没有引起大的混乱，也没有出现某些国家出现的贫民窟、无家可归者、大规模犯罪等趋势，我国的情况，是世界上这种市场经济发展早期阶段中一个十分罕见的例外，为什么呢？我们不妨从中国特定的社会结构、家庭制度和文化传统中去找原因。我曾推敲这个原因，我看到了一个稳定的因素，那就是在新兴城市打工的民众，几乎每人在内地都有一个家，他们得到工资后，除了生活必需的开销之外，通常都定期寄回家去，过年过节有可能的话就回家去呆上几天。如果城里找不到工作，如果停工了，他们有家可回。有工作，心里踏实，工停了也不用着慌。通过对这个问题的研究，我发现了过去对农村研究工作中被忽视的一些东西：过去我就没有理会到农村里的一些承包责任制，在新兴的城市里也会有这样强大的安定民工的力量；换一句话说，我没有估计到农村现行的制度实际上对建设现代都市具有一种重要的支持作用。

像这一类知识和问题，西方人是不太容易理解的，他们的著作中也很少有这样的分析，但它对我们的发展具有十分重要的意义，应该成为我们关注的重点。根据中国当前的实际情况，我们把以农户为基础的家庭联产承包责任制和中国传统的乡土文化及家族制度综合起来考虑，就可以从一种文化的内部，发现千百万移民“有家可归”的社会基础，发现西方人士所不易理解的社会保险的巨大力量。这是从中国实际情况里总结出来的社会学知识。这一类社会学知识使我们能够发现我们自身的传统在现代化过程中的优势和劣势，发现如何发掘自身社会内在的潜能，比较顺利地承受和度过改革开放过程中不可避免的阵痛和压力。中国的历史和现实使得我们注定要成为不同于西方模式的现代化过程的探索者，也就是所谓“摸着石头过河”。在这种探索和奋斗中，深切理解自己的社会和文化，是十分重要的。

又比如，我们说中国经济要发展，就必须要充分发挥长江三角洲，乃至整个长江流域的力量，但这个力量的基础究竟在哪儿？是国际经济的刺激还是国家政策的推动？关于这个问题，我还是相信我说过的一句老话：

力量在老百姓中间。要靠存在于民间的、普遍的、真实的实力。区域发展的真正持久的、广泛的动力，永远来自千千万万普通人追求幸福生活的最基本的愿望。因此，我觉得我们努力的方向，就是要想一个办法，把长江三角洲这块地方的各种基层力量释放出来，联合起来，变成促进区域发展的持久动力。按照这种寻求动力的路径，上海周围的中小城市和广大农村就不是被动等待“开发”的地域，而是蕴藏着巨大活力的源泉了，像苏、锡、常、通、杭、嘉、湖、甬八员大将，都蕴藏着很强的实力，这种实力，包括资金、技术等，也包括人们的文化、习俗、组织、心理、热情、信心、信任等等，它们本身就有推动上海向上提升的作用，上海应该积极主动地联合这八大将的人力物力和社会文化力，这股力量是了不起的；同样，在比这些中等城市更小一级的诸多小城市和小城镇中，也蕴藏着向上推动的社会力量，所以这一点我要重新提一提，上海除了致力于吸引“有形的”外国资金之外，也要以积极的态度，开展对内的联系，在互利互惠的基础上吸引内地“软”的和“硬”的“无形的”力量。

就人力来说，上海要发展成为全国的经济中心，需要大批专业人士，除了自己培养以外，还要靠全国各地的支持，怎样能做到既吸引了外地人才，又不会引起地区间的矛盾，这必须要有一套好的办法。上海名声越来越响，慕名而来的人会越来越多，世界各国的人都会涌进来，不仅人数多，而且各种不同的文化传统和风俗习惯会突然汇集到一起，社会压力会越来越大，上海这个城市究竟能容纳多少人口？周围的居民点有多少人口住在一起，他们做什么事？在哪里做事？这些人需要多少供给？随之而来的还有社会保险、福利、老年问题等，都需要我们加以调查、研究、做到心中有数。上海越来越成为一个国际性的社区，不同文化的冲突、交往、交流，相互间的宽容问题也会被提出来，怎么解决？我们必须考虑到这些问题，通过实际调查研究来解决这些问题。近年来，我在上海提倡社区建设和研究就是为了追求合理地解决这些问题。

腹地中各类城市、乡村和中心城镇的互动关系，仍然是值得我们注意的问题，它不仅关系到区域的一般发展，还在一定程度上决定着区域内社会结构的演变、社会生活的优化和可持续发展的内在动力的问题。在与上海这个中心大都市的互动中，当前长江三角洲大量的中等城市、小城市、小城镇、村庄的演变方向，就会对三角洲未来的基层社会产生历史性的影响。比如，过去上海曾经比较封闭，加上体制方面的原因，对外的辐射力不够，后来情况变了，从浦东开发开始，全上海开放了，上海人在心理上也开放了，邻近的昆山接受上海的辐射，很快就发展起来了，没有几年就成了中等经济发达地区；江阴大桥通了车，苏北就能比较顺畅地接受苏南地区的经济辐射，很快也会发展起来，这座大桥的建成，使这个区域的经济变化加快，以至对江苏省的经济发展会产生很大的影响，而江苏的经济发展必然对整个长江三角洲范围的发展产生影响，又反过来推动上海的发展。这种复杂的关系，值得我们学者和政界人士考虑。每一个城市、乡村的负责人，都不妨看看我们自己在整个格局中是占什么位置，各个地区要发展什么产业，发挥什么功能，都要做到心中有数，这样长江三角洲作为一个整体才能持续发展下去。

在我看来，现在上海发展所缺少的，还是作为中心都市的上海和作为腹地的长江三角洲之间的中间层次的纽带，缺少一批围绕它的、能把它托起来的中等城市。目前的这些中等城市，虽然存在，但是在各方面没有形成完美的配合和互动，很多东西没有理顺，影响了综合系统能量的释放，如果上海周围有了一个职能搭配完好的中等城市群，它们就可以一方面推动上海向上提升，同时又把上海的经济能量扩散到周围腹地，促进整个区域基层社会的优化和发展。

总之，上海和长江三角洲的发展，不仅仅是一个地区经济发展的问题，它实际上是中国几百年来社会经济文化最繁华地带所面临的又一次重要的历史性的社会改革。中国现代化的奋斗，并不是在一片平整的空地上随意建造新的楼房，而是在传统经济、社会、文化参差不齐的区位格局里选择、培育出适于未来文化、社会、经济发展的新的生命园地，中国传统的农业文化与现代工业文化、古老的东方文化与现代的西方文化将在这里发生强烈的碰撞、交流、吸收和融合，这是一个世界文化融合的大问题，我想这也是下个世纪世界上将要碰到的大问题，我以为我们应该未雨绸缪，做好准备迎接新的挑战。只有对这项巨大社会变革工程的根本性质有深入的理解和领悟，我们才有可能最经济、最有效地设计出这个巨大工程的蓝图。

2002年6月18日定稿

关于“文化自觉”的一些自白

近些年来我常讲“文化自觉”问题，正式采用这个名词是在1997年北京大学举办的第二届社会学人类学高级研讨班上。我提出“文化自觉”这四个字来表明这个研讨班的目的，是想问一问，总结一下在这个研讨会上我们大家在做什么？这四个字正表达了当前思想界对经济全球化的反应，是人们希望了解为什么世界各地在多种文化接触中会引起人类心态发生变化的迫切要求。人类发展到现在已开始要知道我们各民族的文化是哪里来的？是怎样形成的？它的实质是什么？它将把人类带到哪里去？

这个名词确实是我在这个班上作闭幕发言中冒出来的，但是它的思想来源，可以追溯的历史相当长了。大家都了解，20世纪前半叶中国思想的主流一直是围绕着民族认同和文化认同而发展的，以各种方式出现的有关中西文化的长期争论，归根结底只是一个问题，就是在西方文化的强烈冲击下，现代中国人究竟能不能继续保持原有的文化认同？还是必须向西方文化认同？上两代中国的知识分子一生都被困在有关中西文化的争论之中，我们所熟悉的梁漱溟、陈寅恪、钱穆先生都在其内。

我清楚地记得，当我在燕京大学上本科时，曾选修历史系一位外籍教授开的“中国文艺复兴”这门课程。他的教法是把清朝末年，从1860年起，英法联军闯入圆明园，到辛亥革命这段时期里，把他看到的外国作者对中国人的事情和说法的英文材料找出来让我们阅读，以了解这段历史的变化。对这门课我是很用功的，他指定的书和文章我都读了，而且作了笔记。所读的材料，历时约50年，经过四个皇帝，进犯中国的国家从老牌的帝国主义英、法、俄开始，逐渐增加到12国。签订的不平等条约就有十几个之多。这段时间里还发生了太平天国起义、戊戌变法、黄花岗起义等一系列重大事件。在读的材料里有一件事给我印象很深，至今仍然记得，那就是在太平天国宣布起义并定都南京后，有一个曾国藩手下的大将，名叫胡林翼，当时驻守在今安徽的马鞍山，他在江边阅兵时，有一只外国军舰，冲着他沿江而上，看到这艘外国军舰，这位大将竟当场昏厥了过去。后来别人问他为什么，他回答说，对付太平天国我们还有把握，但对付这些外国军舰就没有办法了。这件事生动地反映了当时清政府上层的态度。他们看到了中国的物质技术远远落后于西方，因而惧怕和退缩了。因此引起了以后丧权辱国的灾难性后果。

这说明在中西文化碰头时，他们认输了，这是一个大转折。过去清政府以“天朝上国”自居，视外国使节为“外夷入觐”，乾隆皇帝认为自己国家物产丰盈，并不需要“外夷”的货物，同外夷贸易是一种恩赐；英国使团提出觐见时，他要求英使节行三跪九叩首的大礼。这个皇帝那时还没有认输。

中西文化碰了头，中西文化的比较，就一直是中国知识分子关注的问题，他们围绕着中华民族的命运和中国的社会变迁，争论不休，可以说至今还在继续中。在五四运动以前，大致是19世纪中叶，已有人提出了“西学”的观念，要在技术上学习西方人的长处，以求有所改进，可用“旧学为体、新学为用”即“中学为体、西学为用”的看法来概括。那时，人们对中国原有的一套政治伦理秩序并没有发生大的动摇。到了五四运动，碰到的问题已不是借用一些“西学”可以解决的了，基本上是要以西方现代化来代替中国的旧文化了。所以五四运动又叫新文化运动。不少人用西方启蒙运动以来的一些观念作为推翻和取代传统制度的目标，其中最重要的是民主与科学，在“五四”之后发生过“科学和玄学”及“民主与独裁”的两次重要争辩。随后中国共产党在1921年成立，马克思主义得到不少青年的信仰。中国向何处去是知识界不能回避的问题了。抗战开始，国难当头，民族危机使争论暂时停顿下来，但战后应该建立怎样一种社会文化秩序，仍然是知识界关心的主题。彻底打破现状，重建一个全新的理想社会，无疑对知识分子具有极大的吸引力。那时主导的思潮是否定传统的，当时即使有人提醒人们应该正视革新和传统的关系，也并不能引起人们的注意。抗战结束后中国知识界的思想情况也随着国内政治局势的变化而迅速发生了变化。新中国成立后，中国大陆发生了翻天覆地的巨变，知识界在马克思主义的指导下走上建设社会主义道路。归结起来看，无论是“戊戌”维新变法、“五四”新文化运动和解放后的历次政治运动，都是在破旧立新的口号下，把“传统”和“现代化”对立了起来，把中国的文化传统当做了“现代化”的敌人。“文化大革命”达到了顶点，要把传统的东西统统扫清，使人们认为中国文化这套旧东西都没有用了。

总之，中国文化从传统走向现代的进程中，步履维艰。怎样才能使中国文化的发展摆脱困境，适应于时代潮流，中国知识分子上下求索，提出了各种各样的主张，以探求中国文化的道路。由此涌现出各种流派，有如新儒家就是重要的一家，它主要在哲学一门之内，也涉及到史学，看法未必一致。这方面我不太熟悉，最近看到余英时先生的文章讲道：“新儒家”是指20世纪的思想流派，其事起于境外，特别指1958年元旦张君劢、唐君毅、牟宗三、徐复观四位先生在香港《民主评论》上所发表的一篇宣言——《中国文化与世界——我们对中国学术研究及中国文化与世界文化前途之共同认识》。这些情况以及其后之发展在我当时的处境自然不会了解，同时也不会是大陆知识分子关注的中心问题。现在应该回过头来看一看，做一番研究是有必要的。

这种情况直到改革开放后开始有所反思，我们要搞清楚中国文化的特点是不可能割断历史的，港台的知识界60年代也对此提出了问题，不少人感兴趣的是怎样在“传统”和“现代化”之间找到接榫之处。说明文化不仅仅是“除旧开新”而且也是“推陈出新”或“温故知新”。“现代化”一方面突破了“传统”，另一方面也同时继续并更新了“传统”。

就我个人来说，我受的教育是从清末民初所谓新学开始的，这个新的学校制度是针对旧的科举制度下的私塾制度而兴起的。我的父亲是最后一科的秀才，科举制度在他那一代取消了。改革之后，他被选送到日本去留学，学教育。回来后就搞新学，办了一个中学。我母亲创办了县里第一个蒙养院，我从小就是在这个蒙养院里边长大的，所以我没有进过私塾，没有受过四书五经的教育。连《三字经》《百家姓》也没有念过。我念的是“人、手、足、刀、尺”，是商务印书馆的小学课本，是新学的东西。不用面壁背书，坐冷板凳，还可以唱歌做游戏。初小后进入私人办的私学，也是由留学生办的新学。接着上了教会办的大学，从东吴转到燕京，又进了清华研究院，并再去英国留学，一生受的教育都是西方文化影响下的“新学”教育。父母主张新学，不要旧的一套，在儿女身上不进行旧式的教育，所以我缺了从小接受国学教育这一段，国学的根子在我身上并不深。中西方文化接触，在我本人并没有感到严重的矛盾。这一点和我的上一代是不同的，他们是受中国文化培养成长的，有着深厚的中国传统文化的根底。由于他们基本上是在中国文化传统的熏陶下成长起来的，因而对中国文化的长处有亲切的体验，甚至有归属感，所以他们的基本立场是“要吸收西方新的文化而不失故我的认同”。如陈寅恪先生讲“一方面吸收输入外来之学说，一方面不忘本来民族之地位”；钱穆先生说“余之所论每若守旧。而余持论之出发点，则实求维新”。像他们这样的学者是无法接受“进步”和“落后”的简单二分法的，他们求新而不肯弃旧，在当时的潮流中不免陷入严重的矛盾之中。

我在70岁时重新开始了社会学人类学的研究，进入了第二次学术生命，当时预计还有10年的工作时间，希望自己在有生之年，还能为中国的人文社会科学发展多做些工作。学习社会人类学的基本态度就是“从实求知”，首先对于自己的乡土文化要有所认识，认识不是为了保守它，重要的是为了改造它，正所谓推陈出新。我在提出“文化自觉”时，并非从东西文化的比较中，看到了中国文化有什么危机，而是在对少数民族的实地研究中首先接触到了这个问题。20世纪80年代末我去内蒙古鄂伦春聚居地区考察，这个民族是个长期在森林中生存的民族，世世代代传下了一套适合于林区环境的文化，以从事狩猎和饲鹿为生。近百年来由于森林的日益衰败，威胁到了这个现在只有几千人的小民族的生存。90年代末我在黑龙江又考察了另一个只有几千人、以渔猎为生的赫哲族，他们也存在同样的问题。中国10万人口以下的“人口较少民族”就有22个，在社会的大变动中他们如何长期生存下去？特别是跨入信息社会后，文化变得那么快，他们就发生了自身文化如何保存下去的问题。我认为他们只有从文化转型上求生路，要善于发挥原有文化的特长，求得民族的生存与发展。可以说文化转型是当前人类共同的问题。所以我说“文化自觉”这个概念可以从小见大，从人口较少的民族看到中华民族以至全人类的共同问题。其意义在于生活在一定文化中的人对其文化有“自知之明”，明白它的来历、形成的过程，所具有的特色和它的发展的趋向，自知之明是为了加强对文化转型的自主能力，取得决定适应新环境、新时代文化选择的自主地位。

实际上在经济全球一体化后，中华文化该怎么办是社会发展提出的现实问题，也是谈论文化自觉首先要面临的问题。我回想起在上世纪末与台湾人类学家李亦园教授关于中国文化与新世纪的社会人类学的对话。

我提出了一些自己在思考的问题，并且认为研究文化的人应该注意和答复这些问题，比如我们常常讲有中国特色的社会主义，那是指马克思主义与中国实践相结合的结果，所以在马克思主义进入中国后变成了毛泽东思想，后来又发展成了邓小平理论，这背后一定有中国文化的特点在起作用，可是这些文化特点是什么，怎么在起作用，我们都说不清楚。我们交谈时涉及几个实例，一是谈到重视家庭的思想，注重家庭的重要作用。在改革开放后实行家庭联产承包责任制，农村的生产力一下子解放出来了。以后在农村工业化中，又看到了真正有活力的是家庭工业。同时让我进一步想到中国社会的生长能力在什么地方，中国文化的特点之一我想是在世代之间联系的认识上。一个人不觉得自己多么重要，要紧的是光宗耀祖，是传宗接代，养育出色的孩子。二是“一国两制”的实践不光具有政治上的意义，而且还表现在不同的东西能不能相容共处的问题上，所以它还有文化的意义。这就是说中国文化骨子里还有这个东西可以把不同的东西凝合在一起。可以出现对立面的统一。三是“多元一体”的思想也是中国式文化的表现，包含了各美其美和美人之美，要能够从别人和自己不同的东西中发现美的地方，才能真正地美人之美，形成一个发自内心的、感情深处的认识和欣赏，而不是为了一个短期的目的或一个什么利益。只有这样才能相互容纳，产生凝聚力，做到民族间和国家间的“和而不同”的和平共处、共存共荣的结合。四是能想到人家，不光想到自己，这是中国人际关系当中一条很重要的东西，老吾老以及人之老，幼吾幼以及人之幼，设身处地，推己及人，我说的差序格局就出来了。这不是虚拟的东西，是切切实实发生在中国老百姓日常生活里的真情实事，是从中国悠久的文化里边培养出来的精髓，“文化大革命”对这一套破坏得太厉害，把这些东西都否定了，我看这是不能否定的，实际上也否定不了。

我们现在对中国文化的本质还不能说已经从理论上认识得很清楚，但是大体上说它确实是从中国人历来讲究的“正心、诚意、修身、齐家、治国、平天下”的儒家所指出的方向发展出来的。这里边一层一层都是几千年积聚下来经验性的东西，如果能用到现实的事情当中去，看来还是会发生积极作用的。我们中国文化里边有许多我们特有的东西，可以解决很多现实问题、疑难问题。现在是我们怎样把这些特点用现代语言更明确地表达出来，让大家懂得，变成一个普遍的信息和共识。

长期以来在西方文化浪潮的冲击下，特别在“文革”时期，“传统”被冲刷得太厉害了。由此所造成的危害及其严重性还没有被人们所真正认识，同时能够把有深厚中国文化根底的老一代学者的学术遗产继承下来的队伍还没有形成，因此我深深感到知识界的责任重大。我前面谈到由于自知国学根底不深，需要补课，近年来读了陈寅恪、梁漱溟、钱穆等先生的著作，很有收获。启发我对中国文化精神更深入的理解，对中西文化比较更深刻的研究。

同时自己感到对世界大潮流有些“隔膜”，虽然改革开放后我们已经重新“放眼看世界”，我也多次出国进行学术交流，但开始看到的主要是西方在新技术方面的迅速发展，有如我在《访美掠影》一书中描述的计算机信息技术等。但是到20世纪90年代苏联解体，冷战结束，世界格局发生了重大变化，西方舆论“自鸣得意”，我对亨廷顿的“文明冲突论”虽有批判，但对于中西文化中深层次的问题并不敏感。正如我前面所讲自己“行行重行行”，力争紧跟国内社会经济发展，提出“文化自觉”的看法，也是从少数民族地区的发展问题中看到的。

去年美国的“9·11”事件对我有很大的震动。在我看来这是对西方文化的又一个严重警告，而且事件后事态的发展使我很失望，这种“恐怖对恐怖”的做法，让我看到西方文化的价值观里太轻视了文化精神的领域，不以科学的态度、实事求是的精神去处理文化关系，这是很值得深刻反思的。因此也让我想从理论上进一步搞清一些问题，如个人与文化的关系，文化的社会性和历史性问题等，以利推动中西文化比较研究的深入。

今年5月我在南京大学建立100周年的纪念会上，发表了《文化论中人与自然关系的再认识》的讲话，进行了这方面的探讨。我们这些人，从生物基础上看是和其他动物一样的，他的生命实际上同样有一定的限期，即所谓有生必有死，生和死两端之间是他的生命期。但由于人们聚群而居，在群体中又凭其共同认识，相互模仿别人的生活手段以维持他的生命，这时他已从生物人变成了社会人。每个生物人都在幼年逐步变成社会人而继续生活下去的，只有作为一个社会人，生物人的生命才得以绵延直至死亡。我们一般说人的生命是指生物人而言的，一般所说人的生活是指社会人的一生而言的。生活维持生命的继续，从生到死是一个生物必经的过程。但是生活却是从生物机体遗传下来的机能通过有向别人学习的能力而得到的生活方式。一个人从哺乳期到死亡的一切思想和行动，都是从同一群体的别人那里学习得来的。所学会的那一套生活方式和所利用的器具都是在他学习之前就已经固定和存在的，这一切是由同群人所提供的。这一切统统包括在我所说的人文世界之内，它们是具体的文化内容。当一个生物人离开母体后，就开始在社会中依靠着前人创造的人文世界获得生活。现存的人文世界是人从生物人变成社会人的场合。这个人文世界应当说和人之初并存的，而且是历代社会人共同的集体创作，社会人一点一滴地在生活中积累经验，而从互相学习中成为群体公有的生活依靠、公共的资产。孔子说“学而时习之”就是指模仿别人而不断实践。这是人从作为生物个体变成社会成员的过程。

人文世界拆开来看，每一个成分都是社会中的个人凭其天生的资质创造出来的，日积月累，一代代人在与自然打交道中形成的。这些创新一旦为群众所接受，就进入人文世界的内涵，不再属于任何的个体了。这就是我们应当深入理解的文化社会性。

文化是人为的，但这里只指文化原件的初创阶段，它是依靠被吸收在群体中的人们所共同接受才能在群体中维持下去。一群社会人互相学习利用那些人文世界的设施包括物质的和精神的，或说包括它的硬件和软件进行生活。生物人逃不掉生死大关，但属于社会人的生活用具和行为方式即文化的零部件却可以不跟着个别生物人的生死而存亡。文化的社会性利用社会继替的差序格局，即生物人生命的参差不齐，使它可以超脱生物体生死的定律，而有其自己存亡兴废的历史规律。这是人文世界即文化的历史性。

强调重新更深入地认识文化的社会性和历史性，可以帮助我们加深对文化的认识。我已注意到文化价值观方面存在着东西文化的差别，中华文化的传统在出发点上和西方文化就有分歧。前一辈的学者，所谓新儒家，已经碰到了这个问题，他们用历史学的方法，做了具体而细致的研究工作，钻研得很深，提出了他们自己独到的见解。我们真要懂得中国文化的特点，并能与西方文化做比较，必须回到历史研究里边去，下大功夫，把上一代学者已有的成就继承下来，切实做到把中国文化里边好的东西提炼出来，应用到现实中去。在和西方世界保持接触、进行交流的过程中，把我们文化中好的东西讲清楚使其变成世界性的东西，首先是本土化，然后是全球化。这个任务是十分艰巨的，现在能够做这件事的学者队伍还需要培养，从现在起在几十年里培养这样一批人是当前一件很重要的事情。当务之急是要在我们的知识界造成一种良好的风气，补上“放眼世界”这一课，关注世界大潮流的发展变化。我自己年纪大了，实际上不能进一步去观察，也没有条件深入研究了。但我认为经济全球化后文化接触中的大波动必然会到来，迟早要发生的，我们要有准备地迎接这场世界性文化大论争。因此我们一方面要承认我们中国文化里边有好东西，进一步用现代科学的方法研究我们的历史，以完成我们“文化自觉”的使命，努力创造现代的中华文化；另一方面要了解和认识这世界上其他人的文化，学会解决处理文化接触的问题，为全人类的明天做出贡献。

2002年8月6日

家乡小城镇大发展的二十年

2002年的清明节刚过，我又回吴江老家，不少老朋友来看望我，他们不约而同地谈到家乡这几年来的发展变化。他们说，家乡的每一个村镇，生产力都提高了，乡亲们收入增加，市镇建设加快，生活条件改善了。一句话，家乡城镇化进程大大加快，昔日的农民大多已经过上了城里人的生活。

20年来，从整个中国来讲我们一直在朝工业化、现代化这条路上前进，而且走得相当快，国民生产总值发展的速度在7%以上，超过了世界上许多国家，江南地区甚至超过了10%。吴江就在这个地区里，这个地区也是乡镇企业发展比较早和比较快的地方，当地的许多农民，已经脱离土地进了城，变成了工人。从某个角度上说，农村劳动力向城市流动的快慢，会直接影响工业化、现代化进程的速度。

朱镕基总理在九届人大五次会议的政府工作报告中，着重提出要加快农业和农村经济发展，努力增加农民收入；要求各地政府加快农业和农村经济结构调整，为农民进城务工经商提供方便；还要积极稳妥地推进城镇化，促进农村劳动力向非农产业转移。总理的政府报告预示了今后几年内，我国小城镇又将迎来一个新的发展机遇；同时也预示着今后几年，将会有更多的农民离开土地涌向城市。有专家说，今后10年，将会有数以亿计的农民进城。

其实农民进城，他们的目的就是为了增加收入、摆脱贫困。这部分人里，大都是农村中的壮劳力或掌握一些技术的人，这些人往往会在农村里先富起来。

在改革开放之初，进城务工的农民人数不多，他们通过亲戚、朋友这个跳板，在城里先有个落脚的地方，然后找工作，就可以解决问题。现在情况发生了变化，当数以千万计的农民离开家乡外出打工，在全国各地流动的时候，情况就不那么简单了。众多人的大流动，在找到工作和未找到工作期间，难免会出现种种意想不到的问题。这些问题涉及到社会的方方面面，为了了解和解决这些问题，我们必须要对农民进城的这一情况进行认真的研究。

1983年我在家乡搞调查的时候，看到世世代代守着土地讨生活的农民开始办起了工业，看到一些市镇出现了由衰转兴的苗头。对这一情况，我当时想到很多，虽然它只是初露端倪，但依我数十年在农村搞调查的经验，觉得此问题的出现，当是中国农村一次大变革的开始，对此，我写了《小城镇 大问题》这篇文章。这篇文章引起了决策者和不少人的注意，到现在它发表快满20年了，这20年来，家乡的小城镇真的一步步发展起来了，而且建设得越来越好。那么，这些年中那些小城镇是怎么样发展起来的？家乡的农民是怎样离开土地进了城？我们又是怎样来安置外地进城农民的生活和工作？现在，不是农村里的农民要不要出来的问题，而是农民出来以后我们能给他们提供多少“活路”，也就是多少就业机会……这一系列问题一直萦绕在我的心里。

这20年里，我们看到了人口向城镇集中的现象，而且这种集中的速度相当快。农民离乡要有两个条件，一个是在乡下他们活不下去了或是生活得不好；二是农民离乡出去后要有活路，也就是有活干，能生活得下去。作为城镇，就要为他们提供活路，要在从事农业生产之外找到其他生活的路子。这就是我为什么提出“小城镇，大问题”的出发点。

我国加入WTO，把大门打开了，境外资本、先进技术涌了进来，一个广阔的国际市场展现在我们的面前，为当今中国的社会经济发展又加上了一个国际的力量，这个力量一进来，必然会影响到中国人社会生活的方方面面。世界正在大变化之中，特别是“9·11”事件发生以后，世界局势变得更加复杂，它变化的方向、变化的结果会是怎样，现在还显得扑朔迷离。在这样的局势面前，我们应该怎么办？那只有沉着应付。为了能够沉着应付，就必须摸清楚实际情况。我们现在要做的事千头万绪，其中有一件是要摸清楚城镇化进程在我们这个地方到了怎样一个程度，看看又出现了哪些重要的新情况，并且从过去的经验里总结出一些有用的东西。

城镇化这个名词是世界上通用的说法，英文称Urbanization，其实，这是一个过程，这个过程的第一步是从农业化的社会进入到工业化的社会，用我的话说就是从传统的乡土经济过渡到现代化的工业经济的过程。这个发展过程是一步一步向前走，有它一定规律的。在这个过程中出现了一个农村人口的流动和农村劳动力怎么充分利用的问题。

要摸清楚我们国家城镇化进程到了怎样的程度，这是一个大课题，以我这个越过90岁年龄的老迈之躯来完成这个题目，似乎是可“想”而不可及的了。我的眼力、听力、腿力已经不允许我再像20年前那样到下面的市镇里去访问，走家串户跟老乡们聊天。现在为了了解情况，我只好偷个懒，请下面搞实际工作的同志到我住的招待所来谈，或约一些过去负责这方面工作的老同志、老朋友来，讲一讲他们的体会、感想、意见；当然我还是要尽可能再到一些市镇去走一走，亲眼看一看那里的新面貌。所以在后来的几个月里，我又走访了张家港、常熟、太仓、昆山和苏北的盐城、阜宁，浙江的宁波、台州、临安等地。

一

1983年，我和小城镇研究组的同志到吴江县的松陵、盛泽、震泽、铜罗、陆港、莘塔、庙港、平望等镇搞调查，20年过去了，这些小城镇的情况怎样了呢？我真想再到那些地方跑一圈，亲眼看一看它们的变化，和乡亲们拉拉家常，但是岁月不饶人，看来这个愿望已经不好实现了。不过幸好这些年来，我每年回家乡的时候，都要到各地去走走，曾亲眼目睹这些地方日新月异的变化。

这次调查的时候，我在松陵镇听了一些地方同志的介绍，又访问了离松陵不远的盛泽镇，向镇上做实际工作的同志请教，从他们充满信心又不无自豪的话语中，我再一次体验到乡亲们为自己取得的成绩而感到喜悦的心情，同时也把我带进了美好的回忆和深刻的思索中。

我出生在松陵镇，松陵是我从小熟悉的地方，现在是吴江市政府的所在地。改革开放初期松陵的经济发展比较慢，进入20世纪90年代以后，他们做了三件事：第一件是进行乡镇企业产权制度的改革；第二件是建立吴江经济开发区，吸引了一批合资企业落户松陵；第三件是投资搞技术改造。这几项措施使松陵镇大大改变了面貌。

1982年的时候，这个镇的建成区面积只有1.6平方公里，镇区人口仅17700多人，工业产值1398万元。经过近20年的发展，到2001年底，松陵镇建成区已经扩大到了16平方公里，常住人口达88200多人，其中外来人口约有25000人，工业产值已突破了73亿元，增长了522倍！交通、通讯、供电、供水、居民住房等基础建设不断得到改善，昔日衰老的小镇，又焕发出青春，如今已经成了颇具现代气息的国家级卫生城市。

另外一个是盛泽镇。历史上盛泽是一个专业化程度很高的丝织工业中心，这一特点始终没有改变过。同松陵镇一样，到2000年初，他们完成了乡镇企业的改革，加大了技术改造和发展外向型经济的力度。如今盛泽镇拥有当代先进水平的织机2.5万台，每年主要产品聚酯切片的生产能力为26万吨、纺丝23万吨；生产各类织物15亿米、织物印染15亿米、织物深加工10亿米。此外全国各地3000多家丝绸商行云集的盛泽镇东方丝绸市场，年交易额达到138亿元，是我国薄型织物的交易中心和价格形成中心之一。如今盛泽镇已经成了我国重要的丝绸纺织业生产、出口基地和产品集散地。

今日盛泽面貌已非昔比。1982年时镇区面积只有2.2平方公里，人口26100多人；全镇工业产值4642万元。到2001年底，盛泽镇已经扩大到20平方公里，常住人口达106200多人，工业产值突破了65亿元，增长了140倍！

吴江最南端的铜罗镇，也彻底摆脱了20年前冷清的局面。1982年我们到这个小镇调查时，发现1952年镇上有2475人，然而到了1982年却减少到2007人，30年来人口下降了19%，这个情况曾经引起我们的注意，我们认为，人口下降是小城镇衰落的表现之一。如今情况有了根本的改变，铜罗镇人口已经翻了一番达4000多人，并且依仗着传统的酿酒业以及新兴的纺织（绢丝）、服装业，把经济搞得红红火火。

此外，当年全镇只有一家油泵厂的莘塔镇，今天已经是拥有（油）阀门、自动扶梯（电梯）、保险箱、服装、制鞋等多种行业的繁荣的小市镇。

还有一个当年曾经引起我们注意的小镇陆港。这个镇解放前是太湖东南岸边一个商业性的小渔港，据说全盛时有50户人家做生意，经济活动相当活跃。后来，由于经济发展、行政设置、交通条件等因素的改变，小集镇的地位也发生了变化。到了“文化大革命”后，镇上只留下了两个商业门市部和一家茶馆，三十几名商业人员。我在《小城镇 大问题》里称这类小镇是“已吞未咽下”的小镇。经过了20年，这个镇终于被“咽”下去了。据介绍，今天陆港只是一个行政村，全村只有

4个市镇户口的人，其余的都是农村户口；主要为村民服务的几家茶馆、理发店、裁缝铺和十几爿百货店还在营业。但是随着吴江市经济的发展，陆港人的生活也发生了很大变化。村民已从20年前依赖农副业生产过日子，转变到主要依靠办工业和经营商业致富。据统计，全村1350名劳动力中，有837人从事工业（包括家庭工业）、196人从事商业，占了总劳动力的77%；全村人均收入从1982年的240多元，增加到2001年的5300多元。

这20年里，家乡还有不少乡镇，在党的改革开放政策的指引下，抓住机遇，找准路子，在较短的时间里，形成一个规模大、实力强的行业，这种“一镇一品”的路子，给当地老百姓带来实惠。其中七都镇的崛起是一个比较有代表性的例子。

上世纪80年代以前，七都这个太湖边上的小镇，交通不便，信息闭塞，经济一直发展不起来。1985年他们看准电缆这个行业，在当时上海电缆研究所所长、七都老乡沈康的帮助下办起了电缆厂，取得了很大的成绩。1998年我去访问时，镇领导跟我说，他们要加大投入，开发新产品，并且派人到东南亚考察，寻求合作途径，扩大对外贸易，参与国际竞争。据了解，今天七都的电缆生产已经占全国产量的1/6，工业产值达46.38亿元。

还有一个横扇镇，这个镇走的路与七都不同。横扇在20世纪80年代末，还是个不惹人注意的小镇，小平同志“南方谈话”以后，他们抓住机遇，利用农民手上的传统技术，发展起以家庭生产为基础的羊毛衫制作业。现在，全镇7000多户居民中有一半从事羊毛衫制作，拥有横机3万多台，先进的喷水织机（无梭织机）2000多台，近年还引进了十余台当今最先进的全电脑织机。年产羊毛衫8000多万件，产品不但销往全国各地，而且远销西欧、东欧、东南亚和非洲等国家和地区。羊毛衫还带动了这个镇的毛纱业、织机和配件业、印染业、建筑业的发展。横扇镇已经成了羊毛衫产销专业镇。2002年10月，一座以引进资金为主兴建起来的大型羊毛衫交易商城将在横扇崛起。家庭羊毛衫业的发展，不仅使当地老百姓增加了收入，还吸纳了2万多名外地打工人员，据推算，这些打工人员每年一共可以拿到超过1亿元的收入。

还有金家坝镇的净化夹芯板业，有4000多从业人员，去年年销售额达到9亿元；原青云镇的包装容器、八都镇的绢纺制造、菀坪镇的工业缝纫机、震泽镇的活动房……都形成了一个镇一个拳头产品的优势，既增强了本地的经济实力，又富裕了一方百姓。

朋友们的介绍，加深了我对家乡20年来所取得成就的了解。党的正确的政策引导，尤其是小平同志“南方谈话”大大激发了老百姓的积极性和创造性，乡亲们的努力，促使我的家乡吴江的经济发展又上了一个台阶。

二

20世纪90年代是吴江经济发展中一段重要时期。80年代初，刚刚挣脱了“四人帮”羁绊的吴江人民，经过千辛万苦创出了以农村集体经济为主的乡镇企业。也是那个时候，我获得了“第二次学术生命”，重又到家乡搞社会调查，我觉得家乡农村经济的发展别具一格，就给它起了“苏南模式”的名字。苏南模式的乡镇企业是在集体经济基础上发展起来的，所以从它诞生的那一天起，就带上了计划经济的胎记。随着时间的推移，带着这些印记发展起来的乡镇企业，在我国市场经济逐步建立的过程中，在管理体制、资金投入、分配形式等各个环节上都出现了问题，使它在竞争激烈的市场经济里很难再获得发展。苏南的乡镇企业陷入了困境。

经过一段时期的摸索，从1997年末开始，吴江开展了全面的企业改制工作。这次改制的一个突出特点，即所谓的“民进公退”——原来的集体企业改成股份制或股份合作制企业，还有的经过拍卖成了私营企业。经过3年，全市累计改制企业1670家，涉及总资产152.95亿元。

通过这次改制，政府彻底放下了直接管理企业的包袱，实现了政企分开的改革目标，使之能更集中精力通盘考虑全市的发展、管理和建设工作；同时也大大激发了民间资本投资的热情，为前一个时期在兴办乡镇企业的实践中培养出来的一批长于经营的人才和企业家，提供了更广阔的用武之地。

结合改制，吴江市进行了大幅度的产业结构调整，乡镇企业的面貌已今非昔比，过去“以小补大、拾遗补缺、适小补需”的小打小闹，已被规模化、集团化，高精尖技术、出口外销所替代。从上世纪90年代开始，政府着力改善投资环境，大力开展招商引资的各项工作，结果引来了台湾电子工厂和众多的外商在这里安家落户。如今全市形成了丝绸纺织、通讯电缆、电子资讯三大支柱；全市一、二、三产业结构比例已调整为8.27∶54.38∶37.35，2001年全市国内生产总值达203亿元。

同时，吴江市的农业经济也出现了一种新趋势，全市建成了水产、畜禽、蔬菜、苗木等各类基地，初步形成了区域化布局、产业化生产、规模化经营的格局。同时还依靠传统的农副业优势，通过深加工发展创汇农业，形成了“桑、茧、丝绸、服装”“养兔、兔毛、纺纱、针织”“畜牧、制革、皮革制品”及“蔬菜种植加工、水产品养殖与加工”，贸工农结合的一条龙生产体系。

上个世纪80年代末，吴江已经有了不少农民办的家庭小工厂，但那时政府并不鼓励这种做法。现在不同了，由于政策放开、力度加强，农民办工厂的积极性更加高涨。像上面提到的横扇镇，有一半农户搞羊毛衫编织，这些家庭办的小工厂，不仅吸纳了大量的农村富余劳动力，增加了农民的收入，还为农村培养出一批懂得经营的行家里手。就拿吴江比较偏远的桃源镇来说，该镇农户经过产业结构调整，看准城市建设需要大量绿化树木这个市场，开辟了10000亩苗圃，由于经营的需要，出现了几百个推销这些苗木的经纪人，他们到全国各大城市推销桃源镇的苗木，同时还承接城市的绿化工程，从而繁荣了本地经济，富裕了本地百姓。据了解，桃源镇的九里桥村，2001年村里60个经纪人的总收入达到1.02亿元。

几年前我曾经说过，中国今后一个时期的农村工业化可能将要“采取上下两手并举的办法”和走“抓大放小”的路子来进行。看来吴江的这些实力强大、技术先进的集团企业和扎根在千家万户的私营家庭企业同时并举，不正是以上下两手并举的办法，在新形势下走出的新路子吗？

加入WTO后，我国的企业面临新的机遇和挑战。有专家说，在今后相当长的时间里，中国的生产“仍然是一种劳动密集型、低成本的模式”，中国工人的工资是东京—关西工业中心区的工人工资的1/20，所以日本公司在对华战略方面已经作出调整，“它们正在将生产产品的工厂转移到中国”。我在吴江就看到了这样的苗头。日前《吴江日报》有一则关于“菀坪缝纫机行业今年开局良好”的报道上说：一季度，菀坪镇缝纫机整机及其零部件行业共完成销售1.16亿元，同比增长58.9%……随着我国加入WTO，世界缝制设备制造业中心向中国转移已成定局。菀坪人为了进一步做大、做强缝纫机及其零部件生产这一行业，打响“菀坪牌”，正在努力准备条件。

我还听说盛泽镇目前不仅是我国丝绸纺织业重要的生产、出口基地和产品的集散地，而且盛泽镇薄型织物的交易和价格会对世界薄型织物的市场发生较大影响。依我看，如果江苏和浙江这两个我国丝绸织造业最发达的东部沿海地区能够携起手来，统筹规划，在现有的基础上继续加强自身实力，特别是在提高丝绸纺织业的科技水平上，再扎扎实实地下一番功夫，从而使这里成为世界薄型织物生产和交易中心是完全可以做到的。这也是WTO给予我们的一个机遇。

三

从历史上看，吴江的小城镇发育较早，数量也多，但是，由于种种原因，长期以来没有引起人们的重视，解放后还一度呈现出衰落的势头。据说到改革开放以后的1982年至1984年间，吴江才第一次有了全县七大镇和部分乡镇的发展规划。随着乡镇企业的壮大，吴江市的经济综合实力得到加强，1992年他们抓住撤县设市的机遇，制定了市域城镇体系发展规划，实现了工业区、商业区、住宅区分离成片，从而使小城镇建设与乡镇工业发展相得益彰。

如今，吴江市小城镇的面貌已经发生了巨大的变化，人气也越来越旺。到2001年末，全市小城镇建成面积达到85平方公里，是1982年的7.8倍；常住人口增加到41万多人，是1982年的2.6倍。全市道路、通讯、供水、供电等基础设施不断完善，卫生、绿化、美化、环保越搞越好，1997年吴江市获得了国家卫生城市的称号。为了适应加入WTO后面临的新挑战，吴江市将按照规划进一步把江南这个水乡建设得更美好。

乡镇企业的发展推动了小城镇的建设，促进了城市化进程，因为小城镇的兴旺发达，留住了一大批人。据统计，20年来，吴江市城镇常住人口增加了25.16万人；2001年到当地派出所办理临时居住证的外来民工有112038人（估计还有未办理手续的外来民工2万多人），这样算起来进入吴江的外来民工应当在14万人左右。其中盛泽镇有5万人，松陵镇有4.5万人，横扇镇有2万人，就是镇区人口只有4000人的铜罗，打工仔、打工妹也有2000人。这些外来民工除了一部分是来自本省的县市之外，主要来自河南、安徽、四川、云南、贵州等省。这些人中有96506人进工厂打工（占86.14%），10141人经商（占9 .1%），4878人从事服务业（占4 .4%），还有389人参加了当地的种养殖业生产。看来今天的农民工已经成了离土又离乡的工人了，他们为吴江市的经济建设做出了很大的贡献。

上面的这组数字是已经找到工作、有了去处的外来务工人员的人数，此外还有为数不少的、正在四处求职一时没有着落的人。要管理好这样一支无组织的、来自四面八方的、庞大的流动人口，其困难程度是显而易见的。吴江市政府十分重视这项民工的管理工作，建立了一支由公安、劳动、人事、交通、工商、财政、城管、民政、司法、教育、计生等几乎包括了政府所有职能部门组成的外来流动人口管理领导小组。他们以教育、管理、服务为原则，想了很多行之有效的办法对外来民工进行管理。比如为了加强、健全管理网络，各镇外管办按照外来人口的2‰~3‰或按100~120户一名人员的比例配备协管员；在各村、居委会及外来人口较集中的工厂企业，专门设立外来人口管理服务站（中心），由用人单位出钱聘请专职或兼职的协管员。除了建立一套管理机构之外，他们还建立了行之有效的三级督查机制，形成了一个在党委、政府领导下，以公安部门为主、各方配合、职责明确的外来人口管理格局。

外来民工找到工作以后，如此庞大的人群的居住成了大问题，为了使外来民工有一个较舒适、安全的居所，吴江政府要求招收20名以上外来员工的企业，要负责配合公安部门对员工进行管理，建立“员工之家”，让民工在宿舍区集中居住。宿舍区设门卫，建立必要的外出、会客、值班巡逻等制度，进行规范化管理。据说像这样的集体宿舍区，全市已经有180多个，集中住宿的人员有6.3万人。这样差不多有六成以上的民工在吴江可以得到一个比较安定、安全的住所。

政府还要求各镇因地制宜，把空闲的厂房、办公楼等房屋重新设计、装修，改造成适合民工居住的“社会性民工公寓”，然后按公寓式的管理办法，低价租给外来务工人员。有的公寓区里还开设了杂货店、公用电话、阅览室等公共设施，条件好的还办了托儿所、民工子弟小学，以优良的服务和规范的管理吸引外来人员入住。比如盛泽镇在新生和鹰翔公寓式住宿区的基础上，又开发了一批闲置房，建成了10处这样的公寓区。目前，全镇入住民工公寓的人数有4600多人。

除了对民工加强管理之外，政府还对镇上出租住房的居民加强了管理，首先要求出租住房的人要办好手续，挂牌营业；房主要按照办旅馆那样对租房人进行登记、管理。

除了用规章制度把外来务工的人员安置好、管理好之外，有关部门还举办职业技能、法律、文化等各类培训班，对民工进行培训；举行图片展览，法律知识竞赛等活动，丰富外来人员的生活，通过种种办法提高他们的综合素质。有关部门还特别注意发挥外来人员中的党团员的积极作用，开展评选先进、鼓励优秀分子的活动。吴江政府希望为打工的农民兄弟提供良好的服务，使他们在这里工作、生活得愉快顺利。

除了对外来务工人员有一套比较完善、有效的管理、服务办法之外，还要依法保障他们的合法权益。政府要求用工单位和业主遵守国家有关法律、法规，贯彻执行劳务用工的各项规章制度，例如用工单位、业主必须同务工人员签订劳务合同。有关部门要按照“谁主管谁负责，谁用工谁负责，谁容留谁负责”的原则，加强对用工单位和业主的监督和执法力度；坚决取缔非法劳务市场、劳务中介机构，确实保障外来务工人员的合法权益，让吴江成为打工人的“第二故乡”。

四

近几年，除了春节前后，由于各地民工回家、返城时造成车站拥挤、堵塞；又因为民工回家使得城里人订的牛奶没人送、早点无处买……造成诸多不便这样的新闻，引得传媒关注、议论一番之外，人们对农民出外打工已经习以为常，不太关心了。其实这是一件很了不起的大事。

记得朱镕基总理在九届人大五次会议的一次记者招待会上说，他目前感到最头痛的事，主要是怎样能增加农民的收入。让总理头痛的重要原因之一，就是因为我国地少人多，农村里众多的劳动力闲置着，没有成为生产力，赚不了钱。有专家估计，“2000年至2010年将有近7000万人离开农业部门。加入WTO本身又会使这个数字再增加约200万至300万。”还有人“初步匡算，我国1/3农村劳动力处于就业极不充分状态，现有农村富余劳动力总数在1.5亿人左右”。换句话说，我们的政府要为农村富余劳动力提供数以亿计的就业机会，使这部分闲着的劳动力变成生产力，变成钱。这是一个十分艰巨的任务。

其实这是个老问题，上个世纪30年代，我在家乡搞调查的时候就看到了这个问题，并试图提出解决的办法。时间过去了半个世纪，一直到80年代中期，中国广大农民在党的政策指引下，终于闯出了一条兴办乡镇企业的路子。乡镇企业的异军突起，吸纳了大量的农村劳动力（2000年乡镇企业从业人员为1.28亿人，占农村劳动力的27%），增加了农民的收入，使大多数农民摆脱了贫困，同时将中国引向繁荣发展的道路，开创了今天这样一个欣欣向荣的局面。

在乡镇企业发展的过程中，中国农民挣脱了千百年来被土地束缚住的手脚，涌进了市场经济的浪潮中，形成了一股势不可挡的、冲向城镇的力量。根据2000年人口普查资料推测，全国现有流动人口1.21亿人。还有资料说，“流动就业的农民，80%以上进入城镇，他们进入大中城市、小城镇和农村的比例约为4∶4∶2”，就是说有四成的人流向大中城市，四成的人留在小城镇，还有两成的人易地从事农业。比如上面提到的，吴江有389个外来打工人员（占外来人口的0.3%）在吴江农村从事种养殖业。

20年前，我曾经提出把小城镇建成人口“蓄水池”的观点，就是想到一旦千千万万农村中的富余劳动力“冲”出来以后，他们到哪儿去？我想还是应该多渠道地安置他们。如果把星罗棋布的小城镇建设好，经济发展起来，就能够吸纳一部分人，起到拦截的作用，使他们不至于一下“冲”进大中城市。

今天，加强小城镇建设已经成为大家的共识，这几年我在各地访问的时候，亲眼看到各级政府重视小城镇建设的情景；在张家港、常熟、太仓、昆山，苏北的盐城、阜宁和浙江的宁波、台州、临安等地，都目睹一座座生机勃勃，颇具现代化风貌的小城镇已经拔地而起，吸引着四面八方来打工的人。

小城镇发展的势头很猛、很快，使我们的许多工作跟不上了。我在同松陵镇的同志座谈时，听他们说起近年来在城镇建设工作中碰到的一些问题，有人说，松陵镇是吴江市政府所在地，是这一地区政治、文化的中心，镇区常住人口有8.8万多人，外来人口2.5万人。全部人口中，非农业人口占总人口的63.9%，比例占得不小，但是用一个中等城市的标准来衡量，市区非农业人口要达到30万人以上，才能进入城镇化的发展轨道，这么看，松陵的差距还很大。

可是要增加镇上的非农业人口亦非易事，因为随着城乡一体化程度的提高，乡下的“软硬件”建设不断改善，城乡差别日益缩小；再加上由于各项改革的不断深化，现在的“城市户口”在就业、教育、医疗等方面享有的优惠待遇正在逐渐减少，所以非农户口不再像过去那样吃香了。相反，近年来城里人提出要求“非转农”的倒有所增加。

另外，由于形势发展得快，政府的很多政策、措施跟不上，影响了工作的顺利进行。比如松陵镇镇区内有大片土地已经开发成工业区或做其他用地，那里的农民绝大多数成为无田可种的非农业人口，但是由于没有相应的配套政策，缺少行政和经济上的手段来安置这部分人，从而降低了农民参与户改的积极性。1999年松陵镇曾经划出一定的区域作为户改的试点区，两年多过去了，城区的实际发展已经远远超出了那时划定的范围，可是户改试点区的规定没有改，使得一部分村组不能及时按政策得到安置，影响了户改工作的进一步推行。他们希望上级有关部门，应该根据实际情况及时修订政策，采取切实可行的措施。

我国计划经济时期为了限制人口的流动，制定了一系列的政策和规章制度，这些政策、规章制度严密地挡住了农村人口进入城市。上世纪90年代以来，农村富余劳动力跨地区的大流动日趋活跃，为了适应改革开放后出现的新变化，政府有关部门已经对一些旧的政策、规章制度进行了改革，例如对养老、医疗、社会保障等制度的改革。但是对人口流动限制最严重的户籍制度，似乎改革力度还不够。松陵的同志希望有关部门加大对户籍制度改革的力度，放宽对户口迁移的限制，按照外来人口的纳税、投资、拥有固定住所、学历、工作等情况，放宽落户条件，实行以居住地登记为原则的户口管理制度，逐步打破城乡分割的户口二元结构，以适应当前经济发展的需要。

五

前几年，我在《农民入镇》的一篇短文里说过，农村走向城镇化，自我完成了从农民到工人的角色转换。这句话有着两层意思，一层是说由于工业下乡，迫使千百年来脸朝黄土背朝天、守着几亩黄土地讨生活的农民，放下了手中的锄头，操纵起隆隆作响的机器，他们要按照工业生产的规律来管理、经营自家的小工厂，他们被推进了市场经济的大潮中，随时要关心自己的产品能不能够卖出去，什么东西能够卖个好价钱……农民的日常生活发生这样巨大的变化，在中国可以说是史无前例的。

另一个方面则是大批农民涌进城市务工，这些人一下子从农村进入城市，变成了工人，他们的生存条件发生了急剧而巨大的变化。我们知道，人的一切行为无不受到他的社会关系、生活方式，特别是他的思想意识、价值观念等因素的影响。在从农民到工人这个角色急剧转换面前，他们跟不上了，有些不知所措，这种现象是不足为奇的。

因此，加强对农村劳动力的文化教育和技能培训，提高他们的文明程度，以满足各地对劳动力的素质越来越高的要求，是各级劳动部门要下大力气抓好的工作。我们相信，在这一场史无前例的社会经济大变革中，中国的农民一定会克服各种障碍，迈向现代化。

随着国家工业化、城镇化的进展，进城打工的农民会越来越多，我们“城里人”应该怎样来迎接他们，我看除了创造更多的就业机会之外，建立健全各种劳动用工法规、完善各项劳动保障制度，确实保障外来打工者的合法权益，营造一个有序的人口流动环境，是当前政府有关部门必须认真对待的问题。据我所知，国家为此已经制定了一系列政策、制度，比如进城的农民要持有当地有关部门的务工准许证，妇女要有婚育证；城里的雇工单位必须为雇用的外地工人办理暂住证，必须同工人签订劳动合同、办理保险等等，但是由于种种原因，有些规定还未被认真执行，或者被严重干扰。

我们又经常可以从各种媒体上，看到诸如不法中介机构设圈套，坑害求职工人；雇主克扣工人工资、殴打工人；工厂使用有毒原料，致使工人中毒，甚至死亡；还有的雇主甚至国家用人单位，不按规定与工人签订用工合同或上保险，一旦工人与雇主发生纠纷，吃亏的往往是工人等等这样的报道。看来今后还需要下大力气加强对劳动用工的各项法律、法规的执行和监督，并且要不断加以完善。

我曾经问一位当过市长的老同志，农民进城落户，有什么困难。他说他不希望太多的农民落户到城里，因为他们成了市民后，他这个市长的负担就加重了，特别是当他们丧失劳动力时，问题就更多。一市之长要为市民的衣食住行、生老病死操心，在一个地方经济实力还不十分强大，又没有建立起健全的、有力的社会保障制度的情况下，过多的市民反而可能会拖了城市发展的后腿。况且改变一个“户口本本”就会牵扯到物价、就业、教育、住房、计划生育、征兵与退伍安置等问题，有专家说，“农民与城里人的待遇差别达47项之多”，要解决这些问题可不是一件轻松的事。老市长说得不无道理，看来他担心的原因，就出在我们现在正是从计划经济向社会主义市场经济转轨的时候，新生事物如雨后春笋般涌现出来，但是许多陈规戒律还在起作用，而新的规章制度尚未确立起来，这时就难免发生问题了。

记得大约是二三年前，北京电视台曾经播放过一位成功的外地企业家得到了北京市户口的新闻；最近又听说石家庄市户籍改革后，一年有10万人迁入该市；还有济南市出台了户籍改革政策以后，一个多月来已经为4.2万多原来郊区的农民办理了户籍变更手续。这些消息表明，由于形势发展的需要，户籍制度的改革正在积极进行中，这些改革必然会为农民进城提供方便。

六

上面所讲的是我在2002年清明时节去家乡吴江市所了解到的有关小城镇发展的一些情况。

金秋时节，溽热退去。我又回了一趟家乡，打算从更大一些的范围里了解小城镇的变化，于是到苏州地区的张家港、常熟和毗邻上海的太仓、昆山走了一圈。在苏州的各个县市里，吴江的经济发展并不占先，比如张家港的国民生产总值就比吴江大得多，这些先进的县市最近几年里在发展速度上都有猛进之势。

张家港在改革开放的20多年里，由一个贫困的小村子变成全国赫赫有名的小城市。我在1997年一次访问后，曾经写了几句话表达我的感想：昔日荒凉人稀一沙洲/今朝路阔港深耸高楼/乡镇富埒市/企业起家十有九……这次来到这里，当地的同志又高兴地向我介绍说，张家港市目前发展到有20个镇，356个行政村，总面积999平方公里，总人口95万人（其中有10万外来常住人口）。2001年全市完成国内生产总值306.8亿元，比上年增长14%；财政收入32.08亿元，比上年增长15.6%；全市农民人均收入5898元，城乡在岗职工人年均工资收入11777元。全市工业经济发展明显提高，比如当年以拆旧船炼废钢铁起家的沙钢集团，已经成了国家特大型工业企业，拥有总资产116亿元，员工7500多人；年产铁、钢、型材的能力分别为100万吨、350万吨和450万吨，是我国目前最大的电炉钢、优特钢高线和螺纹钢生产基地。2001年沙钢实现销售收入112.98亿元。为了进一步增强综合竞争能力，向世界钢铁工业20强进军，沙钢人还要不断降低成本，提高生产率，提高科技含量，赶超国际水平。此外全市还拥有像陶氏化工、东海粮油工业（张家港）有限公司、张家港海螺水泥有限公司、永嘉集装箱码头有限公司等一批颇具实力的龙头企业。如今在张家港的沿江区域已经形成了全国最大的电炉钢生产基地和优质线材生产基地、亚洲最大的粮油加工基地、全国最大的木材水运集散地。

张家港近年来取得的发展得益于他们的创新精神，他们比吴江早一年，于1996年起实行了企业产权制度的改革。到1999年他们根据实际情况，按照“摘帽一批”“还原一批”“转让一批”“退出一批”“规范一批”的思路，将本市的各类企业梳理清楚，促进了各类生产要素向优势企业、优质产品和优秀企业家集聚，为做大做强规模经济创造了条件，从而形成了目前的十大经济支柱产业；同时，他们还积极推进体制创新，突破了发展单一集体经济的传统思维模式，积极利用民间资本和外来资本，大力发展非公有制经济（2002年1—7月，全市新批办私营企业1593家，新批办个体工商户5818家）。2001年全市个体经济上缴税收达7.3亿元，占全市财政收入的23%。张家港的这套行之有效的做法，使我想起了前几年我访问吴江时，看到开弦弓村的农民有的织羊毛衫，有的办线路板厂，户户办家庭工业，个体经济搞得热火朝天，人人有活干，家家收入增加；同时，我又在七都看到这个镇办的电缆业生产，已经占到全国产量的1/6，工业产值达到30亿元，电缆业又带动了一批相关产业迅速发展起来，形成了该镇实力强大的支柱产业。由此我提出了乡镇企业在全面改制的时候，也要注意“抓大放小”的主张。我想，在今后相当长的一段时期里，“抓大放小”仍然是一个值得注意的问题。

张家港、常熟、太仓都是长江沿岸的港口。张家港境内有长江深水岸线33公里，有30个万吨级以上的泊位，开通了18条国际航线，是长江沿线最大的国际性贸易商港。常熟是一个历史悠久的港口，是国务院批准的一类对外开放口岸，现已建成可停泊3.5万吨以下各类船只的多功能港，该港口年吞吐量超过千万吨，进入全国内河航运十大港口之列。近几年太仓的港口建设也取得了较快的发展，目前已形成生产性泊位16个，其中万吨级以上的泊位5个，正在建设的万吨级以上泊位1个，即将开工建设的万吨级以上泊位4个，这5个泊位建成后，太仓港的吞吐能力将大大提高。这几个市都打算要依仗自己的地理位置和悠久的航运传统，并且要紧紧抓住上海洋山深水码头建设和黄浦江整治货运外移的时机，打一个“时间差”，把各自的港口建设搞上去，准备好条件，抓住我国参加WTO这个机遇，到世界上去闯一闯。

我想，沿长江还有一批像江阴、常州、南通这样的港口城市，它们也在大力开展港口的建设。那么，这样众多的港口怎样在面临的洲际贸易的大格局里面合理配置，在互惠互利的前提下合理分工？对沿海港口的层次、布局也要在这样一个局面里统筹安排。这需要有关部门的领导者以高屋建瓴的眼光作出决策，防止因为我们考虑不周而分散了力量。我在太仓访问时，在《太仓日报》上看到一则报道说，交通部水运司的领导同志正在太仓对“港口建设发展情况进行调研，并出席了上海国际航运中心江苏一翼港口发展现场调研座谈会”。看来这个问题已经引起政府的有关部门和专家们的关注了。

我这次访问的，可以说都是开放力度比较大的县市，当地同志异口同声地对我说，他们要尽快提升城市品位，形成现代化城市格局，并按照与市场经济相适应、与国际惯例接轨的要求，进一步深化各项事业的改革；要不断扩大对外贸易，加大迈向世界的步伐。张家港的同志告诉我，这几年全市的外向型经济稳步发展，2001 年完成进出口总额 22.5 亿美元，比上年增长 18.6%；2002 年的外贸发展趋势令人振奋，外资投资项目增多，目前已有日本三菱、伊藤忠、旭化成，韩国浦项，美国雪佛龙，英荷壳牌等近50家国际著名大公司来这里投资。又比如毗邻上海的昆山市，至2001年底，全市已累计批准来自世界54个国家和地区的投资企业2300多家，合同外资超过110亿美元，实际到位外资超过50亿美元；2001年全市进出口总额达50亿美元。

我也注意到，这几个县市把眼睛盯住国际市场的同时，更是目不转睛地关注着身边的“大上海”。我同太仓市陆渡镇和昆山市淀山湖镇的同志座谈时，他们都表示要“主动依托上海、服务上海、融入上海，成为上海的‘后花园’”。除了发展绿色农业，当好上海的“菜篮子”之外，还要抓紧上海一城九镇开发的契机，把自己的市镇建设成环境优美舒适、设施配套齐全的现代化小镇。筑巢引凤，吸引国内外投资者，特别是吸引上海人来这里投资和居住。

据说近几年，上海采取措施将劳动密集型产业扩散到郊区的八个县，这是扩大自己腹地的第一步，我想这个腹地应该越大越好。1990年我曾经提出过建立长江三角洲经济开发区的设想，意思是在这个区域里，以上海为龙头，江浙为两翼，长江流域为腹地，通过互相间的合作，加快长江流域的社会经济的发展。整个长江流域里实力强劲的、众多的大小城镇，众星拱月般地把上海托上去，促使上海更上一层楼，逐步发展成为世界上一个重要的经济中心。上海应当是一个洲际贸易、金融的中心，是一个繁荣的、以洲际交通为主的国际大都会。上海必须用全国一盘棋的眼光来看待这个变化，当上海成为这个国际贸易上的一个“亮点”的时候，长江就是经过上海通向世界的物流渠道，上海应当是这个经济区域的总调度室。这就是我理想中的一个超越行政区域的“大上海”，大上海就是 Greater Shanghai。这里我提出“大上海”的观点，留待身后实现，现在只是作个登记。

可以说，从20世纪30年代开始，中国城乡发展的道路一直是我研究的重要课题之一。几十年来，我跟着我国农村经济形势的发展仔细观察、认真思考，我的观察从基层农村逐步进入城镇。最近的20年，我国的经济实现了质的飞跃；不久前又加入了WTO。在经济全球化和信息产业化迅猛发展面前，迫使我必须进入更大的范围和更高的层面来关注和思考我们今后的经济建设问题。

20年来，我在家乡看到了乡镇企业的异军突起，看到了小城镇的由衰转兴；然后走出“江村”，在祖国各地的农村和市镇间奔走。在实际工作中，我深刻地感受到由于地区间经济发展的不平衡给我们带来的问题，并且逐步产生了“区域经济”的概念。继而又在世界经济走向一体化的形势下，进一步思考我们应该怎样应对未来的局面。

这次为了了解小城镇发展状况，我所访问的苏州地区的几个小城镇，都是地处我国经济最发达的上海经济区里。我在这里似乎看到了一个超越行政区划的、金字塔型的经济区域结构——上海这个国际大都会，在苏、锡、常、通、杭、嘉、湖、甬等这些发达的中等城市的簇拥下高居塔的顶端；中等城市的下面是一大批新兴的、实力强劲的小城镇和千千万万个生机勃勃的农村构成的基础。这个基础越宽广、厚实，金字塔就越牢固。这个“塔”充满活力，从塔顶到塔基，纵横交错的“血脉”（交通、通讯网络；人流、物流等经济交往）延伸到每个基层单位，把它们紧紧地联系在一起，形成了一个比较靠得住的现代经济区域。

眼前的这座金字塔还在构建之中，但是它的壮丽的前景已经展现在人们的面前。我想，虽然我国各个地区的发展还不平衡，小城镇建设的进度参差不齐。况且，我在这篇文章里写到的，只是我们国家960万平方公里中的一隅，这“一隅”又是我国经济发展最快的地方，所以我想再啰唆一句：我们虽然在这里看到的只是一个小小的局部，但是见微知著，从这个局部，我们看到了中国经济发展的美好前景。

2002年11月，中国共产党第十六次全国代表大会隆重召开了，大会向全国人民发出了“全面建设小康社会，开创中国特色社会主义事业新局面”的伟大号召，指明了今后一段时期里我们奋斗的目标；大会在提出经济建设和体制改革的问题时还指出，要全面繁荣农村经济，加快城镇化进程。在逐步提高我国的城镇化水平的时候，要坚持大中小城市和小城镇协调发展，走中国特色的城镇化道路。这预示着作为建设小康社会的载体，我国的小城镇建设又将迎来新的大发展的时期。

我年纪大了，做事情已经力不从心，只能把在我国建立起一个丰衣足食、安居乐业的小康社会，让所有农民都能享受到现代化的美好生活的希望，寄托在年轻一代人的身上。

大概是出于对家乡的偏爱吧，这20多年来我年年要回家乡走走、看看，对这片我从小熟悉的土地上的变化，感受尤其深切。我的家乡在江苏省里并不是发展得最快、最好的地方，但是我还是想在家乡的小镇里多走走、多看看，和乡亲们一道感受改革开放带来的喜悦，同时把家乡在小城镇建设方面所取得的成绩记录下来，作为一个例子，说明我们国家在城市化进程中已经做到了什么样的程度，以及小城镇在我国迈向工业化、现代化过程中所起的重要作用。我想用这个记录为我对“小城镇，大问题”的调查画上一个句号。

癸未年春节于北太平庄

发展如蜕变，说城镇与区域经济

1983年我写的《小城镇 大问题》和后来的三篇关于讨论小城镇建设的文章发表以后，引起了有关领导和一些同志的极大关注，从而推动了学界对我国城镇化和乡镇工业应该走什么样的发展道路的问题的讨论。同时也促使我自己的研究思路，从小城镇进入到大中城市再到区域经济，进而产生了“全国一盘棋”的观点。

从那时起到现在的20年里，尽管学界对中国小城镇建设和中国城镇化该走怎样一条路子的问题，见仁见智，观点不尽相同，甚至相悖，但是，中国的城镇化还是按着自己的规律在发展。以苏南为例，从社队企业转变而成的乡镇企业，在经历了“民进公退”的改制以后，已经形成了一个分散在一家一户和集中在城镇的工业群体；外资的大量引进促使乡村工业发生蜕变，发展壮大，工业的兴旺又导致地区性产业结构的变化。与此同时，地区人员流动和职业的改变也直接影响了人们生活方式的转变，使得城镇化的水平不断提高。

由于乡镇企业的崛起、城镇化的迅速推进，目前在苏南已经形成了一个包括南京、苏州、无锡、常州、南通、扬州、镇江和泰州这样的大中城市以及它们所辖的小城镇密切结合的城镇带，这个城镇带与上海这个国际大都会相得益彰。如果把苏南的这条城镇带与浙江的杭州、嘉兴、宁波、湖州、绍兴和舟山等地放在一起来看，这里就是当前我国经济活力最强劲的、被称为“长江三角洲”的地区。这里已经形成了一个城镇密布、大中小城市相衔接的网络。事实上已经形成了一个“经济区域”。

苏南是我的家乡。党的十一届三中全会以后，我重新回家乡搞农村调查，几乎走遍了家乡的大小乡镇。如今我已经九十有三，失去了继续下乡搞实地调查的条件，但是我对家乡社会经济持续发展的关切之心丝毫没有减少。所以我从2002年秋开始，利用回家乡的机会做了一些调查，并且把家乡20年来的变化和我的一些思考记录下来，写成了《家乡小城镇大发展的二十年》一文。

文章写完之后，觉得意犹未尽，还有一些问题没有说清楚，于是就请了几位北京大学的研究人员来讨论。讨论中大家认为“蝉蜕壳则能飞”，20年来我国的乡镇工业和城镇建设有如蝉儿一般，经过几次蜕变，完成了几次飞跃，从而使我国的经济格局发生了很大的变化。

我觉得这一场讨论可以补充我上篇文章中“言犹未尽”的那部分内容，所以就请参加讨论的邱泽奇同志，以问答的形式整理成文，经我修改后定稿。

一

邱：我们说，城乡的发展与支持城镇的社会经济体系是密不可分的，您在《小城镇 大问题》这篇文章里对小城镇进行分类的时候，依据的就是这一点，在讨论城镇兴衰的时候依据的也是这一点。您还认为，20世纪80年代初期，小城镇的复苏和繁荣是“小型工业，特别是社队工业带动的结果”。

您在相当长的一段时间里，花了很多精力研究家乡的从社队工业发展起来的乡镇企业，并把这种以集体经济为主体发展起来的乡镇企业归纳成“苏南模式”。后来您又扩大了自己的研究范围，提出了以个体和私营经济为主体的“温州模式”和以外资企业为主体的“珠江模式”。20年来，这三种模式的乡镇企业都发生了巨大的变化。

费：历史正在不断地向前发展，我们每一个人所接触到的事物也在不断地扩大。拿我来说，上个世纪的80年代，我从苏南出发，跟着我国社会经济的发展形势跑，一个地区一个地区地看，把看到的东西加以分析研究。我看到了一些地方各不相同的发展情况，其中比较典型、引起我特别注意的，就是刚才你提到的三种模式。“模式”是指一定时空条件下事物的模样。现在我们不妨把这三种模式放在一起来看，或许可以更清楚地了解我国乡镇企业和小城镇建设“脱壳蜕变”的过程。

先看看“苏南模式”。改革开放的初期，农村实现了以家庭为单位的联产承包责任制，与这个制度相应的变化就是公社时期的社队企业变成了集体所有制的乡镇企业。苏南模式一度成了集体经济的代名词，其历史根源就在于此。

邱：在您早期的著作《江村经济》里，您就讨论过在地少人多的条件下出现的农民办的合作工厂的情况；

在《小城镇 大问题》中，您又特别强调了当时苏南乡镇企业的基础就是公社时期的社队企业，苏南的乡镇企业采用集体所有制是顺理成章的事，也是它早期能够获得快速发展的制度保证。

费：是的，保持集体所有制为苏南工业的发展提供了积极的制度保证，同时也为后来的乡镇企业改制和工业的升级换代积累了原始资本。到上个世纪90年代中后期实施"改制"的时候，苏南的经济已经获得了巨大的发展。以吴江市为例，1997年吴江市乡镇企业（不包括村）的固定资产原值已经达到100多亿元。从劳动力的分布上也可以看到这一点：1996年，吴江市的36万个劳动力中，有近20万人在企业里工作；据统计，1997年吴江市从事种植业的劳动力只有8万人，而且这些人在农闲的时候，还会到"工业"里去找活干。

由此可见，苏南模式的乡镇企业不仅为这一地区后来的发展提供了原始积累，而且还为引进外资和高新技术产业后的新一轮发展，准备了高素质的劳动力。

邱：1997—1999年的乡镇企业改制，看起来好像是不得已而为之，其实是一件水到渠成的事情。从社队企业到乡镇企业都为后来的现代企业制度的发展提供了各种准备。除了您提到的资本和高素质的工人以外，还培养了一批成熟的、有经验的管理人员。

1997—1999年吴江民营资本的投资只有30亿元，但2000年这一年，就增加了30亿元，以后逐年攀升——2001年40亿元，2002年上半年已经突破36亿元。据统计，在这些投资中，外地资本仅占25%，绝大多数都是本地的投资。大量资本的投入除了说明本地的投资实力之外，更重要的是体现了对资本的管理能力。

费：经过20年的发展，特别是乡镇企业改制以后，苏南的广大乡镇已经形成了一个从家庭工厂到现代大企业的、多层次的工业网络。

邱：2002年秋，我又一次去了吴江市的横扇镇。您是知道的，那个镇的家庭工厂生产的羊毛衫很出名。5年前，我在那里看到的是车间建在家里的作坊，最大的一家只有10多台手工织机，没有见到有什么大规模的企业。可是2002年，我在那里看到不仅有连片的工业厂房，而且连“家庭作坊”也发展成了现代化的车间，先进的电动横机、喷水织机大量进入了家庭企业。

费：总的来讲，苏南模式通过所有制改造和外资的引进，已经形成了多种所有制并存、多层次工业并存的格局。苏南模式与温州模式、珠江模式已经没有什么本质区别了。

下面我们来谈“温州模式”。温州经济的发展开始于改革开放，政府放松了对个体贩运的限制后，人口和商品流动起来了，使善于经商的温州人得到了积累资本的机会。家庭工业也应运而生。但它与苏南不同，温州的工业一开始就同商业结合在一起，形成了它独有的特色。

邱：关于温州您写过三篇文章。第一篇是1986年写的《小商品 大市场》（又称《温州行》）。当时社会上对于“姓资姓社”的争论很激烈，您明确地提出了“小商品，大市场”这个观点，鼓励温州人发展商品经济，并希望温州的家庭工业能够走向联合。

1995年写了《家底实 创新业》。充分肯定了温州推行的股份合作制，称它是“富有东方色彩的‘经济结义’”；您还鼓励温州人要进行第二次创业，发展城镇建设，占领更大的市场。

第三篇是1999年写的《筑码头 闯天下》。时隔四年，您看到了一个与过去完全不同的温州——眼前是大型的厂房、规模化的企业、漂亮的城镇。您敏锐地看出温州这个“码头”在变化。形势要求温州人建造一个更大的、更现代化的、实力雄厚、能够跟世界各地连接的流通基地。您希望在经济全球化的时候，温州人要把眼光看得更远一些。

费：我写这篇文章，是想鼓励他们在继续扩大国内市场的同时，要打到国外去，走出去参与世界市场的竞争。温州人是有这个传统的，我相信用不了多长时间，他们就会像先辈那样，到世界各地去发展他们的事业。

邱：20世纪90年代，经过“产业整合”，温州的家庭工业完成了如同蝉儿脱壳般的改造，形成了一些庞大的企业集团，如正泰集团、人民集团、康奈集团、奥康集团，又如打火机和烟具行业的“大虎”“东方”集团等。温州人在把企业做大的同时，也发挥了擅长做生意的传统，把自己的产品打进了世界市场。

据报道，现在已经有几种温州产品在世界市场上占有一定的份额，如2欧元以下的金属外壳打火机已经占到全球市场的70%；此外还有眼镜、鞋类、服装、文具、灯具、皮革、泵阀、低压电器等产品也已打入国际市场。有消息称，不少温州人在第二次海湾战争还没有完全结束的时候，已经在积极寻找重建伊拉克的商机。

但是在温州模式发展的过程中，有一个被忽视的方面，那就是对外资的引进。温州市的领导说，引进外资一直是他们工作中的一条“短腿”。2002年温州引进的外资虽然同比增长了50%，但总量很小，只有8000万美元，大约只相当于吴江市一个镇的水平；这20年来，温州引进的外资累计还不足6亿美元，不敌吴江市的一半。

尽管温州民间资本很充裕，但是我们应当看到，外资的引进不仅仅是个资金的问题，它还是一个向外国学习先进管理和先进技术的机会，甚至会影响到一个地方产业升级换代，参与国际市场竞争的大事情。

费：进入世界市场这个问题很重要，要发展，不参与国际市场是不行的。中国虽然有庞大的国内市场，但也不能忽视了国际市场的开发，特别是高附加值产品的市场，基本上还掌握在发达国家的手里。我希望温州人不仅要开发、巩固国内市场，更要打出去，占领国际市场。打火机那样的市场要重视，高附加值产品的市场更要花力气去开发。相信不久的将来，温州人和温州产品会出现在世界各地的市场上。

接下来谈谈“珠江模式”。珠江三角洲的发展得益于“前店后厂”这样一种形式。简单地说，就是香港人在香港开“店”，对外接订单，然后拿到已经转移到劳动力和土地价格都比香港便宜得多的珠江三角洲的工厂来生产，生产出来的产品由香港卖到世界各地。我们称之为“借船出海”。以后随着改革开放的不断深入，广州、深圳等地实现了直接参与国际贸易。我们称它是“造船出海”。

邱：您最早谈到“珠江模式”的文章是1985年写的《港行漫笔》。1988年您访问东莞的时候，就已经看到香港的小型工厂向内地扩散的趋势。1989年在《四年思路回顾》一文中，您提出了香港与珠江三角洲的关系的问题，并提出了围绕香港的三个环形带的构想。1992年您在《珠江模式的再认识》中，进一步比较系统地论述了对珠江模式的看法。前不久，我到珠江三角洲的几个地方跑了一趟。

费：有什么新看法?

邱：有。近来长江三角洲的快速崛起，引起了大家的关注。由于长三角地区的技术工人和人才优势，对于外资，特别是台资很有吸引力。事实上也的确有一些原来在珠三角投资的台商，把他们的工厂向长三角转移。

比如转移到苏南的昆山、太仓、吴江和浙江的嘉兴一带。如此一来，珠三角吸引的外资就会大打折扣。一些人认为，长此下去，珠三角的经济发展将会减缓甚至衰退下去。

但是我在珠三角所看到的，依然是很旺盛的发展势头。其中最引起我兴趣的是一些外资纷纷进军珠三角的房地产业。有一个例子很典型：一个香港人在番禺投资开发了一大片住宅小区，小区里刚刚竣工的3万多套住房，很快就销售一空，10多万人住进这个小区，使这个小区俨然成了一个小城市。还有在历来是台商投资的热点地区——东莞，最近几年里，外商对各项产业的投资都有所增长，其中增长最明显的也是地产业。除此，珠三角的其他一些乡镇，房地产业发展得也很快，我去的樟木头镇，公寓塔楼连成了片。小乡镇纷纷建起了五星级宾馆，有的乡镇还不止一家。

我还了解到，在这里建造的住房有相当多的一部分是被香港人买走了，这一现象给了我一个启示：20世纪80年代初，香港人把工厂搬到了珠江三角洲，到了21世纪，香港人把家也搬过来了，他们把自己的生活空间转移到了珠江三角洲。所以，香港和珠江三角洲的关系进入了一个新的时期，值得我们很好地加以研究。

二

费： 这不仅仅是香港和珠江三角洲两家关系的问题，它还会牵涉到华南地区的区域经济问题。

从前面的讨论中，我们可以看到产生这三种模式的地区都已经走上了现代工业化的道路，但是由此也引发出了许多新的现象和问题。我一直认为，在这三个经济发达的范围内，应该可以各自联合成为区域性的经济共同体，但是现在看来，一时还形不成这样的联合。

邱： 正如您指出的那样，这三种模式中有两种是依托了大城市才发展起来的。苏南模式与上海的关系，珠江模式与香港的关系都是密不可分的。您说的区域性的经济共同体，指的就是由大城市带动起来的区域性经济吧。

费： 改革开放的早期，苏南经济是在上海的技术力量帮助下发展起来的，逐渐形成了具有自己特色的苏南模式。

邱：您在《小城镇 大问题》和后来写的多篇文章里都提到了这一点。早期的苏南经济能够迅速发展还有一个重要因素，就是计划经济给乡镇工业留下了很大的发展空间。苏南的乡镇企业在上海的技术力量支持下，通过“拾遗补缺”的产品而兴起。

费：我们也要看到苏南模式是从社队企业发展起来，是从公社制度中走出来的，具有很强的地方性。比如昆山开始的时候，因为当地的农业搞得很好，所以并不想发展工业，他们错失了苏南乡镇企业发展最有利的时机，以致比周围地区落后了。事实迫使昆山人转变观念，想到要依靠上海的力量发展工业，但是上海实行“肥水不流外人田”的做法，限制上海的企业与昆山合作。其实在底下，在民间，上海人同周边乡镇来往是很多的。记得1990年的时候，吴江有一位县长跟我说过，表面上看吴江官方与上海官方没有多少来往，但是我们的乡镇企业同上海的民间倒是来往密切，难解难分。现在看来，那个时候上海丢掉了一次与周边地区合作的机会。上海的做法也迫使苏南地区的企业和当地政府绕开上海，纷纷自找合作门路、自找外资，自己与外界建立联系，进入国际市场。

邱：的确如此。1999年我跟随您去昆山访问。那时听昆山人说，他们如果再沿袭苏南模式的路子走，是很难实现经济快速增长的。于是他们利用昆山农业基础好的优势，从农产品加工入手，引进外资，建立起当时颇具规模的地方性工业园区，营造出苏南地区最具吸引力的外商投资环境。昆山还充分利用其靠近上海的地缘优势，积极开展对外联络工作，因此在很短的时间里，就吸引了大批外商来投资。在我们去访问的时候，已经有不少台资进入昆山了。

乡镇企业改制后，苏南工业发展的主导力量之一是外资的大量进入和外向型经济的增长。20世纪90年代以来，昆山累计实有外资企业2000多家，总投资额130多亿美元，注册资金65亿美元；在这些外资企业中，投资超过1000万美元的有300多家，超过3000万美元的有100多家，其中台湾南亚集团投资的电子材料生产基地，预计总投资25亿美元。总之，昆山50%以上的财政收入、60%的利税、70%以上的销售额、80%以上的投资、90%以上的进出口贸易都来源于外资。

费：苏州工业园区也是一个例子，它撇开上海，找到一个大的投资机会，直接进入了国际市场。当时我们并没有看到这一点，现在回过头看，事情就比较清楚了。

邱： 有关资料表明，2002年苏州市合同利用外资101亿美元，实际利用外资48亿美元，居同等规模城市第二。苏州工业园区的GDP达到252亿元人民币，财政收入达32.6亿元人民币，占全市的11%强。建园以来，园区经济以年均近50%的速度增长，实现合同引资135亿美元，实际利用外资57亿美元，每个项目的平均投资规模都超过3000万美元，几乎每10家世界500强的跨国公司中，就有一家在苏州园区有投资。

费： 到了20世纪90年代，上海人看出了这种势头，他们赶紧建立起浦东开发区，但是当浦东开发区发展到一定规模的时候，他们又碰到了困难，那就是感到自己的腹地不够大了。

邱： 乡镇企业发展的初期，我们以为苏南将成为上海的腹地，因为当时苏南的社队企业，技术基本上来自上海；生产的产品也大都是为上海大工厂配套服务，但是在计划经济向市场经济转变的过程中，上海放弃了这块腹地的建设，以致把自己的腹地缩小到了只有上海行政区划内的地区。

费：地方主义阻碍了他们向周边地区的辐射。本来江苏省是想要和上海联合起来一起搞，但是上海没有响应，单独建设浦东，希望把浦东的几个县发展成自己的腹地。忽略了身旁的江苏和浙江。一个时期内，通过房地产开发和交通、通讯等基础建设的不断完善，浦东具有了很强的投资吸引力，上海也确实发展得不错。但是随着浦东可用的土地越来越少，吸引投资的优势不再那么突出了。

这时上海就面临一个大问题，在开发浦东之后，虽然上海开始着手开发自己的远郊县，但是要把这些地方的投资环境建设得能与苏南和浙东的投资环境相竞争，还需要相当长的一段时间。看来，现在具备比较成熟的投资环境的地方是苏南和浙东。

邱：目前整个苏南地区已经形成了一个从无锡、常州、苏州直逼上海的工业带；在浙东也形成了宁波、杭州、嘉兴、湖州的经济带。尤其是杭州湾跨海大桥的建设，必将会进一步影响这一地区的经济发展。这座大桥北起浙江嘉兴，南至宁波，全长36公里，总投资118亿元，是目前世界上最长的跨海大桥。有消息称，绍兴也将投资62亿元建造杭州湾绍兴通道及跨江大桥。这两项工程竣工后，宁波至上海的距离将缩短120公里，而从绍兴到上海只需要90分钟。这样就把350平方公里的杭州湾与上海联成了一片，形成一个庞大的工业集群。

费：正因为如此，我们不能忽视上海这个龙头同江浙两翼之间的矛盾。龙头不联合这两个翅膀，想单独发展自己的郊县，另外造一个翅膀出来，可是这个翅膀力量太小了，想飞又飞不起来。

江浙这两个翅膀失去了上海这个龙头的指挥，不得不自己找出路、求发展，结果起飞了，而且同龙头形成了竞争的局面。在目前的形势下，龙头如何当好龙头，两翼如何配合龙头，共同振翅高飞，是长三角地区必须解决好的问题。

由此看开去，“苏南模式”引出的区域经济的问题目前碰到了难题，龙头和两个翅膀之间没有很好地联系起来，龙头遇到了麻烦。看来，出路在于龙头要帮助翅膀发展，使这一地区在经济上形成一个有不同层次、分工合作、互惠互利的经济区域，在经济全球化的大潮中，打造成世界的经济中心。

邱：刚才谈到两翼的时候，我们讲了很多苏南这一翼的情况，其实近年来浙东的发展快得令人惊讶。

有资料说，1990年这个地区的国内生产总值只有562.7亿元，2002年增加到了5481.8亿元，在全省占据了举足轻重的地位。1990年的时候，杭州和宁波两市生产总值占全省经济总量的38.1%，到2002年提高到了42.8%。2002年浙东的财政收入占到了全省财政收入的62.6%。2001年，国家统计局农调总队对全国2000多个县（市）的社会经济发展状况的调查表明，浙江省26个经济发展最具活力的县中，浙东地区有19个。可以说，浙东和苏南已经真正成为长江三角洲发展的两翼。

费：十几年前我提出两翼的时候，并没有想到浙东会这么快发展起来。我们不是“算命先生”，不能未卜先知，我们只是根据事实看出事物本身的发展规律。这些年，浙东的确发展得很快，与苏南的经济实力不相上下，在这种情况下，如果龙头和两翼之间的关系不及时做出调整，还维持原来的格局，恐怕龙头就会变形。

邱：我们知道，除了要解决好龙头与两翼之间的矛盾之外，两翼之间也有一个分工合作的问题，尤其是当两翼分属两个不同的行政区域的情况下，如果这个问题解决不好，就很难避免发生矛盾。两翼之间发生矛盾，翅膀的力量就会大打折扣。

不过可以庆幸的是，近年来，我们不断看到有关长江三角洲地区打破行政区划的藩篱，积极开展跨地区合作的消息。例如2003年2月，浙江省领导同志在接受记者采访时，充分肯定了上海对长江三角洲的影响力，提出“虚心学习、接轨上海、真诚合作、互利共赢”的思路，希望进一步加强浙沪两地的合作、交流，共同推进长江三角洲地区的经济一体化。

同时我们也看到了这一地区已经开展合作的一些具体行动，如上海、浙江、江苏所属的19个城市的人事部门，联合发布了《长江三角洲人才开发一体化共同宣言》；2003年8月，这些城市的人事局长又共同签署了关于高层人才智力共享、专业技术职务任职资格互认、专业技术人员继续教育资源共享、博士后工作合作机制、公务员互派交流学习、人才服务合作等六项合作协议。此外，三地的科技、交通、旅游等部门也签署了具体合作的有关协议。

但是我们还是有理由担心长三角地区的合作进程，能不能与它的经济发展形势相适应。虽然江浙两省和上海市的有关领导，都表示了良好的合作愿望，而且如上所述，在部分具体事务上也开始有了合作，但是在一些重要的领域里，比如像重要的港口这样的基础设施的布局、对整个长三角地区产业的调整等方面，要做到实质性的合作，还有相当艰难的路要走。

费：因此，上海一定要找到一个适合自己的位置，当好龙头，使得两翼的力量能够与它相辅相成，共同发展。作为龙头，上海要把两翼当成自己的力量，让它们充分发挥作用；而且上海的眼光不能局限于长江三角洲，要从世界经济的发展进程中，捕捉新的苗头、新的机遇。上海要通过信息加工和转移，在金融、科技、人才等方面为两翼服务。龙头和两翼分工合作，形成一个整体。龙头掌握方向，引导以长江流域为脊梁的东方巨龙腾空而起。

邱：希望我们刚才讨论的问题，能够引起人们的警觉，使得长三角地区在今后的发展过程中，少一点波折。顺便说一句，温州人在总结这些年来发展的经验教训时，提出了今后他们要积极主动参与到与长三角的合作和发展中去，争取成为长三角经济区中的一员。据说，目前温州已经有4000多家企业在上海设立了办事处，有40多万人在上海和江苏地区从事工商业。我想，温州人的加入，必然会增强长三角的经济实力。

费：我们再说说“珠江模式”。从借船出海到造船出海，珠江模式跨上了一个大台阶。特别是深圳的发展，为珠江三角洲其他地区提供了一个很好的榜样。

但是，现在香港出了问题，好像被“抽”空了，人都走了；香港由于受到土地面积的制约，发展空间很小了。

邱：有专家说，到2050年，香港将没有一英寸土地可以用来盖房子了。这个说法虽然有些夸张，但是却道出了实情——在相当长的一段时间里，香港的发展会受到土地狭小这个因素的制约。

费：香港如何巩固和发展自己的地位，这是个大问题。要研究这个问题必须了解这个地区发展的历史。现在香港在世界贸易中占有特殊的地位，我们希望香港今后仍然能够保持住这个地位，发挥它的长处。但是我们要看到，香港的这个优势，说到底是因为内地在上个世纪40年代末实行了闭关锁国的政策，把上海原来的地位送给了香港。上海从一个国际贸易中心，转变成了一个国营企业的中心，背上了沉重的包袱。上海衰落了，香港兴起了。这是人人皆知的一段历史过程。

香港发展起来是一件好事，它好像在中国的南部安了一部经济发展的发动机。后来珠江三角洲的发展，不就是直接得益于这部发动机的带动吗？

改革开放以后，上海恢复过来了，多了一个发动机，也就多一份力量，对于中国来说这是件有百利而无一害的事。我们同样看到，长江三角洲也正是在上海这部发动机的带动下振兴起来的。

邱： 最近一个时期以来，香港乃至珠江三角怎样持续发展的问题，一直是当地和一些媒体讨论的热门话题。有专家提出，实现珠江三角洲经济一体化，已经到了刻不容缓的地步了。

费： 既然这个问题已经提了出来，就应该正视它。不要造成香港同上海彼此“争雄”，更不要造成此兴彼衰的局面，要共同发展。当然，在这个问题上还需要澄清一些误解。

邱： 在香港同上海的关系上，人们确实有些不同的看法。比如有人把目前香港发生的一些现象与上海挂钩，说是上海的崛起对香港构成了威胁，造成了香港当前的困境；还有人认为香港的问题是因为实行“一国两制”的结果，是政治体制约束了香港的发展。我认为，香港的问题，是与经济全球化使得香港在世界经济格局中的地位发生了变化密切相关的。

我们知道，从整个东南亚地区来看，具有与香港竞争实力的城市并不只有上海一个，况且香港和上海本是一家人，谁也不愿意看到“煮豆燃豆萁”的局面。其实真正与香港竞争的是新加坡和高雄。多年来新加坡一直把香港作为自己的竞争对手，企图在国际贸易、电子业、精密制造业方面与香港一争高低。

目前，有人提出，珠江三角洲与长江三角洲之间已经形成了相互竞争的格局，他们提出的理由中有一条是很敏感的“台资北移”现象。据了解，近年来苏南和浙东的外来投资中，台资占了很大的比例，但是这些台资是不是从珠三角转移过来的呢？进一步说，即便这些台资是从珠三角转移过来的，但是这些资金转移后，是不是造成了“彼长此消”？目前，要证实这些问题还缺少事实根据。

2002年4月，广东省政府曾经召开过一个记者招待会，专门就这个问题做了说明。省政府发言人说：近期，台资工厂整厂搬出广东的有两家，然而，也有两家台资工厂从外地整个搬到了广东；此外，截至2001年底，有14000家台资到广东建厂，协议吸收台资222亿美元，实际吸收台资超过110亿美元，分别占大陆引进台资和台资企业总数的1/4以上。广东省政府还强调说，改革开放以来，广东省一直是全国实际吸收外资最多的省份。

费：讲到这里，我们也不妨说点将来的事，就是“一国两制”前途的问题。从长远来看，香港必须同内地加强联系，加深融合。香港人可以根据自己的需要，密切同内地的联系。什么时候香港感觉到一定要依靠内地的时候，再来依靠内地也不迟。因为不管什么时候，不管发生什么事，内地都是香港的腹地和后盾。

同时，香港应该利用“一国两制”和作为国际贸易港口的优势，向东南亚国家多开辟一些交往的通道，要抓紧时间向南发展，到东南亚去。

但是，无论在什么情况下，香港不能为了谋求一地的发展而拖了内地发展的后腿。

邱：陈水扁曾经鼓励台商“向南挺进”，但应者寥寥。这是因为台湾太小没有腹地。香港就不同了，它有广阔的内地作为腹地，但是香港也少有向南的动作，反而不断地探讨同内地的合作，要向北发展。

费：是否要依靠内地，这要香港人自己提出来，我们不能提，我们要是提了，就有悖于“一国两制”的原则。如果香港进一步靠拢内地，很可能成为大珠江三角洲经济圈的龙头。但是目前我们还不能这么说，深圳与香港的竞争还是很激烈的。

邱： 实际上广州市也在争。广州市提出了“南拓、东进、北优、西联”的发展策略，希望在未来10年里，通过新机场、深水港区及南沙开发区的建设，使广州成为“最宜创业和生活居住的地方”，形成以广州为龙头，以深圳和珠海为两翼的“三角洲生活圈”。显然，这个策略将对香港的地位形成直接冲击。

费： 是的。我们要看到“龙头”问题不仅仅是香港的问题，而且是关系到整个珠三角发展的大事。记得几年前，我曾经问过广东省的同志：你们考虑过香港同广州、深圳之间的关系没有，比如三者之间如何分工？

邱： 我们相信珠三角地区和香港地区的政府和有关人士会妥善处理好这一问题。今年8月，广东省省长和特区行政长官在第六次粤港经济合作联席会后宣布，粤港已经就今后各自的发展地位达成共识，确立了香港为“店”，广东为“厂”的前店后厂的关系。

此外，我们还可以看到粤港加强合作的一些动向，比如有消息说，今年7月，港粤珠大桥的建设已经获得了国家有关部门的同意，目前正在对建桥方案进行评估。然而就在一年前，广东方面对这座超级大桥的建设并不热心，甚至搞得董特首在2002年底向媒体公布了港澳珠大桥将会延缓建设的消息。

费：谈到这里，我想要作一个说明：我们在这里议论香港，只是想从经济发展的客观规律里探讨一些问题，在探讨这些问题的时候，我们不带有任何政治的或地方利益的考虑。我们主张应当加强对香港、深圳和广州（包括澳门）之间的关系的研究，订个协议，加大彼此间的联系和合作。这种联系和合作不是势力的扩张，更不是政治权力的扩大，而是经济力量的覆盖和前进。

三

邱：除了两个三角洲之外，您还提出过好几个区域经济和建立跨地区经济开发区的建议。比如1966年您提出了环渤海经济区的问题。

费：这个问题提出来已经好多年了，但环渤海地区还没有看到哪个地方已经形成了经济中心。从目前的情况看，显然天津还没有成为这样的中心。

邱：最近这些年，似乎北京正在试图扮演这个角色。有几件事很能说明问题。

一是一改过去制造产业不突出的状况，把汽车、电子、制药等制造业放到了非常重要的位置上，尤其特别重视如光机电一体化、生物工程和新医药、新材料、新能源、环境保护这样的高新技术产业的建设。据北京市的说法，到2002年，高新技术产业的产值占全市工业总产值的40%左右；2003年全市出口额中，有70%是来自高新技术企业；到2010年，北京力争在一些重点行业、关键领域方面，接近或赶上世界先进水平。

二是加强生产基地和工业园区的建设。比如开辟了汽车生产基地、光机电生产基地、生物新药生产基地和微电子产业基地；建立了空港工业园、韩国工业园等开发区。

三是加快调整全市的工业布局。北京在改造传统企业的同时，要把中关村科技园区建设成国家科技创新示范基地、高新技术孵化和辐射基地、高素质创新人才的培养基地。北京的工业布局是：北部和东北部以生产电子、汽车、食品饮料、轻纺服装为主；南部和东南部以生产医药、化工、机械、仪表为主；西部和西南部以生产石化、冶金、新型建材产品为主。

费：尽管如此，还不能说北京已经是京津冀地区的经济中心了。事实上，我们还看不出这个中心在哪里。不过这个经济中心是一定会出来的。

邱：1993年您还向有关部门提出了关于加快发展环渤海地区的若干建议。

费：这些建议都没有下文，大概是时间未到吧。

邱：不过，您的这个观点仍然引起很多有关人士的兴趣，特别是人们考虑到东北亚经济发展的契机时，认为环渤海地区的钢铁、原油、原盐等资源优势和电子、信息、生物制药、新型材料等产业，具有极好的发展潜力。

同时，一段时期以来，到这一地区投资的外商也日渐活跃，据统计，全球近百家跨国公司在华的研发机构中，有40%以上设立在北京；在天津和大连等地也吸引了大批的外资企业。此外，京津两地政府都表示要积极开展合作，北京提出要突出京津冀经济联合圈的概念；天津提出要积极靠拢北京促进京津地区的一体化建设。

当然，环渤海地区的合作，和两个三角洲的合作一样，也受到诸如行政体制、产业分工、流通渠道等等问题的掣肘。显然，这些问题不是一朝一夕能够解决的。

费：除了华北地区之外，还有几个地区的问题应该提出来。一个是东北。今年夏天，我去大庆访问。近年来大庆市由于油田资源减少而发生了一些困难，如何抓紧时间发展替代产业，保持大庆继续发展的势头，成了刻不容缓的大事。大庆市要发展，要争取成为一个区域的中心城市。其实，更重要的是在整个东北地区建立起一个经济中心，迅速增强东北的综合实力，为今后我们参与在东北亚地区的国际竞争中做好准备。

要认清我们在世界经济格局中所处的地位，对我们的优势、弱点，都应该要有应对的措施。比如我们有便宜的劳动力，但是，如果不做好准备，到时候这个优势就可能发挥不出来。上世纪80年代初，我曾经到哈尔滨访问，想同当地同志讨论关于东北地区的人口问题，但是，那个时候他们听不进去，请我不要谈人口和移民问题。其实这个事情是早晚要提出来的。

事隔20年，现在再提出来讨论，还来得及。我认为东北要做好人口力量的储备，集聚人力为将来开发东北亚做准备。东北地区的各级政府，应当制定出相关的政策，把这项工作认真抓起来。

邱：您还向中央提出过建立黄河上游多民族经济开发区的建议。

费：是的。除了我们讨论过的地区以外，还有西北和西南两个地区，也就是我们通常称作“西部”的地方。西部一个突出的特点就是地处边疆和它的多民族性，我国的大多数少数民族聚居在这里，因此开发西部不仅仅是个经济问题，还是巩固边疆、实现民族平等的大事。从历史上看，我国历代的中央政府都很重视对西部的开发，比如汉武帝把甘肃的河西走廊开发成农业区，使这里成为抵御北部和西部少数民族入侵的基地。如今世界进入到21世纪，我们应该再造一个河西，在欧亚大陆桥上建设起一个中心，解决好我国西北的发展问题。

开发大西南的重点，是开辟出一条通向东南亚各国的通道。我通过多次到西南地区作调查，逐渐形成了“一点一线一面”的开发设想，其中的一线就是要开辟出一条大西南通向缅甸、印度、孟加拉等国的交通动脉。这条通道形成的时间可以推溯到秦汉以前，历史上称之为“南方丝绸之路”。

邱：近几年来，由于中央实施西部大开发的战略，西部的建设有了很大的发展。在这期间，您多次在表达了对开发西部的喜悦之情后，一再提醒人们在搞西部大开发的时候，千万要关注那里的历史经验、重视那里的多民族性，同时要充分利用西部地区“三线建设”时留下的基础，那是我们的老本钱。

是不是可以这样说，我们搞西部大开发，就是要重开南北两条丝绸之路，这两条丝绸之路把西部的历史和现实贯穿在了一起。

费：总之，对于中国各个经济区域的发展问题，我们要站得高一些、看得远一些。举个例子说，香港发生的问题并不会因为回归了，就一切都解决了。我看，要等到香港人自己认为自己是内地的一部分，同内地进一步联合起来，问题才能真正解决。

这一段时间以来，我们在这里“坐而论道”，讨论了几乎整个中国内地20年来城镇化和乡镇企业发展所走过的道路和发展前景。我们为我们取得的成绩欢欣鼓舞，但是在今后的经济建设中，就不能光靠“坐而论道”了，它需要我们踏踏实实地把一件一件事做好，力争在以后的岁月中取得更大的成绩。作为社会学工作者也要与日俱进，为我国社会的不断进步做出贡献。

2003年8月

“非典”的社会学反思

非典型肺炎在医学上属于传染病，传染必须通过人与人的交往和联系，因此“非典”背后必然有深刻的社会原因，社会科学工作者从这个角度入手来研究，可以得到不少启发。

在人类历史上，传染病的暴发与都市化有很大的关系，都市化的显著特点是人们在地理空间上的距离不断拉近，而人与人挤成一团时总会出些毛病。现在全球化了，人与人的交往更频繁，这类毛病也必定会增加。英国伦敦在工业革命初期就曾经流行过黑死病，死了很多人。现在“非典”这个突发的传染病，首先危及到的也是大城市中的人。我们可以把“非典”同历史上的传染病相对照，看看在防治的办法上有什么区别。办法都是人们摸索出来的。人类对付传染病（以前称之为瘟疫），最原始的办法是把病人“处理掉”，以免把病传给别人，这也是维护公共利益的一种方法。我念小学的时候，妈妈得了天花，大人不许我回家，我也不懂是怎么一回事，只好在学校一位老师的宿舍里搭个铺，住了好多天，这就是隔离；解放初期，我去贵州访问少数民族，有一天，在毕节的一个地方，我们坐的汽车坏了，想到附近的一个村里住一晚，但是村里人不让我们进村，说是村里发生了瘟疫，也不知道是什么病。我们只好住到沿公路的一间道班房里，这也是隔离。过去有了传染病，除了隔离，没有什么更有效的办法，被隔离的人往往只能听天由命。现在对付“非典”主要还是搞隔离，但是把病人隔离开来以后，还要进行救治。北京在小汤山建立了专门救治“非典”病人的医院，这反映了社会进步，是现代化带来的办法。

“非典”与“9·11”事件都是突发事件，有相似之处，共同点就在于两次事件都是突如其来，出乎人们的意料，对人的心理产生了巨大的冲击，考验了社会的应对能力。随着全球化的进展，这类突发事件还会发生，而且往往会在人们未曾预见到的时候和地方出现。对付突发事件将成为一个社会的基本能力，这需要依靠科学技术。“9·11”事件之后，美国发动了反恐战争，用科学知识来报复恐怖活动。科学为战争提供了新式武器，现代先进知识用来杀人，这是很不幸的事，如果不加以制止，这类战争将导致整个人类的灭亡。

与此相反，抗击“非典”，防止疾病传播是利用科学知识来救人。从目前情况看，科学一时还跟不上。人类需要反思，科学的进步究竟应该落实在哪里，是毁灭人类还是造福社会？这一点是十分重要的，关系到人类文明的前途！全球化意味着人类走到了一个转折关头，何去何从？我们搞社会科学的人要好好研究，作出判断。要尽量把造福人类的科学技术搞上去，为子孙后代服务，努力建设一个美好的社会，这才是社会发展的正道。

全球化不仅仅是经济上的，也是社会的，全球化背景下生活的个人，要更清楚地认识到，信息技术的发展，改变了人们旧有的时空观念和交往方式，人与人的关系看似变得简单了，其实暗含着许多复杂性。以前人们主要同相熟的人，特别是同有血缘关系的人交往，彼此熟悉、了解。现在不同了，交往的大多是陌生人，人与人好像都不相干，见面都可以不打招呼。陌生的人碰到一起，对方得了病传染给你，你都不知道。这次“非典”，全世界20多个国家和地区一下子都发生了，说明人与人的关系确实已经变得更密切了。在这样一个局面里，一个人再不能只看到自己，要多想想别人，想想社会。有了病赶紧治疗，有疑似就主动隔离；大家不恐慌，不说空话、谎话，多干实事，这是对自己负责，对社会负责。

从这次疫情的发生，可以看到我们中间还有许多愚昧的思想要涤除。过去有病的人把自己煎药剩下的药渣倒在路上，让过路的人来踩，说是能把病魔带走，这样的想法和做法对传染病来说太危险了，不符合医学的要求，也不符合社会生活的道德要求。防治“非典”需要大家自我约束，不到处走动，免得把病情扩散开去，这既是对自己负责，也是对他人和社会负责。“非典”使我们意识到社会是一个守望相助的整体，每个人都离不开社会。这次为了抗击“非典”全社会花费了大本钱，治了病，也教育了人，使大家看到个人与他人的关系、个人与群体的关系，还有个人与社会的关系。在“非典”疫情面前，大家更清楚了什么叫做责任和责任感。抗击“非典”，要求我们换个角度来看待原来的传统，重新建立人与人、家庭与家庭守望相助的社会风尚。发展经济不能忘记社会事业，鼓励竞争也不能忘记互相合作。抗击“非典”的过程中出现了许多这方面的事例，反映出现代社会对合作和互助的需要。其实，这些不仅是应对突发事件的需要，也是日常生活的需要。

这次中国抗击“非典”，得到了全世界许多国家的声援和支持，这是人类在共同克服突发的危机，共同对付面临的威胁。得到国际支持是好事，但从根本上说还要靠我们自己把事情做好。比如某些方面我们原来就有好的传统，这次也发挥了作用。最近有一篇文章分析说，上海的卫生系统比较健全，功效发挥得也比较好，这同上海早期建成的卫生基础没有被破坏掉有关。在防治“非典”的行动中，各地的社区和社区组织动员居民，开展广泛的合作，这是近年来社区建设的一个重要成果。社区组织起来了，居民有了参与的渠道，碰到事情行动就快了。上海是中国实现现代化最好的标本，在社区建设上也一直在探索，我们要趁这次全民抗击“非典”的机会，推进社区建设，在上海建立起一套守望相助的社区体制。

“非典”暴发，确实暴露了我们工作上的一些问题，它不仅仅表明卫生系统有问题，也表明其他方面同样存在毛病。针对暴露出来的问题，一些条件好的大城市可以先行一步进行研究。比如城市建设就应该有新的思路，市区的大楼建得那么高、那么密，听说有的大楼里的房间窗子都不能开，人关在里面，对健康肯定是不利的。“非典”的快速传播提醒我们要合理地确定城市的形态，特别要注意城建与各方面的协调，这种协调要以人为本，就是要考虑到现代大都市里生活和工作的人群可能面临的问题，要预先考虑好应对各种问题的办法。城市病不仅有医疗卫生方面的原因，也有社会上的其他原因。经济发展快了，如果社会事业没有跟上，难免会出现一些社会问题，怎样克服，就需要在城市总体发展规划里加以重视和研究。毋庸讳言，我们现在的生活方式还存在不少弊病，要抓住这次抗击“非典”的机会，依靠科学和事实，拿出一些能说服人的改进办法。我想，“非典”也能在一定的条件下转化为对社会有益的资源，关键是看我们能不能自觉而有效地促成这个转化。在这方面社会学可以发挥很大的作用。从这场没有硝烟的战斗中，我们可以清楚地看到，在应对突发事件，解决社会问题，实现社会与经济协调发展方面，是多么需要社会学、需要社会科学工作者做出的努力。而我们从事社会学研究的人要站得高、看得早、看得远，预先看出问题，看准方向，抓住机会，深入研究，坚持下去，发挥社会学的实践功能，在社会动态中建设社会学、发展社会学。

2003年5月于上海衡山宾馆

试谈扩展社会学的传统界限

年过九十应当承认我一生已进入衰老阶段，躯体和四肢都已不能自如地活动，但头脑还觉得能够思考一些问题。我总觉得我们中华文化经过几千年的发展，总可能积淀着一些宝贵的东西。近年来世界的动荡，表明当前的世界已经到了亟需改革创新的时刻。此时此刻我的脑子里出现了不少过去没有想过的问题。在我和同事和学生们闲聊或讨论的时候，他们用录音机录了下来，并且整理成文，我对这些文章进行修改最后定稿。读者或许可以从中得到一些可供参考的东西。

社会学是一种具有“科学”和“人文”双重性格的学科，社会学的科学性，使得它可以成为一种重要的“工具”，可以“用”来解决具体的问题，比如预测一个社会的发展走向，调查一个群体的态度行为，分析某个社会组织的运行机制，解决某个紧迫的社会问题等；然而，社会学的价值，还不仅仅在于这种“工具性”。今天的社会学，包括它的科学理性的精神，本身就是一种重要的“人文思想”；社会学科研和教学，就是一个社会人文精神养成的一部分。社会学的知识、价值和理念，通过教育的渠道，成为全社会的精神财富，可以帮助社会的成员更好地认识、理解自我和社会之间的关系，以提高修养、陶冶情操、完善人格，培养人道、理性、公允的生活态度和行为，这也就是所谓“位育”教育的过程，是建设一个优质的现代社会所必不可少的。社会学的研究方向，也自然要考虑到这种人文方面的需要。社会学的人文性，决定了社会学应该投放一定的精力，研究一些关于“人”“群体”“社会”“文化”“历史”等基本问题，为社会学的学科建设奠定一个更为坚实的认识基础。中国丰厚的文化传统和大量社会历史实践，包含着深厚的社会思想和人文精神理念，蕴藏着推动社会学发展的巨大潜力，是一个尚未认真发掘的文化宝藏。从过去20多年的研究和教学的实践来看，深入发掘中国社会自身的历史文化传统，在实践中探索社会学的基本概念和基本理论，是中国学术的一个非常有潜力的发展方向，也是中国学者对国际社会学可能做出贡献的重要领域之一。

究“天人之际”

社会学的一个基本问题，就是人的“生物性”和“社会性”的关系。这就使我们注意到社会学对人的“生物性”的界定，与生物学、医学意义上的人的“生理”“生命”“生物”的概念应当是有区别的。作为自然科学的生物学和医学，它们是把人的所谓“生物性”，也就是和其他生物可比较的生命的物质形态方面，单独划分出来，孤立地看，称之为“生物性”。并以此为对象，运用物理、化学等方面的知识，进行一种“自然科学”的研究，但是却忽略了它“非生物”方面即社会的、精神的、文化的属性。比如，他们在研究一个人的生理结构和功能的时候，只考虑其“生理”“生物”的意义，而不考虑这个人究竟是一个农民还是军人还是知识分子，他们认为这些“社会”角色在医学、生物学上“没有意义”。这种“分析”“分解”式的思维方式和研究方法，是一般西方自然科学的通行的方式。

但在社会学中，我们所说的人的“生物性”，并不是这种单划出来的一个孤立的、独特的范畴，不是一个和所谓“社会性”互相隔离的属性。相反，社会学中“人”的“生物性”，应当属于人的“自然属性”的一部分，是一种更为广义的概念，是和人的“社会性”融为一体的，二者是互相兼容、包容的。确切地说，这种社会学把“社会”本身，视为广义的“自然”（包括“生物”）的一部分，“社会”的存在和演化，都是包含在广义的“自然”的存在和演化之中的。社会和自然，不是两个“二分”（duality）的概念，更不是相互“对立”的，而是同一事物的不同方面、不同层次而已。这种理念，最好的表达方式，就是中国古代“天”的概念。“天”不是像西方的“上帝”那样超越于人间万物之上的独自存在的东西，“天”和“人”是统一的，息息相关的，人的一切行动和行为，都在“天”的基本原则之中，人是不能彻底摆脱、超越这个“天”的，即所谓“谋事在人，成事在天”；同时，天也随着人的行为而不断做出各种反应，故有所谓“天道酬勤”“天怒人怨”之说。社会学中“社会”和“自然”的关系，很像这种理念，我们首先把“人”置于“自然”这个大的背景中来看，“人”和“自然”是合一的，作为人类存在方式的“社会”，也是“自然”的一种表现形式，是和“自然”合一的。我们今天用“合一”这个词，就是说它们本来就是不能分开的。尽管人们通常在语言中、在概念上把“人”和“自然”分开处理，这只不过是常规思维中为了认识和解释方便而采用的一种“概念化”（conceptualization）方式，而我们从学术角度，不把“自然”和“人类社会”割裂开来，而是把它们视为统一的，是一体的。人类社会的规律，也就是自然的规律，人类社会的原则，也就是自然的原则；同样，自然的原则（如古人说的“天道”），也是人类社会的原则……这种观念，作为社会学研究的基础，可以使我们从一个基本的层面上，摆正人和人之外的世界的关系。即中国传统上所谓“一而二，二而一”的意思。一可以分为二，而二还是包含在一之内。

我们把“人”放到自然历史演化的总的背景下去理解，人是自然界演化的一个过程和结果，同样的所谓“社会”“人文”也是自然的一部分，它是人根据自身的需要造出来的一个第二环境，但“人文”只能建立在自然规律和原则的基础上，“人文”的活动，只是在很多方面利用自然，利用自然特性，顺着自然内在的规律，适应它的要求，为人所用，而不能真正改变这些规律和原则，也不可能和“自然”法则对抗，不可能超越自然的基本规律。

这种“天人合一”的思想，实际上不仅是中国的，它是世界上很多文明所具有的基本的理念，但中国人传统上对这方面有特别丰富的认识和深刻的探讨。今天中国社会学应该继承这种传统，从自然存在和演化的角度，对“人”和“社会”进行最基本的定义。

需要注意的是，在近代，中国人这种观念发生了很大的变化。19世纪末到20世纪初，中国知识分子在救亡图存的努力中，曾经在短时间内大量借鉴西方近代和现代社会思想，这种借鉴对中国现代学术发展起到了非常重要的促进和推动作用，为现代中国学术建立了一个重要的基础。但是，也应该看到，这种匆忙的、被动的借鉴的过程，也存在着很多粗糙和不协调之处，特别是对于人和自然的关系上，我们在接受西方现代科学的同时，基本上直接接受了西方文化中“人”和“自然”的二分的、对立的理念，而在很大程度上轻易放弃了中国传统的天人合一的价值观。在实践中，后来大量出现的豪迈的“战天斗地”“征服自然”“改造山河”“人有多大胆、地有多大产”的强烈的冲动，一反中国古代人与自然环境互相依存、通融、欣赏的态度，把自然视为一种对抗性的力量。在社会学领域，则不太习惯于把人、社会、自然放到一个统一的系统中来看待，而是常常自觉不自觉地把人、社会视为两个独立的、完整的领域，忽视社会和自然之间的包容关系。

对于“人”和“自然”的关系的理解，与其说是一种“观点”，不如说是一种“态度”，实际上是我们“人”作为主体，对所有客体的态度，是“我们”对“它们”的总体态度。这种态度，具有某种“伦理”的含义，决定着我们“人”如何处理自己和周围的关系，而这种关系，是从我们“人”这个中心，一圈圈推出去，其实也构成一个“差序格局”。问题的核心是：我们把人和人之外的世界视为一种对立的、分庭抗礼的、“零和”的关系，还是一种协调的、互相拥有的、连续的、顺应的关系。对这一问题不同的回答，反映出人类不同文化、不同文明中世界观深刻的差异。

社会学对这一问题的回答，如果是基于东亚文明的历史和文化传统，那么理所当然地是一种强调协调、共处、“和为贵”的哲学基础，这种文化传统，使得我们很自然地倾向于“人”和“自然”相统一的立场。

精神世界

“人类社会”是广义的“自然”的一部分，但人是有其自身特殊性的。在很多意义上，我们可以把“人”视为已知的自然演化的最高的成就。当然，这仅仅是我们作为人本身的认识，因为我们的认知是有局限性的，我们的感知方式和能力、我们存在的形式本身、我们在时空方面的有限性等等，就是我们的局限性。我们只能在这种局限性之内讨论所有的问题；至于在我们的感知能力之外，这个宇宙（天）还有哪些存在形式和属性（比如人们想像的多维空间、能量化的生命等等以及想像之外的东西），我们就无法作出有意义的判断了。但在我们认知范围内，我们看到人是具有特殊性的，是明显不同于周围世界的。我曾经打过比方，假如有来自外层空间的其他的生物，他们到地球上，看到地球上生机勃勃的景象，肯定很快就会把“人”这种生物和地球上的其他东西分开。人的特殊性，是我们社会学研究的重点领域，但社会学并不仅仅研究人的特殊的一面，还要研究人与自然一般相同的方面。在社会学工作者眼中，认识“人”的特殊性，不是要局限于这种“特殊”，而是要更全面地认识人的属性。

“人”的特殊性何在？或者说“人之所以为人”究竟凭什么？这是一个人们长期争论、一直没有取得共识的问题。像这类关于“人”的最基本的问题，涉及到人类对世界和自身的最基本的假设，往往会成为人类的一种精神信仰和世界观的基石，构成一种文明的基础，因此也往往成为人们争论最激烈的问题，甚至会被赋予强烈的意识形态色彩。在中国，不同时代，不同思想流派对这一问题也有不同的回答。作为具有科学理性传统价值观的社会学，通常认同于一种科学理性的解释：人是有生命的，在自然中首先属于“生物”，这就不同于“非生物”的世界。依我看，在“生物”中，人最重要的特殊性就是人有一种“精神世界”，这是其他生物可能没有的，至少在我们的认知范围内还没有确切的发现。

人的精神世界，可以笼统地说成“人的一种意识能力”，但实际上，这是一个远远没有搞清楚的问题。社会学自身无法完成这种探索，但这种探索，对社会学的发展具有重大意义。“精神世界”作为一种人类特有的东西，在纷繁复杂的社会现象中具有某种决定性作用；忽视了精神世界这个重要的因素，我们就无法真正理解人、人的生活、人的思想、人的感受，也就无法理解社会的存在和运行。我们鼓励社会学工作者和学习社会学的学生，把一定的精力投放到这方面的探索和研究中，这是我们社会学相对薄弱的方面，同时也是人文价值的一个重要体现。社会学对于人的精神世界的研究，当然与哲学、神学、精神病学这些学科的研究视角是不相同的，它应该是一种"社会学"的视角。目前，社会学界如何面对这一问题，运用什么方法论和采取什么方法研究这些问题，还没有基本的规范，但这方面的研究，是十分有意义的。

从社会学角度研究人的精神世界，要避免一种简单"还原论"的倾向，那就是试图把所有精神层次的现象和问题，都简单地用"非精神"的经济、政治、文化、心理等各种机制来解释。还原论式的解释方式，看似一种圆满的"解释"，实际上这种"解释"恰恰忽视了精神世界自身的特点，忽视了"精神世界"——把人和其他生物区别开来的特殊存在物的不可替代性。社会学对于精神世界的理解，应该是把它和社会运动机制联系起来，但不是简单的替代，不是简单地用一般社会层次的因素去解释精神层次的活动。当然，最理想的，是在社会学研究中真正开辟一个研究精神世界的领域，从方法论层次上进行深入的探索，探索如何基于社会学的学术传统和视角，开展对人的精神世界研究。

文化与“不朽”

从人的生物性和社会性的关系，自然地引出人的群体性、文化性和历史性的问题。关于人的文化性和历史性，我们经常讨论，但至今缺乏的是结合实际研究的具体的阐释。在“常人思维”中，“文化”和“历史”似乎纯粹是“社会”的东西，和“自然”“生物”没有多大关系，可是在社会学术上，文化性和历史性，是与人的生物性密切相关的两个不同的概念。

比如，一个人刚出生的一瞬间，是只有一般的“生物性”而没有社会性的，但就从此时此刻开始，就和妈妈在一起，从个体的人，变成了“群体”的人，开始交流和互动，加入了“人类社会”的生活，也就变成了“社会”的人，具备了社会性。所以我们说从一出生，在这个“人”的生活中，就包含了社会性和生物性。

社会中的人，尽管都是已经具有社会性、生物性的双重人——个体生命的开始时，在母胎里成熟过程中和妈妈还是二而为一的，直到分娩，才告一段落，一分为二，结束母子在生物性上难分难解的状态，分别成为社会性的两个人——但各自的生物性仍然起着重要的作用，而且常常是决定性的作用，其中最基本、最明显的，就是生老病死，这种生物性的因素，你是永远摆脱不了的。所以我们说人有“社会性”，并不意味着就没有“生物性”了，社会性和生物性不是互相排斥的，不是非此即彼的，而是互相兼容、互相结合的，这就是“人”和“自然”（天）的同一性的一个方面。人的生物性，决定了人是要生老病死的，每个人都是有生有死的，但一个社会是可能不死的，是可能长久存在下去的（当然，并不是所有社会都必然永远存在，也有整个消亡的），这种“死”和“不死”，是我们社会学研究的一个非常关键的问题。“社会”为什么能长久存在？因为有“文化”。而文化是如何起作用的？是基于人的群体性即社会性。群体可以超越个体的局限，每个个体的人有生有死，但不是所有的人都同时生同时死；不同的人的生与死，是有时间差的，生不同时，死不同刻，而不同时间生死的人，不同代际的人，有共处的时间，在共处的这段时间里，每个人的人生经验、知识、感受、发现、发明等等，可以互相交流，互相学习，互相传递，可以变成别人的东西，保存在别人那里。一个人的生命可能会逝去，但是他一生的知识积累，不一定随他的生命结束而消失，它们会传递给别人，传递给继续活着的人，别人再传递给别人，可以传给很多人，这种不断传递，就成为社会很多人共同的知识即文化，保存在很多人的头脑中，形成一个不断增加的、动态的、更新的、分散的“信息库”，这个信息库又反过来不断塑造着新的社会成员的态度和行为，这就是文化的传承。同时，由于各种信息载体（石刻、竹简、书本、磁带、光盘等）的存在，人们可以把知识记录下来，储存起来，几十年，几百年，留给后来人，这样，即使一个社会真的消失了，一个文化中断了，但后来的社会，其他文明的活着的人还可以从那些很久以前死去的人那里学习各种知识——人和人可以跨越时间、空间的障碍，进行交流和学习，分享知识和经验。

文化传承中，有很多这种跨越时间、空间继承的例子。比如我们今天经常说“西方文化来自古希腊罗马文明”，实际上，尽管古希腊罗马本来就属于欧洲，但他们的很多文化成就，并不是通过他们自己生物性的后人直接传到近代欧洲的，而是通过阿拉伯人“转手”的。因为在中世纪，欧洲本身的很多古典文化的东西中断了，而这些东西保存在阿拉伯人那里，后来“文艺复兴”，欧洲人不是从自己的前辈手里，而是从阿拉伯人那里又“取回”了很多古希腊罗马人创造的知识。又比如犹太人的希伯来语，本来已经消失了很多个世纪，仅有少数考古学家能阅读其文字，但19世纪末，犹太人要重新建国的时候，这些学者通过首先教自己家里人说，再在朋友圈子里说，范围越来越扩大，经过几十年，居然把这种已经“死去”的语言恢复过来，到1947年以色列建国的时候，希伯来语被定为“国语”。中国历史上这类例子也很多，中国春秋战国的很多东西，被秦始皇毁坏了不少，汉朝时通过仅存的一些儒生和残存的旧竹简，把儒家的东西恢复过来了，并成为官方的意识形态。历史上中原战乱时期，中原文化的很多东西传播到江南、朝鲜、日本等地区，被保存下来，然而它们在中原反而消失了，后来中原人又从这些地方把消失的古代文化成果学回来。中国人也为其他文明保存过很多重要的历史知识。比如印度文化中一直不太注重编年史，所以今天国际上研究印度历史，往往要从中国古代文献中查找资料，特别是从玄奘的游记中获得当时的资料。目前中国周边的国家的历史，也有许多因记录在中国古代文献中而得到保存。

这就是我说过的，社会和文化可以使人“不朽”。像唐朝的诗人李白，他作为一个人，他的生物性决定了他必然会逝去，但他的诗作，连同他的诗的风格，都保存在各种文献中。李白这个人，是一个具有有限生命的“人”，而他的诗和诗的风格，则是“文化”，“人”是会消失的，但“文化”保留下来了，社会长存，文化不死，创造文化的人也就“不朽”了。一个人创造的文化不仅能保留，还能传递，还能影响别人，能激发别人的灵感，实现“再创造”，所以传统可以成为新文化生长的土壤。李白的诗作，经过几百年、一千年后，还能重新影响、塑造出别的诗人，他们可能接近李白，可能超过李白……文化把不同时间、空间的人“接通”了，可以共享生活的经历和生命的体验；文化能够超越个体生命的生死和时空的障碍，能够生生不息、发扬光大。

文化的传递，必须是一种历史过程，所有文化都必须是积累的，没有积累，没有超越生死、时空的这种积累，文化就不可能存在。

从“个人和群体”的角度理解文化，“文化”就是在“社会”这种群体形式下，把历史上众多个体的、有限的生命的经验积累起来，变成一种社会共有的精神、思想、知识财富，又以各种方式保存在今天一个个活着的个体的生活、思想、态度、行为中，成为一种超越个体的东西。当一个新的生命来到这个世界上时，这套文化传统已经存在了，这个新的生命体就直接生活在其中，接受这种由很多人在很长时间里逐步创造、积累的文化，所以文化具有历史性，它是跨越时间、空间和生命的东西，也是先于个体而存在，不随个体的消失而消失的东西。所以我们看文化，必须历史地看，只有在历史中，文化才显示出其真实的意义。

文化的历史性是广义的，不仅具体的知识和技能是在历史长河中积累传承的，更深层、更抽象的很多东西，比如认识问题的方法、思维方式、人生态度等，也同样是随文化传承的。进一步说，文化的传承，也同样包含了“社会”的传承。比如说，社会的运行机制是随文化传承的，社会结构，同样是伴随文化传承下来的。一个社会基本的结构，夫妻、父母、社区结构，都是文化的一部分，是先人传下来的，是晚辈向长辈、后人向前人学来的。学习、继承中不断有修正和创新，但只有在继承中才可能有创新，这就是为什么我们研究社会也好，改革社会也好，绝不能抛开历史，没有一个社会结构是完全凭空构建的，它总是要基于前一个社会结构，继承其中的某些要素，在此基础上建立新的东西。比如，即使像美国这样一个"人造"的国家，其社会结构也不是从美国建国时突然开始的，而是从欧洲移植过去的。美国社会的主体结构，实际上是来自欧洲的白人移民主导建立的，他们不管什么身份——是反叛者也好、流亡者也好、淘金者也好、梦想家也好——其基本的文化背景、思维方式、人生态度、知识技能等，还是在欧洲社会结构中造就的。他们在最早建立殖民地的时候，就不可避免地，只能基于欧洲的社会文化传统，他们可能属于当时欧洲的"非主流"，反对当时欧洲的主流，但他们的"非主流"，仍然是"欧洲"的非主流，是一种文明中不同的分支，所以它们的社会结构并不是凭空创造的，实际上是欧洲文化的延伸和变体。同样，像我们今天的这个“中国”，虽然是在一场摧枯拉朽的革命之后建成，但我们今天的社会结构，并不都是1949年建国时一下子凭空创造出来的，它是过去几千年社会结构演化的继续，是和过去的社会密切相关的。建国时期几亿人口的思想、文化、价值、理念都是从此前的历史中延续下来的。谁也不可能把一个社会中旧的东西突然“删除”“清洗”，变成空白，再装进去一个什么全新的东西。我们中国的革命，形式上是“天翻地覆”“开天辟地”，实际上，它是建立在中国社会自身演化的内在逻辑之上的，是中国文明演进中的一个连续过程的一个阶段。建国50多年后的中国社会，还是跟过去的社会密切相关，社会的方方面面的历史文化积累过程是不间断的、永恒的、全方位的。

“只能意会”

在社会学最基本的“社会关系”的研究中，实际上还存在着很多空白的领域，有待我们去进行探索。特别是在“人际关系”中各种“交流”的部分，始终是社会学没有说清楚的领域。比如人和人交往过程中的“不言而喻”“意在言外”的这种境界，是人际关系中很重要的部分。人们之间的很多意念，不能用逻辑和语言说清楚，总是表现为一种“言外之意”，这些“意会”的领域，是人与人关系中一个十分微妙、十分关键的部分，典型的表现，就是知心朋友之间、熟人之间、同一个亚文化群体成员之间，很多事情不用说出来，就自然理解、领悟，感觉上甚至比说出来还清楚。同样，在亲情之间，特别是在母亲和不懂事的孩子之间，也集中体现出这种“不言而喻”：小孩子太小，有许多感受不会用语言表达，但妈妈凭感觉就明白孩子要表达的意思，这种“意会”，是人和人交往的一种重要的状态，实际上常常是决定性的状态，它自然应该成为社会学的一个基本的关注点。

在群体中，在各种社会组织中，在社会各种圈子中，人们不仅在运用这些“意在言外”的规则进行交流、调控和协商，而且还在不断地制造着这种“不言而喻”的默契的规则。实际上，只要是有两个以上的人的地方，相处一段时间后，就会不断地生成这种默契，同时也不断地修正、更新这种“意会”的内涵，它成为人类的一种不自觉的、但又连续不断、乐此不疲的工作。

几乎任何群体在任何一个场景下，都会创造一些临时的或持久性的“意会”的规则：几个住在一起的同学，很快就会发展出属于他们自己圈子的共同语言，这是不用故意去设计、安排的；同事之间在一个会议上，就可能形成临时的“意会圈子”，会散了就不再存在了；两个人一次不长的谈话，实际上也是在动态的互动中一边“试探”一边制造一种默契的过程……可以毫不夸张地说，一个社会，一种文化，一种文明，实际上更多地是建立在这种“意会”的社会关系基础上，而不是在那些公开宣称的、白纸黑字的、明确界定的交流方式上。但是，这方面的研究还相当薄弱。尽管社会学人类学界实际上一直涉及这方面的研究，但多年来并没有集中力量探索，也就难有突破性的成就，很多东西还是一种描述性的解释。在这种“意会”的人际交往领域里，中国文化本来具有某种偏好和优势，中国社会学工作者的努力，也许可以在这方面做出某种划时代的成就；反过来说，如果不突破这一点，社会学不管是作为一种应用性的专业，还是一种人文修养的学科，都存在着严重的缺憾。

这种对人际关系中“意会”的研究，并不是沙龙里、书斋里、象牙塔里的话题，也不仅仅是一种抽象理论层次的探索，它本身就涉及现实中很多迫切需要解决的难题。比如，在我国过去20多年社会经济高速发展中，地区之间的发展，出现了很大的差异：一方面，珠江三角洲、长江三角洲的一些区域，实现了社会经济的高速、良性发展，实际上很多方面已经逼近发达国家的水平，可以说初步实现了中国几代人为之奋斗的“现代化”的梦想；可是另一方面，中国还有很多地区，社会经济发展还远远落后于上述发达地区，有些区域，社会的深层结构还完全停滞在二三十年前的水平，没有实现社会的基本层面的变革。对于这些问题，我们社会学界，不仅要从制度方面、意识形态方面、资金技术方面、地理位置方面来研究，而且还要特别关注其社会性的一面。比如，在很多欠发达地区，在“看得见摸得着”的方面，诸如制度、法律、规章等方面，因为同处于中国的基本制度之下，所以与发达地区并没有什么差别，很多表面的东西是完全一致的，一样的，但这些地区在相同的政策、体制条件下，发展的效果却很不相同。我们通过深度的、“参与观察”的研究就会发现，这里人们日常的、细微的人际关系、交往方式、交往心态以及与之有关的风俗习惯和价值观念，和发达地区有相当大的差异，而这些“差异”，大多是这种“只能意会、不能言传”的部分。这部分东西，实际上常常是构成社会经济发展差异的真正原因。所以，我们要真正有效地促进落后地区发展，比如西部开发、东北国企改造等，就必须解决这种“意会”领域的问题，否则，仅仅在那些公开说明的、表面的体制、法律、规章上做文章，是解决不了实质问题的。

日常生活中这些“意会”的部分，是一种文化中最常规、最平常、最平淡无奇的部分，但这往往正是这个地方文化中最基本、最一致、最深刻、最核心的部分，它已经如此完备、如此深入地融合在人们生活中的每一个细节，以至于人们根本无需再互相说明和解释。而从社会运行的角度来看，这种真正弥散在日常生活中的文化因素，看似很小很琐碎，实际上却是一种活生生的、强大的文化力量，它是一个无形的、无所不在的网，在人们生活的每个细节里发生作用，制约着每个人每时每刻的生活，它对社会的作用，比那些貌似强大、轰轰烈烈的势力，要深入有效得多；它对一个社会的作用，经常是决定性的。根据这些年的实际调查经验，我觉得在地方社会中，越是我们“外人”看不出、说不清、感觉不到、意识不到、很难测量和调控的文化因素，越可能是一些深藏不露的隐含的决定力量，越可能是我们实际工作中的难点，也越值得我们社会学研究者关注。在研究不同的地区发展的差异时，这种被人们“视而不见”或“熟视无睹”的东西，往往正是我们揭开当地社会经济发展秘密的钥匙。

文化的“意会”方面的实际意义，不仅限于区域发展研究，很多现实问题，比如引进外资、企业改造、基层组织、民族关系、都市文化、社区建设等，都涉及这方面的知识。我国当前大量的社会生活实践和学术研究的积累，已经为这方面的探索准备了相当的条件，社会学工作者如果能够充分利用现有的条件，加强这方面的研究，有可能在理论和应用上获得一些真正突破性的进展。

这种“意会”的研究，其实就是把社会学中最基础、最一般的概念——“社会关系”的研究向深一层推进。学术上，其实并不是总要一味去搞那些新奇的、超前的概念，很多非常平常、非常常见的概念，恰恰需要人们不断地深入探讨，也往往是我们新的学术思想的最好的切入点和生长点。“社会关系”作为社会学最常用的概念，已经被无数人大量论述和阐释过，已经是老生常谈了，但即使是这样一个人们熟知的基础性的概念，仍然有无限拓展和深化的空间。

“讲不清楚的我”

如果要不断深化对“社会关系”的研究，可以从不同的角度切入，除了“意会”之外，还有一个角度，那就是从社会关系的“两端”——“人”的角度来探讨。当然，我们不必再重复社会学已有的成果，不必一般地从旁观者的视角来探讨“人”这个概念，而是要从“主体”（subjective）的、第一人称的角度理解“人”，也就是研究“我”这个概念。

从“我”的角度看，一个很值得关注的问题，就是每个人的这个“我”，实际上都分为好几个“我”，生物的“我”、社会的“我”、文化的“我”、表面的“我”、隐藏的“我”、说不清楚的“我”……但这并不是弗洛伊德等心理分析意义上的不同层次的“我”，而是一种社会学意义上的多方面的“我”。从理论上说，最普通、最一般的“我”的感受应该是生物的“我”，但这是人们自己几乎不可能感知到的一个“我”，因为只有刚出生的时候的我，是纯粹“生物”的，但那时候，人根本不能感知自己，不可能知道自己这个“生物的我”。一般来说，人在某些极端情境下，丧失了后天文化赋予的各种感觉，回归到接近最基本的生命本能状态的时候，应该是比较接近纯粹生物的“我”的状态，比如在极度恐惧中凭本能逃生、在极端痛苦中已经丧失其他感觉、极度兴奋忘乎所以等等，但在社会文化中长大的人，即使在这种情形下，也很难完全摆脱“文化”背景，很难成为一种纯粹的生物的“我”。另一种接近的情况，就是丧失正常的意识，只有生命本能反应，像睡觉的时候，喝醉的时候，但实际上这时候也不是纯粹的，即使睡着的时候，梦里也有文化，那是梦中之“我”，和醒时的“我”不同而已；喝醉的“我”也不是纯生物的，喝醉的时候，也是有一种独特文化的，不过和平时不同而已。另外在这些特殊的情形下，不管怎样，问题是我们自己几乎无法正常“感受”自己。

在诸多“我”中，有些“我”是看得见、摸得着的，是可以公开说清楚的，但这部分“我”很有限，每个人都有很大一部分“我”，只在心里，讲不出来，这部分“我”实际上是公众之外的“我”。这部分“讲不出来的我”，常常是自己也不知道的，自己日常的生活、工作、举止言谈、社会交往等等，受这个“我”支配，但自己也不清楚，这就涉及到上面说的人际关系中的各种“意会”，这种“意会”的主体，有时其实就是这个“讲不出来的我”。比如，我们读古诗词，感到美妙的意境，仿佛跨越千百年的历史，和古人共享那种悠然的感受，这种感受，往往是“难以言传”的，而对于一个具有这种诗词文化修养的人来说，又是“不言而喻”的。那么这种“意境”究竟是“谁”在感受呢？似乎不是平时吃饭睡觉的那个“我”，不是求职简历上那个能够一条条写清楚讲明白的那个书面中的“我”，也不是平时同事中、朋友中、街坊邻居中那个包括具体长相、性格、技能、爱好的张三李四的我。在“意在言外”的交流中，不是这些具体的、可描述的“我”在活动，而是一个不那么清晰的“我”在主导这些活动。因为那些可以描述出来的我，都是通过各种社会关系来定义的，当我们无法确切定义一种“不言而喻”的微妙“关系”的时候，也很难清晰明确地定义这个“意会”的主体——“我”。有趣的是，这个不断体会着各种“意在言外”感觉的隐含的“我”，也是一种只能“意会”的东西。

有时候，我们可以“意会”别人，却不一定总能够“意会”自己，常常是自己也不知道自己究竟是怎么处理这些“不言而喻”的东西的，一切都是随着习惯自然而然做的，很难说清楚，一旦别人说出来，自己还经常不承认。

应该说明，这个“讲不出来的我”，并不是“不想讲出来的我”，这两个“我”不是一回事。有时我们自己反思（reflex）自己的时候，要面对一种“我”，这是自己看自己的“我”，是自己知道的“我”，它和“讲不出来的我”有相近之处，在社会公众看来，好像是一样的，都是在你内心里隐藏的东西，但对自己来说，完全不一样。反思的“我”，是自己能说清楚的，能看得见的，只是故意隐藏在心里，不公开说出来，不想让别人知道。这个“我”，比“讲不清楚的我”要简单得多，它是一种明确的知识，是可以界定、描述和解释的。当然，这种不愿意讲出来的“我”，有时也通过“意会”的方式表达出来，但谁在表达呢？这个表达的主体呢？又是我们谈的这个“只能意会”的“我”。

决定人的行为的就是这些各种各样的“我”。那种

"讲不出来的我"，不是完全没有办法感知，实际上很多人是能够通过"直觉"感觉到的。这种直觉，现在好像还不能用实证的方法来解释，也常常引起人们的怀疑和否定，但有些类似直觉的东西，又不能完全否认，诗歌里往往就有这一类感受表述，就是通过一种"意会"的方式，表达了"意会"的那个"我"。古今中外的很多诗人，有时候就好像是直接把这类感受表达出来。你读诗，实际上是在读诗人，你总是感觉这些诗是言未尽意，意在言外，这就是在感受诗人的那个"讲不出来的我"。而其他很多艺术——绘画、音乐等也常常反映人的这部分"我"。

对"讲不出来的我"的研究，也就是从主体的角度对人际关系互动过程中的"意会"部分的研究，是社会学面临的又一个挑战。艺术、文学、电影等，只是利用和表达这部分的存在，并没有从学理上进行研究和探索。在各种社会科学中，社会学作为一种以逻辑因果和系统分析见长的学科，是有条件也有责任对这方面进行探讨的。不管是从工具性的应用角度来说，还是从人文教育的角度来说，社会学在这方面应该实现某种突破性的进展，这将是社会学整体发展的一个重要的里程碑，使得社会学作为一门科学，在人类知识探索上跨上一个新的台阶。

在各种“我”中，还有一个很值得注意的“我”，那就是“被忽略掉的我”和“被否定掉的我”。古人常常说“忘我”“去私”，这是一种把“我”这个东西否定掉的倾向，这究竟是什么含义？这里的“我”“私”究竟指什么？是自己的生命？欲望？自我意识？物质财富？去除“我”，那么还剩下什么？如果“我”被否定，什么是这种行动的“主体”呢？……今天的人基于今天的这一套概念，会提出一系列的发问。“忽略我”、“否定我”事实上是一种非常矛盾的状态，它反映出中国人文价值中隐含的一种深层的张力，但这种境界，不是虚构的道德说教或寓言故事中的题材，而是历代史不绝书的很多真人真事的反映。从古至今，确实有无数“仁人志士”为了自己的理想达到了这种境界，也有很多“高人”自我修炼达到了这个高度，当然还有很多“奇人”因为投身或痴迷于某种事物，进入这种状态。不管怎么说，在古典价值体系中，“忘我”和“去私”是一种很高的境界，只有个人修养到了极高的阶段才能达到的境界。事实上，这种价值观，不仅仅是古代的事情，其实，就在不远的三四十年前，中国的主流社会还把这种价值观推到一种难以置信的极端的程度，“私”这个字成了最大的邪恶，“自我”这个词都变成了“准贬义词”，整个社会完全笼罩在一种彻底极端的“忘我”“去私”的话语中……这是刚刚发生在中国大地上不久的事情，我们都亲身经历过的，这种20世纪发生的极端“去私”的强烈冲动，反映出中国文化中这种“否定了的我”的巨大力量。这种“被人为否定的我”和“讲不清的我”“讲不出来的我”一样，同样是我们社会学可以深入研究的课题。

将“心”比“心”

传统意义的中国人，对于“人”“社会”“历史”的认知框架，既不是西方的“主观”“客观”二分的体系，也不完全如中根千枝先生所概括的日本文化的“纵向”特征；中国的世界观，更像是一种基于“内”“外”这个维度而构建的世界图景：一切事物，都在“由内到外”或“由表及里”的一层层递增或递减的“差序格局”中体现出来。因此，在中国的传统思想探索中，对于“我”的关注，自然地就继续向“内”的方向深入，也就引出比“我”更接近“内”的概念——“心”这个范畴。

古人可能是由于缺乏生理知识，错把“心脏”当成了人们思想的器官，所以总是把本来描写“心脏”的这个“心”字，和人的思想、意愿等联系起来，并以这个“心”字为核心，构建了庞大复杂的思想体系。但古人这种生理学知识上的错误，并不妨碍这个思想体系的重大文化价值，因为不管人类是不是真的用“心脏”来思考，这个“心”的概念，已经被抽象化，脱离了一个具体内脏器官的含义（今天你可以说它就是指“人脑”），而上升到人生哲学的层次上，它已经是一个内涵十分丰富的哲学概念，而不再是一个生理学名词。

在古典人文思想中，“心”是个人自我体验和修养的一个核心概念，如“山光悦鸟性，潭影空人心”等，它的内涵十分广泛，包括思想、意识、态度、情感、意愿、信念等等，但我们特别要关注的一个重要的内涵，就是它常常倾向和暗示一种“主体性”（subjectivity），就是说当人们谈到“心”的时候，总是自然产生一种“心心相通”的感觉，即使讨论别人的“心”的时候，其描述的口吻，也就像一种“设身处地”地类似于“主体”的角度在说话（有点像电影中的“主观镜头”），而不是所谓“客观”的旁观者的角度。像“三顾频烦天下计，两朝开济老臣心”的这个“心”中，就有这种感觉，这首诗透出的杜甫的心情，好像和几百年前的孔明获得了一种跨时代的“通感”，仿佛在直接感受孔明那种“良苦用心”。在这种陈述的习惯中，“将心比心”的说话法，就是顺理成章的了。“心”这个概念造成的这种微妙的感受，既有中文构词和语法的原因（没有明确的主格宾格），也反映了中国古代思想在方法论方面的一种特点，这是我们今天在一般的科学实证方法论之外，可以注意研究的一些新的领域。

“心”的概念，以其独特的思考维度，也成为阐释人际关系的一个十分重要的范畴，比如“心心相印”“心有灵犀”“知人知面不知心”等。用“心”来陈述人际关系，着眼点不在这些“关系”本身的性质和特征上，而是在于当事者的“态度”，其背后的潜台词似乎是说：不管什么样的关系，最重要的，是人的态度，是“态度”决定“关系”——是诚恳还是奸诈？是开朗还是诡秘？是坦荡还是猥琐？是认真还是敷衍……这种以

“态度”为重点的人际关系理念，不是抽象思辨推导的结果，而是千百年社会实践的总结，是自有其内在的宝贵价值的，很值得我们今天的社会学家加以关注和研究。同时，这种理念还有深刻的认识论方面的意义。“心领神会”就是古人所理解的一种真正深刻、正确的认识事物的境界，它不是我们今天实证主义传统下的那些“可测量化”“概念化”“逻辑关系”“因果关系”“假设检验”等标准，而是用“心”和“神”去“领会”，这种认识论的范畴，不仅仅是文学的修辞法的问题，它就是切切实实生活中的工作方法，也确实表明中国文化和文明历经几千年长盛不衰，其中必定蕴含着的某种优越性和必然性。

“心”的概念的另一个特点，是它含有很强的道德伦理的含义。抽象的、认识论上的“心”的概念，是基于心脏是人生命中“最重要器官”，因此它也自然地代表着“做人”“为人”方面的最生死攸关的、最需要珍重的东西。当你使用这个概念的时候，背后假设的“我”与世界的关系已经是一种“由里及外”“由己及人”的具有“伦理”意义的“差序格局”，而从“心”出发的这种“内”“外”之间一层层外推的关系，应该是“诚”“正”“仁”“爱”“恕”等，翻译成今天的语言，就是说这种“内”“外”之间的关系应该是真诚、共存、协调、和睦、温和、宽厚、利他、建设性的等等，这种关系是符合“天人合一”“推己及人”“己所不欲，勿施于人”等人际关系的基本伦理道德的。“心”的主观性和它的道德性，包含着对认知主体的“人”本身的鞭策和制约。这种观念，不同于我们今天很多学术研究强调的那种超然置身事外、回避是非的“价值中立”“客观性”等观念，而是坦诚地承认“价值判断”的不可避免性（inevitability）；它不试图回避、掩盖一种价值偏好和道德责任，而是反过来，直接把“我”和世界的关系公开地“伦理化”（ethicization 或 moralization），理直气壮地把探索世界的过程本身解释为一种“修身”以达到“经世济民”的过程（而不是以旁观者的姿态“纯客观”“中立”地“观察”），从“心”开始，通过“修、齐、治、平”这一层层“伦”的次序，由内向外推广开去，构建每个人心中的世界图景。

中国今天的社会学，应该探讨古人谈了几千年的这个“心”，究竟是什么东西。它并不能简单地翻译成

“思想”“智力”等现代通行的各种概念和范畴。陆象山说“宇宙即是吾心，吾心即是宇宙”，他究竟是在说什么？这个话给我们今天的社会学什么启示？中国社会学现在还没有特别讲这个“心”，但是要在中国文化背景下研究社会，不讲这个“心”是肯定不行的。“心”作为古人认识自我和人际关系的一个核心基础概念，已经渗透到我们社会文化的方方面面，也是日常口语中出现频率极高的词语。这个概念，作为文化传统的一个重要部分，代代相传，构成亿万人民的思想观念基础，在不断构建和塑造着人们的态度与行为。

“心”这个概念，不仅仅是中国文化所独有，就我们现在所知，世界上其他文明中，也有把“心脏”当做人类思想意识中心的观念，也因此以“心”为“中心”发展出一种抽象的“心”的概念体系，并把它放在“人”和“社会”的一个很核心的位置。比如在西方文化中，“心”这个概念本来也是源于对人生理器官“心脏”的指称，但其引申含义，已经超过原来生理上的“心脏”这个含义，至今在很多西方日常语言中，“心”（heart，Herz 等）这个词已经成为指一个人的“真诚的意愿”“真实的自我”“重要的记忆”等等这样的意思了，这个词一直是描述“自我”和“人际关系”的十分重要的词语。这个“心”的本意，在大多数情况下和中国“心”的概念有很大的相似之处。

方法论与古代文明

像其他各学科一样，社会学在探索新的研究领域的时候，不可避免地要涉及到方法论和方法的创新问题。当前主流社会学基本上沿用实证主义的“科学”方法。当然，广义的科学，是包括所有系统知识体系的，但目前社会学方法论中的“科学”，主要是指借鉴自然科学和数学的假设检验和统计等基本研究方法。这些方法作为社会学基本的研究方法，已经基本成熟，未来也将长期作为社会学的基本研究方法；但另一方面，我们在探讨某些新的论题和领域的时候，也需要进行方法论和方法上的再探索。在运用社会学来研究“我”“心”这类概念的时候，原来的实证性的、假设检验模式的研究方法，还能不能奏效？结果如何？这就要进行一些尝试和探索，也可能需要借鉴一些新的思考方式和研究法。在引入新的研究方法的过程中，我们应该以一种开阔的心态，面向全人类各种文明中蕴藏的智慧，像印度文明、伊斯兰文明、希伯来文明、东正教文明、美洲土著人文明、非洲文明等等，这些文明中都包含着人类长期积累的高度智慧，值得我们去深入研究、借鉴和吸收。尽管这些文明今天在外在形式上不一定都那么“强盛”，但文化和智慧的价值，是不能简单地以经济、军事实力为标准来衡量的。人类的各种文化中，都可能隐含着很多永恒的、辉煌的、空前绝后的智慧，我们要学会欣赏它们、理解它们、吸收它们，这也是我所说的“美人之美、美美与共”的本意之一。中国文化自古以来就是一种容纳百川的文化长河，我们对外界文化的吸收，不必拘泥于它是来自某一种文化或某一个方向的成果。比如，在研究“精神”“我”“心”等问题的时候，很多宗教文化中的对于虔诚、内省、忏悔、默想（meditation）等概念的探讨就很值得关注。像佛教中大量的关于心、性、戒、定、智慧的探索，历时2000年，后来成为中国“理学”的一个重要来源，从中发展出禅宗等中国本土流派的宗教，其中有很多东西是相当成熟和深刻的，对我们今天社会学新领域的开拓，可能具有很好的启发作用。

在中国本土传统中，古代诸子百家、儒家、道家的东西是我们认识中国社会的基础知识之一，不能忽视，特别是宋明理学的很多东西，非常值得重视。理学堪称中国文化的精华和集大成者，实际上是探索中国人精神、心理和行为的一把不可多得的钥匙。中国传统思想的演化的一个重要特点，就是它的实践性；理学的东西，并不是一般的学者的思辨的结果，不是纯粹的理论探讨，它的所有概念，所有内在的逻辑，实际上都是紧扣社会现实中人与人关系的要义——地位、名分、权利等等，它是中国古代现实政治、社会文化运作的经验总结和指导方略，具有很强的实践性。理学的东西，说穿了就是直接谈怎样和人交往、如何对待人、如何治理人、如何塑造人的道理，这些东西，其实就是今天社会学所谓的“机制”和“结构”，它直接决定着社会运行机制和社会结构。如果我们能够在一个新的高度上重新审视这些前人的成就，会给我们今天的探索提供很多新的启示，十分有助于开拓中国社会学的探索领域。

理学的东西，对于我们深刻理解中国人的心智，具有很大的价值，很有认真整理和分析的必要，但它的表达方式和内在的思路，和今天社会学的思想方法、思路、范畴很不相同，所以我们要研究这些传统的东西，就有一个“解读”和“翻译”的过程，这就是所谓“解释学”（hermeneutics）的来源。这种“翻译”，就迫使你必须真正用心，彻底理解这些东西，你不吃透它们的含义，是翻译不出来的；同时，翻译也是创造新概念的过程，通过研究这些传统文化的概念，我们有可能融会古今，结合今天社会学的思路，提出一些源于传统、又不拘泥于传统的、具有普遍性意义的新的范畴和概念。中国社会学一直没有特别刻意地去探讨中国延续了几千年的“心”“神”“性”等问题，在一定程度上是受到现代社会学研究方法的制约，因为这些概念，不太容易运用现代主流的社会学的方法去研究，从某种意义上说，这些概念正是今天的社会学方法掌握不住、测算不了、理解不了的部分。目前的实证主义思路，不太容易真正进入这些领域，进去了，也可能深入不下去，有很多根本性的障碍。比如科学方法的前提，是要有可以观察和测量的东西，是要有经验性的（empirical）基础，要有一种客观性的立场，首先是要能够把研究对象“客观化”，这些要求，在对“心”等概念的研究时，往往很难得到满足。换句话说，今天社会学的一些方法，无法和古人进行跨越时间和历史的“交流”，我们今天的社会学，还没有找到一种跟“理学”进行交流的手段(means of communication)。

新领域的开拓，往往要求在方法论和方法方面进行探索，也不排除吸收借鉴一些其他的方法和思路。就拿理学中所隐含的方法论来说，就可能对社会学的研究方法有某些充实和帮助。理学讲的“修身”“推己及人”“格物致知”等，就含有一种完全不同于西方实证主义、科学主义的特殊的方法论的意义，它是通过人的深层心灵的感知和觉悟，直接获得某些认识，这种认知方式，我们的祖先实践了几千年，但和今天人们的思想方法无法衔接，差不多失传了。今天的人，包括我们自己在内的绝大多数学者，不知道这究竟是一种什么感受。但我们不能简单地说这些方法都是错的、落后的、应该抛弃的。它们不仅在历史上存在了那么长时间，更重要的是，这一套认识方法，已经变成一套理念，变成一群人的意识形态和信仰，并且确实解决了一些我们今天的很多思想方法无法解决的问题。比如在古代中国，在当时的技术条件下，这套东西如何维持中国这样一个如此庞大的国家和人口（实际上差不多一直是当时世界最大、最繁杂的政治经济实体）长期的统一和稳定？当时的知识阶层和官僚系统，都是由这一套认识论和思维方式“武装头脑”的，它确实以相对很少、很节约的人力物力，实现了复杂的社会治理。因为它的很多东西，是顺着人的自然感觉走的，是顺应着中国乡土社会的人情世故，从草根文化习俗中生长出来、提炼出来，又提升到“圣贤”高度上的，所以才能在复杂的社会结构中上通下达、一贯到底，它有一种和中国社会现实天生的“气脉相通”的东西。

传统中的这些方法论因素，也许可以作为今天社会学的诸多“前沿”之一，进行一些探索。一方面，我们做到真正“领悟”古人“格物致知、诚心正义”的认知方法，明白它的真谛；另一方面，吸收当前国际上各种思想潮流，不拘泥于是否时髦、流行，而是注重于对中国社会学学科建设的价值，以我们自己的需要为参照系来衡量和吸收。比如，在西方社会学田野调查中就出现了基于神学中“解释”（Hermeneutik）、马克斯·韦伯的“理解”（verstehen）、“现象学”（phenomenology）等学术传统而发展出来的“互为主体性”（inter-subjectivity）的方法论思潮，就是一种侧重调查者和被调查者这两方面主体意识的调查方法的探索，与一般科学实证的方法论有所区别。这方面的内容，在一些西方的社会学人类学田野笔记中，早已经有所体现。这些东西，似乎与我们的“将心比心”“心心相印”的理念有某些相通之处，值得我们认真关注和研究。

结语

“人”和“自然”、“人”和“人”、“我”和“我”、“心”和“心”等等，很多都是我们社会学至今还难以直接研究的东西，但这些因素，常常是我们真正理解中国社会的关键，也蕴含着建立一个美好的、优质的现代社会的人文价值。社会学的研究，应该达到这一个层次，不达到这个层次，不是一个成熟的“学”(science)。如果我们能够真正静下心，坐下来，潜心梳理这些传统的宝贵遗产，真正在这方面获得一些突破，那将是社会学发展的一个重要的跃进。

要把这些融会历史文化于一体的、目前用电脑还“计算不了”的概念一一攻破，是一项艰巨的工程，它本身就是在重新审视我们自己的历史，也就是“文化反思”和“文化自觉”的一种重要的实践。如果依照梁漱溟先生早年的论述，跟西方文化比起来，中国文明的很多传统，确实表现出直达和早熟的特征，就好像中国绘画很早就越过临摹现实、具象写实的阶段，进入到书法、写意等抽象化的境界，并达到一种极高的人文品味，而西洋绘画经过一个一个阶段长期充分的成熟的发展，后来也走向抽象化……不同文明各自的这种优势，应该而且可以互补。如果说中国文明有它发育不全的一面，造成了后来某些技术方面的脆弱，在与西方的对抗中，不堪一击，那么，其直觉体验的那种先见性和超前性，又使得它很早就体会和领悟到了别人没有感觉到的东西。从宏观的人类文化史和全球视野来看，世界上的很多问题，经过很多波折、失误、冲突、破坏之后，恰恰又不得不回到先贤们早已经关注、探讨和教诲的那些基点上。社会学充分认识这种历史荣辱兴衰的大轮回，有助于我们从总体上把握我们很多社会现象和社会问题的脉络，在面对人类社会的巨大变革的时代，能够“心有灵犀”充分“领悟”这个时代的“言外之意”。

2003年10月

对文化的历史性和社会性的思考①

两年前召开第七届“现代化与中国文化研讨会”时，我说那可能是最后一次参加这个系列的会议了。这次召开第八届会议，证实我的那个预测并非准确。不过，坐在大家面前，我今天感觉依旧：个人生命的短暂与文化传承的久远令我这个即将谢幕的老人觉得时间迫切；能在这样的学术盛会上述说一点自己的体会，也许是使个人短暂的生命得以融会于久远文化的好方式。

与会的同人都能了解这个研讨会的渊源。我在回顾初次聚会至今的这20年时，更觉“逝者如斯”的压力。转眼即逝的时间，使求知者深感需要的时间是永远不足的。以我自己一生学术工作的全部来说，我所面对、所思考并为之奔波的，可以用这个学术研讨会那看似简单的题目来表达。从上个世纪30年代算起到今天，我已

①本文是作者在第八届“现代化与中国文化研讨会”上的讲话。

经耗费了六七十年的光阴来追求的，就是在“现代化与中国文化”这个课题的领域里做了一点工作，提出了一些问题。不能说取得了什么成果，我只能说，自己在个人的学术生命中，做了自己力所能及的事。过去这10多年来，我逐渐从80多岁变成了90多岁。我常想到应当在还活着、还能进行脑力劳动的日子里，赶紧把过去已经写下的东西多看看，反思反思，结结账。从1993年开始一连写了好几篇比较长的文章，都属于“算旧账”的回顾与反思。请允许我在这里再次将自己过去所做的思考，继续做这个自认为必要的工作。

从我这代人的老师辈开始，现代化与我们自己的文化之间的关系，一直受到包括我在内的中国知识分子的密切关注。21世纪初期的两三年时间里，这一关系，以新的形式重新在世界上产生了重大影响。为了迎接这个新的世纪，展望文化研究的重要意义，几年前我提出了“文化自觉”的说法，认为中国知识分子应主动承担起认识自己的文化及其定位、认识不同的文化及展开跨文化对话的任务。去年，在南京大学创立100周年纪念会议上，我就《文化论中人与自然关系的再认识》这个题目谈到了自己在这方面的一点思考。在那篇文章中，我讲到不同文化对处理自然与人之间关系提出的不同看法。有鉴于西方文化中“天人对立”的世界观对现代世界的影响，我触及了有关当代世界里文化价值观应当调整的问题，认为要消除这个时代所给人们带来的文化矛盾，就有必要深入看到西方“天人对立”世界观的局限性，而要做到这一点，我们又有必要避免与“天人对立论”关系至深的个人中心的方法论，从历史性和社会性上来探索和理解中国文化的特色。在今天这个场合，我愿意不揣粗陋地把自己对问题的想法再度提出来供大家讨论。

一

一个世纪以来，研究非西方文化的西方人类学家，已经关注到亚洲、非洲、拉丁美洲、太平洋地区文化的历史性与社会性了。而且，文化的历史性与社会性在中国文化中体现得特别浓厚。中国地大人多，地处山海之间，有辽阔的平原，从早期的渔猎社会发展到农业社会，乡土性特别浓厚。过去人们认为，黄河流域是为中国乡土社会的形成提供了最早的土壤。我去看过浙江的河姆渡，考古学家说这个遗址代表了长江三角洲文化，已有7000多年的历史，而太湖周围的良渚文化也有5000年的历史，看来都已相当发达。特别是以农业为主，耕种已用犁，种的是稻谷，会纺织。考古学研究证明，南方地区的这两个文化类型，有了一定的经济基础，是已定居了的乡土文化，衣食住行的基本条件已经达到一定水平了。可见，浓厚的乡土性，广泛存在于中国南北方辽阔的大地上。

乡土社会的经济基础稳定，以农业为主，自给自足，生活方式也有自己的一套，所以延续了几千年，多少代人生活在稳定的历史继承性中。这种特殊的历史性，也表现在我们文化的精神方面，自孔子时代起，倡导人文关怀，不关心人死后的灵魂归属，而关心现世生活。这不是说，中国人不在“死活”之间寻找关联性，而是说，我们不像西方人那样把死人与活人分离开来，放在分离的时间和空间里，而试图在二者之间找到与现世生活有关的连续性。

中国文化的注重历史性，要从亲属制度说起。中国是一个有祖宗和有子孙的社会，个人是上下、前后联系的一环。我在写《生育制度》时，已强调了这个特点，我曾有意指出，中国文化的特点之一正在于这种将个人纳入到祖先与后代的历史连续体之中的做法。那个时代，在比较中西文化中获得显著成就的梁漱溟先生，已从宏观的角度探讨祖先崇拜与基督教一神信仰之间的差异及其社会效应。已故的人类学同人许烺光在《祖荫之下》这本书里，用来自民族志的资料论说了中国人生活中祭祀祖先仪式中香火延续的观念及它代表的亲属制度的历史性。这些论述让人想到，过去的中国人，为什么不需要宗教。他们用祖宗和子孙的世代相传、香火不断的那种独特的人生观为信仰，代替了宗教。对我们中国人来说，生命是时间里的一个过客，在时间和空间里有一段属于个人的份额。但它并非是个人性的。个人首先是一个生物体，但更重要的是与文化有关系的三个不朽，即所谓立德、立功和立言。也就是说，文化是人创造的，人不是简单的生物体，因为没有他创造的文化，也就没有人自己。从一定意义上讲，人得以不朽，是因为他能立德、立功、立言，从被社会承认、对社会做出贡献、对社会关注的问题做出自己的阐述，而得到超越个人生物体的生命。

在中国文化中，文化在这个特殊意义上具有的历史性，又紧密地与文化的社会性相联系。人生在一个集体中，一个所谓的“社会结构”中。出生后要在社会中从幼到成年，变成社会人。所谓“进入社会”，就是接受一套已先于他存在的文化体系。人生出来就被纳入集体的社会中。人要共同生活，人与人要相互认识，要心心相印。这共同的一套就是这个社会的文化内容。如果已有的文化内容不能适应客观的变动，文化里就要出现新的东西。生物人的成为社会人，是靠“学而时习之”，靠模仿，对模仿不满足后，就要创造，个人的创造为社会接受后，改变为集体的东西，就超越了个人，成为集体的和不朽的文化。在中国文化里，文化本身是变的，不可能永远复制上一代的老框框。文化是流动和扩大的，有变化和创新的。个人是一个文化的载体，但也是在文化的不断创新中成为的变体。个人与个人可以有心灵沟通，这种沟通产生的效果，不单是两个个人之间的关系，而是个人进入集体创造成为社会的共识，个人进入社会创造文化的过程。

像“天人合一”一样，个人生物体—集体—共识（包括语言、意义、反应），即人—社会—文化，在中国文化里是重要的连续体，而非各自区分的主体与客体。

中国传统文化里强调一个重要的道理，即文化只是作为一个环节，本身要维持，也要创新。文化也可以说是出于一个个人生死的“差序格局”。人不会同时死，各人的生死是先后参差不齐的，但活着的与死去的有共同的文化联系。个人在一生中的立德、立功、立言，是非个人的，但却是出于个人作用而进入了文化体和社会体，因而不朽。文化如果不为社会所接受就留不下来，文化的沟通、传播靠语言，进而靠文字，语言也有规律，忘记了可以破译出来，得到复兴和再生。像考古学家做的工作，就是这种文化的破译和再生。文化有自己的历史，本身有历史的继承性，是有着自身的发展规律，体现在一般所说的“民族精神”上。强调历史，是希望通过个人的关怀来实现文化的关怀。祖宗和子孙之间是一个文化流，人的繁殖指的不仅是生物体的繁殖，也是文化的继替。

二

中国人从实践中获得对人在文化继替中获得社会性的看法，因而长期以来也成为中国人实践的内核。文献说“子以四教”，就是说孔子在四个方面展开他的教学工作，包括：文、行、忠、信。“文”指历代文献，“行”指社会生活的实践，“忠”指对他人的忠诚，“信”指与人交际的信实。孔子说自己好古，“古”对他来说却不只是历史学意义上的史实考证，而是象征一个文明秩序的理想。在实践的一个层次上，这种文明秩序，具体表现在文、行、忠、信这四个人的教化的方面上，这四个字基本上也就体现了我说的文化的历史性与社会性。

孔子是一个伟大的思想家，他总结的，恰是这个在上古时代逐渐成型了的文化意义体系。在更高的一个层次上，文明秩序又特别表现为“礼”。“礼”这种东西，不等同于一般讲的法律和规则，它以“和为贵”，就是以做事的恰到好处为上。但“礼”并不是不讲规则，它本身是一种通过生活实践来造就的秩序，所以有“礼节”，就是做事的恰到好处的方式。“礼”当然是对个人自由的一种干预。可是，传统的中国人受到“礼”的节制，并没有像西方人那样觉得不愉快，而是想“小大由之”，通过大事小事对“礼节”的遵循，来成就以“义”为中心的君子社会。所以，以“礼”为中心的文化论，主张“克己”，就是抑制自己。孔子说，“一日克己复礼，天下归仁焉”。

从秦汉到清末，中国文化对于生活的阐释，一样深刻地影响到中国人的政治活动和社会治理。在上古时期，有“礼不下庶人”之说，那时的“礼的秩序”被看成是社会中的上层享受的文明程度。随着历史的发展，一代代知识分子对“礼”的这种社会局限性进行的反思，到宋明时期已将它改造成为一种可以“化人文”于天下的文明秩序了。生活在晚古时期的中国人定能知道，“礼”“仁”等概念代表的那种文化论，已是赋予我们人和生活意义的观念，作为一种深潜在中国人日常生活中的文化，早已积淀成人们司空见惯了的生活方式了。生活在这种生活方式的我们，如果没有暂时将自身纳入与其他文化的比较中去看待问题，对于这个生活方式中蕴涵的文化意义，恐怕不会有那么清晰的认识。

三

人们时常将现代化与传统文化当成相互矛盾的两方来看。其实，“文化自觉”正是在追求现代化的100多年的历史中开始产生的。

过去的100多年里，世界发生了重大的变化，在变化的世界中，我们面临原来很少遇到的问题。我在上次研讨会时说，经过“三级两跳”，中国社会从乡土社会进入工业化社会，再从工业社会进入信息社会。所谓“信息社会”，包含着人与人在“信息”间关系的根本变化。以电子产品为媒体，来传递和沟通信息、逐步改组工业生产、商业贸易，甚至组织政府的治理工作和全部社会生活，带来了对传统人文世界的猛烈冲击。从工业化到“信息化”，都先发起在西方，与自然科学和技术的发展有着密切的关系。从19世纪到现在，过去我们所说的“现代化”这种现象和过程对整个世界的影响是巨大的。许多来自西方的人类学家承认，现代西方文明代表一种强大的历史断裂性，作为一种不断否定历史和生活的社会性的力量，作为一种被人类学家称作“热的”“动态的”社会模式，冲击了许许多多像中国传统文化这种注重在历史的连续性中创造文化的“冷的”“持续的”社会模式。

文化研究里提出的这种对世界人文秩序新变化的形容，应该说还是贴切的，它也能解释“热”与“冷”社会之间在相互比较中产生的自我认识。我这代人开始学习人类学和社会学时，西方知识界已经开始出现了一种站在西方的“他者”立场上来反省西方现代文明的做法。我自己的老师之一马林诺斯基就曾写了不少论著，阐述他自己的文化论，基本上就是将不同的文化放在它们自己的生活世界里考察，否定19世纪古典人类学将非西方文化当成“落后文化”的做法。

马老师的文化论虽然也有它自己的局限性，但是却从一个值得我们继续思考的角度，提出了对世界范围内“主流的”西方现代文化的反省。产生于西方学院氛围内的功能论，难以彻底摆脱西方认识论的限制。马老师说，所有的文化都是满足人的需要的工具。这一论说，遭到了后来的人类学家的批评。批评者认为，这是工具主义文化论，意思是说，马老师采取的解释方式，正好符合西方文化的人与物、目的与工具的区分框架。如果说马老师的论著存在这样的问题，我也认为，这是在不自觉中造成的。他的本意，是要指出，影响、冲击、改变着整个世界的西方文化，不能简单地将自己当成惟一具有实际意义的文化形态，而人类学家的使命，就在于指出非西方文化中那些表面上与征服自然的目的距离甚远的形式，也是从当地的生活中陶冶出来的合理做法。可见，虽然有人指责马老师具有极端“反历史”倾向，但是他所反对的历史不是我上面说的历史继承性，而是在他的人类学出现以前大量的西方中心主义的“台阶式”历史观。从他的论著里，我看到一种对非西方人文世界的历史和现实作用的尊重。

马老师代表的一代人类学家，开创了西方“文化科学”的新时代，今天人们一般用“现代社会人类学派”这个概念来称呼那种具有鲜明的反对西方中心论态度的文化学派。这些年来，我在补课时重新阅读了一些书籍，写了不少札记，看到了西方人类学在过去数十年中逐步寻求文化良知是一种可贵的努力。然而，在这以前，情况却有所不同。

请允许我把时间推得比20世纪初期更早一些，来看看此前西方人对中国文化的评论。必须承认，在欧洲启蒙运动时期，欣赏中国文化，试图在中国文化中寻找欧洲文化革新的道路的知识分子是有的。可是，我们不能忘记，从18世纪开始，随着中西文化接触的增多，随着西方世界性扩张进程的展开，西方对东方的蔑视态度也变本加厉。在明代，来自欧洲的传教士要在中国文化的土壤上落脚，还要特别注意学习儒士的礼仪。即使是到了英国马尔噶尼使团在清初访问中国时，还要接受清朝皇帝的要求，屈膝表示“来朝”，并将自己纳入中国朝廷的“宾礼”来“朝贡”。到后来，西方人的这种“文化虚心”，随着他们的军事和经济实力的增强而锐减。罗马教廷从18世纪到19世纪一直怀疑中国人的“礼”是否符合文明社会的规则，在教廷内外展开频繁的“中国礼仪之争”，讨论中国祭祀祖先的礼仪是否符合教堂的规则。到了19世纪中叶以后，生物进化论在西方社会思想中逐步获得了支配地位。不少西方知识分子用生物学家在生物进化的历史研究中得出的结论，来给西方与非西方作文化的历史定位。这时，中国被列入“古代亚细亚社会形态”来研究，我们的文明被变成西方人认识人类的古代史的例证。在西方中国观的演变过程中，中国文化作为一个对象是变幻不定的，但演变有一个值得注意的轨迹：它从一个被基督教争论的“风俗体”，转变成了被社会科学家关注的长期停滞在“古代亚细亚社会形态”中的国度。

涉及到中国的西方式东方学、世界史和社会科学研究，有些具有更多的人文学倾向，有些深受自然科学概念的影响，但它们的总体趋势是迫使中国文化面对一个被物和工具支配着的世界。从清末开始，维新运动在中国历史上冒了头。起初，引进西方文化，让我们的国人看到物和工具的重要性，是一个重要的步骤。那时比较流行的句子是“中学为体，西学为用”，士大夫还是“犹抱琵琶半遮面”地对待能补充中国文化的“用”。但思想的门户一旦打开，西方文化就势如破竹地冲破了重重障碍，到20世纪的前20年，逐步以德先生（民主）和赛先生（科学）的形象，在中国知识界得到广泛的接受以至推崇。

在上个世纪的上半叶，对中西文化的比较是中国知识分子热衷讨论的话题。有关中西文化的关系，出现了“全盘西化”“文化守成论”及“折中论”等观点。但随着新学的推广，现代文化逐步在中国大地扎下了根。

四

我受的教育就是从当时的新制度里开始的，上的是所谓的“洋学堂”，它是针对科举制度下的私塾制度而设立的，是从西方国家经过日本传入的，它使我这一代人从童年起就接受学校教育，参与同代人的集体生活，读的课本也不再用旧的，如《论语》《孟子》这样的经典著作。我从上世纪30年代投身到学术领域里，进入社会人类学这门学科，特别留意自己的传统文化的走向，立志追随老师吴文藻先生，以引进西方社会人类学方法来创建中国社会学为志向，具体说就是用近代西方社会人类学的实证主义方法，注重从看得见、摸得着的客观存在的事物中探究文化的实质。

以我个人受到的教育而言，具有重引进西方文化的家学传统，后来学习西方式的社会人类学和社会学，积累成一种“务实求新”的习惯，采用的实证主义方法论，说到底反映了西方文化中对生物性的个人的重视。我从马林诺斯基老师那里学来的文化论，重视衣食住行的整个生活体系的研究，强调人力改造自然世界从而得来人文世界。这个文化论中所谓的“文化”，就是“人为，为人”四个字，指文化是人创造出来为人服务的设施，而这里的“人”特别指看得见、摸得着的个人。在上个世纪前期，中国文化需要改革和发展，这是人类发展的规律所决定的，而且是在中国对外关系的摸索历史中逐步产生出来的。那时开始的文化变革的潮流，要

“务实求新”，重实际和创新，在文化价值论上补充了传统文化只重人不重物的缺憾，同时，与其他的潮流一道，特别强调“己”，即个人的自由度。

到今天我仍然相信，“务实求新”应是现代知识分子保持的志业。倘若从事社会科学研究的人不能从实际生活的参与中去观察，并从中延伸出自己的看法，对人类知识的积累有所贡献，那么，他的研究意义何在，我们就很难判断了。然而，“务实求新”者，却不能抛弃他本应重视的观察和认识方式的反思。就“人为，为人”的文化论来说，我看到它在抵制19世纪西方社会进化论的同时，舍弃了达尔文重视的人是自然世界的一部分的想法，将人与自然简单对立起来进行二分法的处理，用功利主义的态度将人与物完全区分开来，且将人定义为个人生物体而非历史和社会的存在。令人深感遗憾的是，这样一种缺乏人的文化历史性和社会性的观念，随着“全球化”步伐的迈进，已经扩散到世界各地，成为一种被认为是普遍的生活信念。

我个人对于“全球化”这个概念并不反感。人类终归是共同享有一个地球的，未来挑战人类的可能不是人类自己，而是太空。况且，“全球化”这个概念包含一个与以往的帝国主义支配不同的主张，它欢迎不同的文化来参与制订其趋势、影响其发展。然而，我们不能就此简单地认为，“全球化”是过去十几二十年里才兴起的，也不能简单地相信，这一潮流必将推出一个国家、民族、文化之间“美美与共”的“天下大同”局面。

“全球化”实际延续了自19世纪就已经开始的、广泛的世界性文化接触，而且接触中的各方力量仍是不平衡的。更重要的是，过去的100多年里发生的许多事件，本来应当引起处于优势的文化的自我反思，但那些实际上应让全世界的人们惊觉的事件，实际却没有引起各方的充分关注。同样遗憾的是，虽然在频繁的文化接触过程中，不同文化之间的差异，已在旅游业和一般的文化产业中得到尊重，整个世界的主流中，“天人合一论”的影响也越来越普遍而深入，但是在今天世界上那些“以暴易暴”的做法，还是在起着它们的作用，备受具有“征服世界”野心的势力的青睐。在这样一个曾经被我形容为“世界性的战国时代”的20世纪，人被从狭小的社区中“解放”出来直接面对逐步强大的现代国家，这是从一种制约进入另一种制约的过程。我看，在21世纪里，人被从国家中“解放”出来而面对整个世界，也不能说是一个大飞跃。

地球上势力的不平衡，仍然还是人类在未来的漫长岁月里必须承受的负担。更值得关注的是，那种以“己”为中心来看待人，以“天人对立论”来看待世界的看法正在得到“全球化”。在这样一个时代，人文学和社会科学面对着一个新的挑战：怎样为确立文化关系的“礼的秩序”做出贡献？我仍然相信社会科学要“务实求新”，也相信在回答这个问题时，“务实求新”的追求能得到充分的表现。

五

这些年来，在重读旧著和补课学习的过程中，我意识到西方学科发展历程中存在着值得我们思考的问题。最近出版了一本我写的，书名为《师承·补课·治学》的书中有一篇文章，讲到派克老师如何成为社会学家和美国社会学是如何发展起来的。派克摸索追求社会学的“科学化”，研究人同人的关系问题，这是第一次世界大战后的事情。美国对人与自然界的物的科学认识要早一步，物理、化学、生物科学，尤其是生物科学很发达，而那时人类学与社会学分不开，要研究人，再研究社会，再研究文化，文化的问题是人与物如何相处中发生出来的。大部分优秀的西方社会科学家认为，研究人不能将人的生物性、自然面与他的社会性和文化性割裂开来。然而，由于西方认识论长期坚持"天人对立"的看法，因此造成自然科学与社会科学的分离状态。于是，对面临着的问题，派克曾多次表示，社会学缺乏对于"符号"和"心灵"的研究，就不能成为科学。为什么当时的社会学缺乏派克有志于研究的那些东西呢？根本原因还是"天人对立"的看法在起作用。"天人对立论"造成人文社会科学发展的知识门类的割裂状态。新一代的社会理论家已经意识到，19世纪以来，被割裂了的人文社会科学知识与西方国家的内部治理及国际政治有着密切关系，它的两个重要特点，一个是知识的学科化，一个是理论的"西方中心论"。他们还看到，要想克服人文社会科学自我局限和"西方中心论"，需要大大地依赖于综合性的文化论和复杂理论的发展。

在西方社会科学发展的历史过程中，自然科学从研究物当中提出的概念，长期以来支配着社会科学的研究。最早的西方社会学，被称作"Social Physics"，意思就是所谓的“社会物理学”，就是要运用物理学的办法来研究人文世界。像今天仍被广泛采用的“结构”一词，就与物理学有着密切关系。从19世纪以来，生物学也不断地在人的研究中占据了主要地位。在人类学中，体质人类学的研究对生物学以至遗传学原理的搬用，是广为人知的。在社会和文化的研究中，像“社会肌体”“文化肌体”等概念也曾充斥西方学界的论述。我不反对自然科学原理在社会科学研究中的运用，我的意思无非是说，在西方社会科学研究里，这样长久地用研究物的办法来研究人，有它的文化的历史基础。我说过，“物尽其用”是西方文化的关键词。听起来“物尽其用”这句话给我们一种特别的人本主义的感觉，因为其中的主体是人，客体是物。实际上，正是在这样的主客分离的关系中，西方认识论片面地强调了人与自然的对立。如果说马林诺斯基老师的文化论有什么问题，那么，问题也正是在将人与服务于人的物（工具）对立起来。

随着西方文化对世界影响的增强，在日益现代化的今天，以“天人对立”的世界观来认识人及其生活，对人的生存方式产生着越来越大的影响。与此同时，在人类进入21世纪时，世界碰到了文化融合问题，不同的文化要碰头了。在文化的碰头会上，不同的文化如何保留自己的特点同时开拓与其他文化相处之道，这个问题需要引起更广泛的关注。在过去100年的历史进程中，我们对自己文化的认识和把握，不能说不存在问题。在现代化的过程中，失去对自己文化的信心，并因此对时势做出与民族利益相矛盾的判断与选择，是必须引起我们关注的大问题。这个仍然属于文化研究范围的大问题，在东西文化接触后就出现了，是在清朝末年中国与西方文化接触后明确地提出来的。

六

在新的世纪里，许多切合实际的问题提出来了，但是需要更多的人关注和研究。我希望新的一代人能继续接好接力棒，这不是一代人的事情，而是需要两三代人的努力。从孔子到秦汉以来，我们忘了“物”，从清末开始，却逐步出现“见物不见人”的趋势。在21世纪里，时代需要一种重视人与物结合的人文思想。在过去的10年里，我花了一些精力来思考这个问题，提出了一点一己之见，在这里再次提出，希望得到大家的讨论。

1993年我在第四届“现代化与中国文化研讨会”上发表了《个人·群体·社会》一文，以我一生的学术经历对这个问题做了理论上的反思。我列举了对“社会”的两种不同看法：一种是把社会看做众多个人的集合，活生生的生物人是构成群体的实体，一切群体所创制的行为规范，以及其他所谓“文化”等一切人为的东西都是服务于个人的手段；另一种看法却认为群体固然是由个人聚合而成，但是形成了群体的个人，已不仅是一个个生物体，或称一群生物人，而且还是一个有组织的群体里的社会成员，或称社会人。生物人是社会的载体，而社会本身才是实体。

后面这种把社会看成是比生物群体高一层次的实体和前面那种只把社会看成是个人在群体中学得生活手段，理论上说是两种不同的看法。我在生活和研究实践中接触到了这两种看法，并且在不同时期有过不同的体验和认识，但一直没有机会做系统的思考。1993年那次“自我思考”相当于自己一生学术研究思想的阶段性总结。我在文章最后谈到了对潘光旦先生“中和位育”

的新人文思想的归纳，表明了我现在的看法。这我在上面已经谈到。当时这一认识使我进一步强调社区研究必须提高一步，不仅要看到“社会结构”，而且还要看到群体中活生生的人，也就是我指出的心态研究。同时我想到我们中国世世代代这么多人群住在这块土地上，经历了这么长的历史，在人和人“中和位育”的故训指导下应当有着丰富的经验，这些经验不仅保留在前人留下的文章里，而且还应当保存在当前人的相处的现实生活中，应当好好地发掘和总结。

1995 年我在北京大学社会学人类学研究所主办的“社会文化人类学高级研讨班”上发表了《从马林诺斯基老师学习文化论》的讲稿，在讲稿里我着重指出马老师的《文化论》中我认为比较重要的观点。把文化看成是一个由人类自己对自然世界加工创造出来为人类继续生活和繁殖的人文世界，是马老师文化论中的一个基本见解。人是自然的产物。人这个自然的产物通过对其他自然产物的加工，制造成了个人文世界。这个加过工的世界虽然和原来未加过工的自然面貌有所不同，但仍是自然的一部分。我觉得马老师对文化的基本看法实质上是和达尔文的生物进化论一脉相承。其重要之点就在把文化和自然的“缺环”连接上了。这就是把文化作为物质、社会和精神结合一体的基本看法。把人文世界拉回到自然世界，成了个能实证的实体。我在文中也谈到这个文化论的观点在我们东方早就有了。

与马老师齐名的人类学大师拉德克利夫-布朗曾说，社会学的老祖应当是中国的荀子，他提醒我们，在我国的传统文化里有着重视人文世界的根子。这位自称为社会学家的人类学家认为，人文世界中最大的创造是社会，而这一点在古老的中国传统里头已经得到充分的论证。从一方面看，拉德克利夫-布朗在引用荀子的论述中，让社会人类学进一步接近了我这里说的文化的社会性。但是从另一方面看，他本人时常引用“结构”这个概念来形容社会，也不自觉地沿用了“社会物理学”的做法，只是在后来论述“礼仪”时，更多地采纳了中国文化的观点，但不够系统。

西方文化从重视自然世界的这一方向发生了技术革命，称霸了300多年。人文世界必须要依托自然世界，那是不错的。但是，只看见自然世界而看不到人文世界是危险的。为了说明这个观点，1997年我在北京大学社会学人类学研究所主办的“第二届社会文化人类学高级研讨班”上提出了“文化自觉”的看法。我感到“文化自觉”是当今世界共同的时代要求，它并不是哪一个个人的主观空想。有志于研究社会和文化的学者对当前形势提出的急迫问题自然会特别关注，所以我到了耄耋之年，还要呼吁“文化自觉”，希望能引起大家的重视，用实证的态度，实事求是的精神来认识我们有悠久历史的文化。不重视历史的后果在人类进入21世纪时已经得到教训。

文化自觉是指生活在一定文化中的人对其文化有“自知之明”，明白它的来历、形成过程、所具有的特色和它的发展趋向，不带任何“文化回归”的意思，不是要“复旧”，同时也不主张“全盘西化”或“全盘他化”。自知之明是为了加强对文化转型的自主能力，取得决定适应新环境、新时代对文化选择的自主地位。文化自觉是一个艰巨的过程，首先要认识自己的文化，理解所接触到的多种文化，才有条件在这个正在形成中的多元文化的世界里确立自己的位置，经过自主的适应，和其他文化一起，取长补短，共同建立一个有共同认可的基本秩序和一套与各种文化能和平共处、各抒所长、联手发展的条件。

“文化自觉”这个概念，表达我的一个愿望，是我一直想认识的中国文化的特点。要认识和把握自己文化的特点，就要考察我们文化中的“天人观”的独特性及其对世界上不同文化的和平共处可能做出的贡献。去年我在南京大学百年校庆时发表《文化论中人与自然关系的再认识》一文，说到东西方的“天人观”存在着重大分歧。西方的“天人对立论”在当今世界上与利己主义的文化价值观结合，对全球的大众生活产生了深刻影响。从以往的历史看，这种观点曾在西方文化取得世界文化领先地位的事业中立过功，在许多非西方民族的现代化建设中也曾起到推动作用。但是到了目前，我担心它走上了另外一个方向，如导致生态问题和文化关系的紧张等。我个人认为西方文化在强调人利用自然这一点上是有别于东方文化的，这个差别同时也折射出中国“天人合一”传统精神的重要性。我没有上过私塾，后来对东方文化也缺乏基本的训练。90岁以后才开始补课，其中列入补习范围的有中国文化史。这门艰深的学问对我来说十分陌生。我在开始注意到它之前将近半个世纪里，采纳的学术研究方法是西方实证主义的社区调查方法。上世纪90年代开始“反思”，逐步发现来自社会人类学功能学派文化论的民族志方法，使我认识到我没有达到马林诺斯基老师对我提出的“文明社会的人类学”的期望。为了补上“文明”这一课，我补读了一些社会学理论，也初步涉猎了文化史论著，注意到我故乡邻县无锡出生的钱穆先生的著作，特别是他对儒学和东西方文化差异的论述，觉得这些著作对我关于“文化自觉”的思考有许多帮助。

我的意思不是说，人类学和社会学的研究者都要像我那样到这把年纪才补学文化史。但是我确实在这当中看到了西方社会科学长期采纳的“天人对立论”所缺乏的因素。中国文化传统里尤其推重“太极”之说，意思大致就是指“天人合一”的终极状态，是二合为一的基本公式。我们一向反对无止境地用“物尽其用”的态度来看待人与自然的关系，而主张像潘光旦先生论述的“中和位育”那样在自然、历史和社会中找到适合人的位子。中国文化中的这种“中庸之道”，追求一而二、二而一，哲学上虽难于到家，实际与儒家的“大同”论也能融会贯通。我一直相信，这一有别于西方“天人对立论”的观点，会有助于“全球化”时代文化的多元化，有助于防止人类在文化冲撞中同归于尽。

人文社会科学的发展，在今后二三十年要面对一个新的时代。在全世界范围内，尊重人文社会科学的成就和科学地位，对自然科学和技术的研究成果及影响进行人文社会科学的考察成为潮流。这些年来，一系列世界性的事件表明，自然科学如何服务于人类，这个问题需要人文社会科学家的思考。并不是说我们不要自然科学，我的意思无非是说，在21世纪里，那种曾经产生广泛影响的、西方中心的“天人对立论”，有必要也有可能得到纠正，而在这个反思的过程中，中国文化的研究者也要承担起自己的新责任。

2003年11月

“美美与共”和人类文明①

一、文明的话题

探讨全球化和不同文明之间的关系，不是一个新话题，也不是一个新现象。今天我们经常说的“全球化”，其渊源可以追溯到19世纪西方（主要是英国）主导的世界各地不同文化之间的广泛接触和交往。对这种广义的全球化趋势的关注与研究，也是从19世纪开始的，比如卡尔·马克思就关注过资本主义全球扩张和原始积累的过程。关于这方面问题的探索，一直是社会学、人类学、民族学等诸多社会科学研究的重要领域。

这种对于全球化、文明、文化的研究，不仅仅是一种纯知识性的探索，它已经成了解决人们面临的严峻问

①本文是作者在2004年8月“北京论坛”上所做的书面发言。

题的一门科学。当今世界上不同的国家、民族、宗教之间的各种交融和冲突屡见不鲜，全球化造成的矛盾和问题，对我们构成了多种多样的挑战，对此，国际学术界和思想界做出了种种反应。我本人近年来对“天人对立论”“文明冲突论”等思潮的评论，就是对目前世界上发生的一些问题所发表的意见。

当今世界上，还没有一种思想或意识形态能够明确地、圆满地、有说服力地回答我们所面临的，关于不同文明之间该如何相处的问题。不管是社会经济高度“发达国家”，还是大多数“发展中国家”，在这个问题上，都同样受到严峻的挑战。这不是哪个单一的国家、民族或文明遇到的问题，而是一个全人类都要共同解决的问题。全球化的特点之一，就是各种“问题”的全球化。

二、时代的呼唤

近二三百年来，西方思想在世界学术界起着主导作用，但在面对全球问题的时候，西方的一些基本思路，出现了很大的局限性，在解决某些问题的同时，又引发出一些新的矛盾。比如，近百年来，随着西方强势文化的扩张，“自我中心主义”在一些人的头脑里大大地膨胀起来，“西方至上主义”“殖民主义”“极端国家民族主义”和“种族主义”等等思潮，成了上世纪两次世界大战的催化剂，也是造成很多国际性问题的重要原因。时至今日，世界上极端主义和以暴制暴所造成的种种事端，依然摆脱不掉“以我为中心”的影子。

因此，我觉得要更好地理解今天世界上出现的问题，寻求解决全球化与不同文明之间的关系，就必须超越现有的一些思路，在一个更高的层次上重新构建自我文明和他人文明的认识，只有当不同族群、民族、国家以及各种不同文明，达到了某些新的共识，世界才可能出现一个相对安定祥和的局面，这是全球化进程中不可回避的一个挑战。

要认真深入地对这些问题进行研究，必然会碰到诸如文化、文明、人性、族群性等基本概念，会涉及到认识论和方法论这样更高层次的问题。比如在探讨文化交流时，常会牵扯到对文化的基本定义；在对各种文明基础和特质进行研究时，也要谈到关于“人”“人性”这些更基本的问题。事实上，很多人文学科的研究，比如人类学者对文化、传统的理解；社会学对社会群体结构的理论；民族学对族群性的解释等等，都可为我们提供很好的思路，对我们有很大启发。

我提及这方面的话题，并不是说我已经有了某种结论，而是希望我们在探讨、研究问题时，要把眼光放开、放远一些，思路变得灵活、广泛一些，不要总局限在一些常识性的、常规性的和偏狭的框框里。在探索关系人类文明这样一个宏大的、长远的课题时，我们的思想要有与之相适应的、博大的包容性和历史的纵深感，要充分利用全人类的智慧，发挥多学科、跨学科的优势来进行研究。

人类每逢重大的历史转折时期，就会出现各种各样的所谓“圣贤”，其实，这些“圣贤”就是那个时代所需要的，具有博大、深邃、广阔的新思路和新人文理念的代表人物。我曾经把当今的世界局势比作一个新的战国时代，这个时代又在呼唤具有孔子那样思想境界的人物。我确实已经“听”到了这种时代的呼唤。当然，今天的“圣贤”，不大可能是由某一种文明或某一个人物来担当。他应该，而且必然是各种文明交流融合的结晶，是全体人类“合力”的体现。

近年来，在讨论全球化这个话题的时候，我多次提到“和而不同”的概念。这个概念不是我发明的，它是中国传统文化中的一个重要核心。这种“和而不同”的状态，是一种非常高的境界，它是人们的理想。但是要让地球上的各种文明，各个民族、族群的亿万民众，都能认同和贯彻这个理想，决不是一件轻而易举的事。为此，我们还有很长的路要走，还要付出沉重的代价。

我还提出了“文化自觉”。什么是文化自觉？简单地说，就是每个文明中的人对自己的文明进行反省，做到有“自知之明”。这样，人们就会更理智一些，从而摆脱各种无意义的冲动和盲目的举动。

后来，我又进一步提出“各美其美、美人之美、美美与共、天下大同”的设想。这几句话表达了我对未来的理想，同时也说出了要实现这一理想的手段。我认为，如果人们真的做到“美美与共”，也就是在欣赏本民族文明的同时，也能欣赏、尊重其他民族的文明，那么，地球上不同文化、不同民族、不同国家之间就达到了一种和谐，就会出现持久而稳定的“和而不同”。

三、经验性研究

研究文化和文明问题、可以有多种不同的视角和方法，不同的视角和方法之间可以互相支持和取长补短。作为一名从事实地调查研究的社会工作者，我想借此机会，谈一谈我在对全球化和文化、文明的关系的研究中所采用的方法和体会。

我的学术生涯，大约是70年前从广西大瑶山开始的，那次人类学和民族学的田野调查的研究方法（用今天的话说，就是“理论和实际相结合”的方法），对我一生学术研究产生了决定性的影响，成了我后来学术研究的基本手段。

我提出这个问题，是想提醒大家在关注探讨全球化和文明的问题时，如何拓展我们的研究方法。今天，世界上发生了许多新的问题和现象，这些问题和现象，都是由于不同文化的相互接触、碰撞、融合而产生的，没有现成的答案可以解决。也就是说，用原有的思维逻辑，原有的研究方法来解决现在的问题已经不行了。要想找到解决问题的方法，就是回到现实社会生活中去，扎扎实实地做实地调查。要超越旧的各种刻板的印象

（stereotype）和判断，搞清楚各种文明中的人们的社会生活，并以此为基础（而不是以某种意识形态体系为基础）来构建人类跨文明的共同的理念。这种研究的难点，在于研究者必须摆脱各种成见，敞开胸怀，以开阔的视角，超越自己文化固有的思维模式，来深入观察和领悟其他族群的文化、文明。在跨文化的交流和沟通中，构建起新的更广博的知识体系。

为什么必须要到现实生活中去调查呢？因为人类社会是复杂的、多样性的，又是多变的、富于创造性的，它决不是只有单一文化背景和有限知识和经验的研究者能够想象和包容得了的。所以，研究者必须深入到你要了解的“他人”的生活中去观察、研究。从某种意义上说，这种实地调查的方法，也反映出研究者的一种心态，就是你是不是真正要去理解、接受“他人”的文化、文明，这种心态正是今天不同文明之间交流的一个关键。深入到“异文化”中去做调查，努力学习“他人”的语言、传统，入乡随俗，适应他们的生活方式，做到设身处地地用当地人的眼光来看待周围的事物……这本身就是对“异文化”的尊重和对“异文化”开放的心态。如果连这种最基本的平等态度都没有，还谈什么交流和沟通。

可以说，在我的学术生涯中，我一直试图坚持走实地调查这条路。当我七十岁获得“第二次学术生命”时，虽然已经不可能像年轻时那样，长期地、深入地去观察某一个具体的社区或社会现象，但是，我仍然不懈地“行行重行行”，每年要安排三分之一以上的时间到各地做实地考察，这种实地考察使我受益匪浅。

四、心态和价值观

从学术史上说，这种实地考察的实证主义，是我在英国留学时的导师马林诺斯基在上个世纪初提出的。1914—1918年间，马老师通过在西太平洋Trobriand岛上参与和观察当地土人的生活，从而总结出一套行之有效的研究方法，构建了人类学功能学派的理论基础。他的这一贡献与其说是学术上的，不如说是人文价值上的，因为长期以来，西方学术界流行的是以西方为中心的社会进化论思潮，把殖民地上的人民看成是和白人性质上不同、“未开化”的“野蛮人”。马老师却号召人类学者到那些一直被认为是非我族类、不够为“人”的原始社会里去参与、观察和体验那里人的生活。马老师使这些“化外之民”恢复了做人的地位和尊严。

在马老师强调和提倡田野工作之前，即使像佛雷泽这样的人类学大师在搞研究工作时，也主要是依靠查阅各种游记、笔记、文献资料。这种大量利用间接观察、间接记录、多手转达的方法，很容易因为观察者视角不一致、信息不连续和不完整，使研究者做出错误的解释和结论。实地调查能够促使研究者深入到“社会生活”中去“参与观察”，使“人类学走出书斋”，取得超越前人的成绩。

要进行跨文化的观察体验，还必须具有一种跨越文化偏见的心态。由某一种文化教化出来的人，因为对“他文化”不习惯，出现这样那样的误解、曲解，对“他文化”产生偏见，应该说是一种正常的现象。但作为一个研究者，则必须具备更高的见识、更强的领悟力，能够抛弃这种偏见。我特别提到一个“悟”字，这个字在跨文化的研究中显得特别重要，它不仅要求研究者全身心地投入到被研究者的生活当中，乃至他们的思想中，能设身处地地像他们一样思考；同时，又要求研究者能冷静、超然地去观察周围发生的一切。在一种

“进得去，出得来”的心态下，去真正体验我们要了解的“跨文化”的感受。我认为，在讨论全球化和不同文明之间的关系时，具体的研究方法等技术因素，并不是最重要的，最要紧的还是研究者的心态。

其实，我们平时常说的“凡事不要光想着自己，要想到人家”这句话，就很通俗地说出了在研究跨文化时所要持有的心态。这句话是中国人一个传统的、十分重要的为人处世的原则，类似的“原则”在老百姓中间流传的还有很多。我想这些“原则”应该是我们中华民族在形成多元一体格局的历史进程中，融汇百川，不同文明兼收并蓄而积累下来的宝贵经验，这些经验或许能够对我们社会研究工作者提供有益的帮助。

培养这种良好的跨文化交流心态，是提高每个社会工作者人文修养的一门必修课，应该把这方面素质的提高，作为对社会学专业学生的基本要求。如果再扩大一些，我们能在一般民众中也推行这方面的宣传教育，其结果，必然能够增进不同文明中普通成员之间的良好沟通、交流和理解。如果这种沟通、交流和理解能够有广泛的群众基础，那么，今天世界上诸多民族和文明之间的矛盾、偏见、冲突以及冤冤相报、以暴制暴等等就有了化解和消除的希望。

五、交融中的文明

近几百年来，西方文化一直处于强势地位，造成了其社会中某些势力的自我膨胀，产生了殖民主义、种族主义、极端民族主义、文化沙文主义、单线进化论等形形色色的自我中心主义的思潮。但与此同时，在西方学术界，也出现了像马林诺斯基这样的，对西方文化中自我中心主义思潮进行反思和反制的学术流派。这种反思，可以说就是“文化自觉”的一个表现。然而直到今天，西方社会中各种势力和学术界各派别之间，仍然存在着巨大的分歧和激烈的较量。从另一方面看，非西方的各种文明，在经历了几百年的殖民主义、世界大战、冷战、民族解放运动等等磨炼后，其社会成员的思想和心理都起了十分复杂的变化，产生了多种多样的社会思潮，其中不乏与“西方至上主义”相对立甚至相对抗的思潮。这个状况，被一些人称作是“文明的冲突”，这种冲突已经影响到了今天的世界局势。目前所谓的“恐怖主义”和“反恐斗争”，就是这种“冲突”的表现之一。

几百年来，主导世界的西方文化大量地传播到其他文明中，随着时间推移，世界已经越来越紧密地联系在一起，这种传播也变得越来越快了。然而，文化交流是双向的，在西方文化快速传播的同时，西方社会也大量地汲取了其他文明的文化，而且这种文化上的交融，每时每刻都在发生着。这些被吸收的“异文化”，经过“消化”“改造”之后，成了各自文明中新的、属于自己的内容，并从宗教、政治和意识形态等方面反映出来。可以说，今天世界上不同文明之间已经是“你中有我，我中有你”。今日之世界文明，已非昔日历史文献、经典书籍中所描绘的那种“纯粹”的传统文明了。因此，我们必须改变过去概念化的、抽象的、刻板的思维方式，以一种动态的、综合的、多层面的眼光，来看待当今世界上不同文化和文明之间的关系。

六、中华文明的启迪

作为非西方文明主要代表之一的中国，长期以来遭受殖民主义、帝国主义的欺压，为了民族生存，中国人民前仆后继、英勇斗争，终于捍卫了自己的主权和独立。长期的遭受屈辱，不断的奋起抗争，如今昂首屹立在世界上的经历，对中华民族面对全球化时的心态，必然会产生巨大的影响，尤其是当中国的综合实力和国际地位不断提高的时候，我们更应该加强“文化自觉”的反思，使我们能够清醒地认识到自己的状况，摆正在世界上的位置。

“文化自觉”的含义应该包括了对自身文明和他人文明的反思。对自身的反思往往有助于理解不同文明之间的关系。因为世界上不论哪种文明，无不由多个族群的不同文化融会而成。尽管我们在这些族群的远古神话里，可以看到他们不约而同地在强调自己文化的“纯正性”，但严肃的学术研究表明，各种文明几乎无一例外是以“多元一体”这样一个基本形态构建而成的。上个世纪80年代末，我总结了多年来研究的心得，提出了“中华民族多元一体格局”的观点，试图阐明中华民族这个由56个民族组成的实体形成的过程。

在我们探讨全球化和不同文明之间的关系的时候，中华民族的“多元一体格局”给了我们一些启示。我们知道，古代中国人的眼里，“中国”就是“天下”，也就是被看做是一个“世界”。所以中国人常说的“分久必合，合久必分”，并不是现代西方人所指的一个“民族国家”的“统一”或“分裂”（比如南北朝鲜、东西德国），而是一种“世界”的分崩离析和重归“大一统”。纵观中国几千年的历史，分分合合，纷争不断，但是从“多元”走向“一体”的大趋势是整个历史发展的主线，而且即使是在“统一”的时期，统治者在政治制度、宗教信仰、经济形态等方面，仍然允许在某些地区、某一阶层、某种行业中保持它的特殊性。古代中国这种分散的多中心的局面，究竟是因为怎样的内在机制、怎样的文化基础和思想基础才得以存在？这样“和而不同”的局面有什么优势和劣势？在中国传统文化中，哪些要素在这里边起了什么作用？古代的中国人究竟是怀有怎样的一种人文价值和心态，才能包容四海之内如此众多的族群和观念迥异的不同文化，建立起一个“多元一体格局”的中国！这些都是值得我们深刻思考和努力研究的问题。

中华民族在漫长的“分分合合”的历程中，终于由许许多多分散孤立存在的族群，形成了一个“你来我去、我来你去，我中有你、你中有我，而又各具个性的多元一体”。所以，在中华文明中我们可以处处体会到那种多样和统一的辩证关系。比如早在公元前，号称“诸子百家”的战国时期，出了那么多思想家，创立了那么多学说，后来为什么会“独尊儒术”，能够“统一”？儒家学说中又有什么东西使它成为一种联结各个不同族群、不同地域文化的纽带，从而维系和发展了中华民族的多元一体格局？还有，许许多多的族群在融入以“汉人”为主体的大家庭时，是以一个怎样的机制，使原本属于某一族群的文化，发展成由大家“共享”的文化？我们都知道，不同的宗教信仰之间怎样“友好共处”，是一个比较复杂、棘手的问题，但是在中国历史上也有成功解决的范例。比如古代犹太人在中国的经历，就是一个例子。人们通常认为犹太民族是一个宗教观念非常强烈的群体，但是在中国这样一个相对宽松的传统文化氛围里，在中国的犹太人，逐步融合到中国的社会中，没有发生像在西方社会，犹太人由于受到压制而不断强化民族宗教意识，甚至发生冲突的现象。还有在辽、金、元、清的时候，统治者在不同民族、不同族群的地区，实行不同的行政制度，因地制宜，顺应当地民众的传统文化、信仰和习俗来进行统治。但是，这种

“顺应”又都统一在更高一层的“国”的框架之内。

这些例子，说明中华文明的结构和机制，在漫长的岁月中，经过一代代先人在实践中的不断探索、积累、完善，已经形成了一套相当成熟的协调模式。它充分体现了古人高度的政治智慧和中华民族深厚的文化底蕴。时至今日，在我们的生活实践中实施的“民族区域自治”“一国两制”等政治制度，无不缘于厚重的中华传统文化。

中华文明有着悠久的历史和深厚的内涵，也有与“异文化”交流的丰富经验。我相信，在今后中国越来越广泛、深入地融入到世界的过程中，一定能为重构全球化和不同文明之间的关系做出应有的贡献。

七、跨文化研究的人文属性

人们常常把世界上不同文明之间如何相处的问题，看成是国与国、民族与民族之间政治、军事、综合国力等方面的比较，像是在做一种“力学”关系的分析。这样的分析不能说没有道理，但是不全面，因为文明、文化都是关于“人”的事情，所以要搞清楚还得从“人”

入手。

文明、文化都是抽象的概念，它们之间的关系，不同于一般社会群体、社会组织这样的实体之间的关系。但是人们常常有一种倾向，遇到文明、文化之间的问题的时候，会不自觉地把它当做社会实体之间的问题来处理。要知道，文明和文化是具有浓厚情感、心理、习俗、信仰等非理性的特征，它们之间的关系也不是靠简单的逻辑论证、辩论、讲道理就能解决的。我们大约都有过在处理涉及感情、心理、习俗等等这些问题时，讲不清道理的经历。所以，在处理跨文明关系、跨文化交流这样更复杂、更微妙的人文活动时，就要求我们运用一套特殊的方法和原则，最大限度地注意到“人文关怀”和“主体感受”。这是一项涉及到历史、文化、传统、习俗、文学、艺术等诸多领域里的，以“人”为中心的系统工程。

在对跨文化的研究中，理解“人”，理解人的生物性、文化性、社会性，人的思想、意识、知识、体验以及个人和群体之间微妙、复杂的辩证关系等等都是至关重要的。因为，人的上述特性通过交流、传播和传承，可以成为群体共有的精神和心理财富，并在这一群体里

“保存”下来，达到“不朽”，成为“文化”的一部分。同样的道理，不同文明、不同文化的人们之间，也存在着这种交流、传播和传承。

从总体上说，人类文明的多样性，是各个文明得以“不朽”的最可靠的保证。一种文明、文化，只有融入更为丰富、更为多样的世界文明中，才能保证自己的生存。人们常说，“只有民族的，才是世界的”，这是不错的；反过来说，只有世界的，才是民族的，才能使这个民族的文化长盛不衰，也很有道理。所以，文化上的唯我独尊、固步自封，对其他文明视而不见，都不是文明的生存之道。只有交流、理解、共享、融合，才是世界文明共存共荣的根本出路。不论是“强势文明”还是“弱势文明”，这是惟一的出路。

探讨文明和文化问题，不可避免地要涉及到价值观和信仰，而这些又极容易转变成感情和心理因素，然而在科学研究中，一旦掺杂了这些因素，就会产生巨大的阻力，这是我们从事族群、民族、宗教研究的社会科学工作者都遇到过的问题，因此，必须构建一种超越常规的理念。我们不提倡用某一种文明的意识形态、价值观念来解决不同文明之间的问题，因为用一种文明的“标准”去评判另一种文明，不管这种做法“对不对”，实际上会让人感觉到这样做“好不好”。由于不同文明之间人们的认知体系有差别，所以不同文明的人，对同一个问题的看法，常常会变得不是“是”与“非”，而成了“好”与“坏”了。我觉得，不管出于什么动机，强迫别人接受一种本来不属于他们的价值观，这种做法，本身就含有欺压和侮辱人的性质。

不同文明之间的交往，“内容”常常会退居到次要的地位，而“形式”会上升为主要的东西。我说的“形式”，不是科学主义说的那种可以忽略的、外在的、表面化的形式，而是人类学中所指的“仪式”“象征”，也即是“意义”。它在一种文明、一种文化里起着很重要的作用，甚至是生死攸关的作用。不同文明之间的矛盾，是不能简单地按照经济或功利的原则来解释的。中国古代有“不食周粟”“苏武牧羊”的故事，这些故事说明，文明、文化的交往决不是简单的商品交易，一个族群、一种文化，不是物质利益就能收买，也不是强力所能压服的。

当前世界上某些人，常常有意无意地把不同文明、文化之间的关系，直接与国家或民族利益挂钩，这是一种加大，甚至是激化不同文明之间误解和矛盾的做法。这些人在大谈“国家利益”的时候，手里不断挥舞着文明、文化的旗号，把赤裸裸的为“一国谋利益”的做法，装扮成捍卫“某某文明”的“义举”；把具体的国家利益之争，混淆成不同文明之间的争斗。当然，从广义上讲，文化价值也包含在“利益”之中。但它们并不是简单地连接在一起的，这种随意的联系，是不成熟、不理智、不准确、不负责任的表现。犹如我们不能把美国的国家利益，等同于基督教文明的利益，也不能把中国的国家利益，说成是儒家文明的利益。

我们认为，国家利益可以“一事一议”，好像谈生意那样，通过理性的协商来解决。如果把这种事情上升到文明、文化的层次里，就会变成充满感情和心理因素的、非理性的问题。

一个国家不能自命为某一种文明的代表或化身，说成是某文明的卫士；各种政治集团也不该盗用文明、文化的名义，制造民粹运动来为自己的政治利益服务。这种夹杂着经济和政治目的的“国家利益”，会大大歪曲不同文明之间关系的本质，造成恶劣的结果。

八、美美与共

从历史和现实中可以看到，要想处理好不同文明之间的关系，首要的条件应该是各自能够保持一种平和、谦逊的心态，就是中国古人所谓的“君子之风”。

前几年，我提出了“各美其美、美人之美、美美与共、天下大同”的设想，这是我的心愿。要想实现这几句话，还要走很长的路，甚至要付出沉重的代价。比如要做到“各美其美、美人之美”，也就是各种文明教化的人，不仅欣赏本民族的文化，还要发自内心地欣赏异民族的文化；做到不以本民族文化的标准，去评判异民族文化的“优劣”，断定什么是“糟粕”，什么是“精华”。

要达到这样的境界并不容易，比如当今世界上许多发展中国家，历史上大多遭受过西方殖民主义的欺凌，这些国家的民众，由于受一种被扭曲的心理的影响，容易产生两种截然相反的倾向：一种是妄自菲薄，盲目崇拜西方；一种是闭关排外，甚至极端仇视西方。目前，这种仇视西方的状况似乎已经酝酿成一股社会潮流。从另一方面说，作为强势文明的发达国家，容易妄自尊大，热衷于搞“传教”，一古脑地推销自己的“文明”，其实这样做会蒙住自己的耳目，成了不了解世界大势的井底之蛙。中国的历史上，也出现过“盲目崇拜”和“闭关排外”的现象。希望今天的中国学术界，能够彻底抛弃妄自菲薄、盲目崇拜西方或者妄自尊大、闭关排外的心理。

中华文明经历了几千年，积聚了无数先人的聪明智慧和宝贵经验，我想我们今天尤其需要下大力气学习、研究和总结。面对今天这种“信息爆炸”、形形色色“异文化”纷至沓来的时代，我们需认真思考怎么办？全盘接受、盲目排斥都不是好的办法，我们应该用一种理智的、稳健的，不是轻率的、情绪化的心态来“欣赏”它。要知道，不论哪种文明，都不是完美无缺的，都有精华和糟粕，所以对涌进来的异文化我们既要“理解”，又要有所“选择”。这就是我说的“各美其美、美人之美、美美与共”。

中国历史上有过这样的例子。唐朝的时候，国家昌盛、经济发达、文化繁荣，引起了邻国日本的关注，派人来学习，与唐朝建立了友好关系。他们把唐朝好的东西带回去，丰富了自己的文化。这段历史表明，当时的日本人是很有“鉴赏力”的，善于“美人之美”，因此获得了很多文化资源，达到了“双赢”的结果。

当今地球上的人类，应该比古代人具有更广阔的胸怀、更远大的目光，对于不同文化有更高的鉴赏力，拥有一个与不同文明和睦相处的良好心态。在这方面，我们的先辈留下了许多包含了深刻哲理的宝贵经验。比如孔子说：“己所不欲，勿施于人”，强调的是人们“不应该做什么”，而不是要求人们“应该做什么”；又如“修己而不责人”“退一步海阔天空”等等这样的格言，都包含了克己、忍耐、收敛的意思。这些都是在中华民族多元一体格局形成的漫长岁月中，逐渐发展起来的中国人特有的一套哲学思想。

为了人类能够生活在一个“和而不同”的世界上，从现在起就必须提倡在审美的、人文的层次上，在人们的社会活动中树立起一个“美美与共”的文化心态，这是人们思想观念上的一场深刻大变革，它可能与当前世界上很多人习惯的思维模式和行为方式相抵触。在这场变革中，一定会因为不被理解而引起一些人的非议甚至抵制，特别是当触动到某些集团的利益的时候，可能还会受到猛烈的攻击。但是，当我们看到人类前进的步伐已经迈上全球化、信息化的道路，已经到了一个必须尽快解决全球化和人类不同文明如何相得益彰、共同繁荣的紧要关头，这些抵制和攻击又算得了什么。

九、博采众家之长

当我们探讨和研究不同文明如何相处的时候，必须充分了解和借鉴世界上各种文明，做到博采众长、开阔胸怀、拓宽思路、启迪灵感。中国的社会科学工作者在探讨、研究中华文明的时候，也要认真地理解和研究世界上其他文明的文化，要“美人之美”。

近年来，“欧盟”的统一进程引起了人们的关注。欧洲的社会经济发展，一直在世界上扮演着“领跑者”的角色，所以欧盟的统一，可以看做是在全球化背景和现代社会条件下，欧洲不同文明、不同文化的国家，在试图重新协调它们之间的关系，探索如何共处的一个实例。当然，欧洲的“统一”并不就是未来“全球化”的模式，全球化并不是世界“统一”。地球上如此众多信仰不同、风俗各异的民族和国家，情况远比欧洲复杂得多，而且世界各地普遍存在着严峻的经济、政治和军事等诸多问题，决不是一个“模式”就能解决的。这个尝试和实践之所以引起我们注意，是因为它能为世界上不同文明之间的交往，提供很多值得学习、借鉴的经验。

从人类学社会学的角度看，世界上所有文明都蕴含着人类的智慧，每一种文明都值得我们关注、研究，从中汲取营养。比如像印度这样一个历史悠久，民族、宗教关系极其复杂的国家，在他们的传统文化中就包含着极其丰富的处理多民族、多宗教、多文化并存的经验；同样，历史上曾经出现过的强大国家和各种强势文明，诸如奥斯曼帝国、俄罗斯帝国、奥匈帝国，阿拉伯文明、南美文明、非洲文明等等，这些庞大的多民族的社会实体，无不在解决不同文化之间的交流、沟通和融合方面，为后人积累了丰富的经验和教训。

作为人类学社会学工作者，我们应该以严肃、认真的态度，不带任何偏见地深入研究本民族的历史文化，同时也应该下功夫研究其他国家、民族的历史文化，以扩展我们的视野，增强我们的想象力和创新能力，为当今世界经济迅速“全球化”的同时，建设一个“和而不同”的美好社会贡献力量。

2004年8月